European Integration and Education for Citizenship

統合ヨーロッパの市民性教育

Takahiro Kondo
近藤孝弘［編］

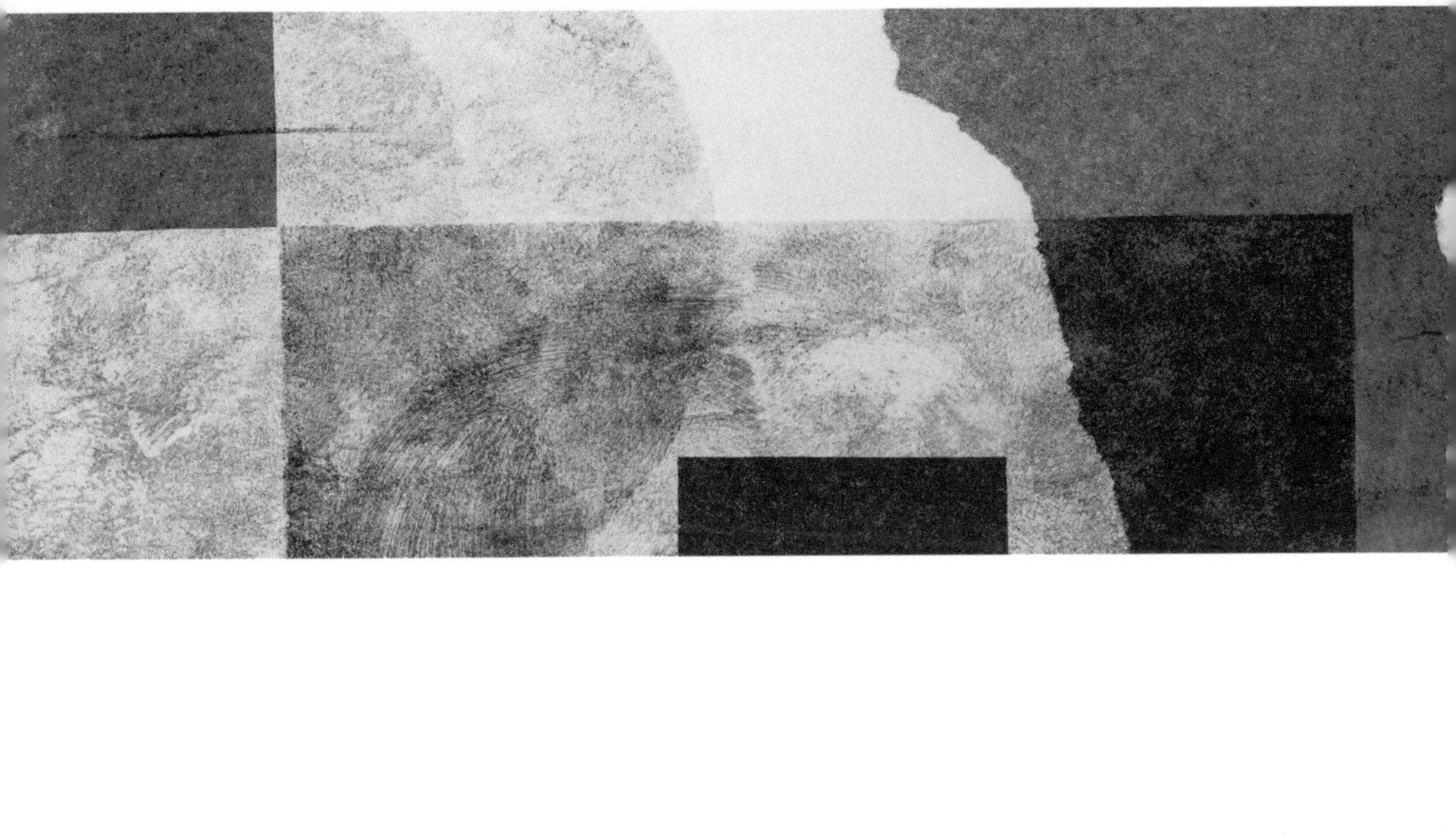

名古屋大学出版会

はじめに

二〇世紀後半以来、ヨーロッパの社会は欧州統合の進展と移民の増大という内外の大きな課題にさらされている。統合から生じる諸問題は、その歴史的プロジェクトにおける退却を余儀なくさせるのか、それとも更なる前進によってこそ克服されうるのか？　また移民をめぐっては、マジョリティの言語と文化をより積極的に教えることが望ましいのか、それともマイノリティの文化の社会的地位を高めることこそが問題解決の近道なのか？　こうした二項対立のあいだで政策は揺れ動いてきた。これらが示しているのは、第一に国家は少なくとも当面存続を期待されているということであり、第二に、まさにその国家とともに形成された価値や秩序を守るために、従来の自国理解や国家観が変革を迫られているということである。

本書は、いわゆる市民性教育（シティズンシップ教育）に注目することにより、以上のようなヨーロッパ各地に見られる国家の動揺と、それに対応しつつ民主的な社会を維持・発展させるために展開されてきた様々な教育活動に光をあてるものである。

とはいえ、本書の意図は、遠く離れたヨーロッパのいまを紹介することにとどまるものではない。絶えず変化する状況を踏まえて近未来の目標を設定し、それを実現するための教育政策を様々なレベルで講じるヨーロッパの姿は、民族と主権を基礎としつつ不変に価値を置いてきた日本国家とは対照的であり、そこに私たちは自らの教育観・社会観を省みる上で貴重な参照例を見ることができる。そして少し歴史を振り返るなら、そもそも今日の日本で支配的な国家と教育の基本的な関係性、言い換えれば公教育を政策の一つの核として国民統合と経済発展を促すというアイディアは、主として近代ヨーロッパから学んだものである。戦後は、それに加えて民主化という政治的課題も公教育に課せられた。その期待がどれだけ実現したのかについては判断が分かれようが、ヨーロッパを発祥の地とする近代の民主主義が、いまでは日本国家の一部をなしているのは間違いない。ユーラシア大陸の西岸と東岸は、本当は私たちが普段感じている以上に密接に結びついている。

今日では西の地域を先進的な模範として素朴に仰ぎ見る者は少ないだろう。ヨーロッパが色あせて見えるということは世界と世界観の変容を示していると考えられるが、重要なのは、そもそもヨーロッパは極めて多様であり、模範とすべき単一のヨーロッパは実在しなかったし、それは統合が進むいまも変わらないということである。明治の日本は明確な国家目標を持っていたため、イギリスやフランスのような当時の覇権国や新興国としてのドイツなどの限られた大国にモデルを見出した。それに対して、いま私たちは価値観と視点の複数性を評価することを知っている。結果として生じるヨーロッパ像の拡散は、市民性を論じる上で功罪両面を持つとはいえ、このこと自身が、私たちが近現代をヨーロッパとともに歩んできた結果であるのは間違いない。

以上のような認識に立つ本書は、EUを中心とする統合機関のほか、従来より日本の教育学が注目してきた英独仏に加えてヨーロッパの五カ国を取り上げる。この合計八という数字は、日本の教育学が少しずつではあっても、世界と日本に対する認識を変化させてきたことを示していよう。そこでは研究上の関心が、明確な権力を中心に構築された大国だけでなく、市民の日常的な活動を通じて周辺国や国内の他者との関係性を紡いでいくことに存続の鍵を見出す相対的に小規模な国家のあり方にまで広がりつつある。国家が領域と人民と権力からなるのだとしても、その維持の仕方は一通りではないということに、ようやく気づいたと言ってもよいだろう。

もちろん、EU加盟国だけでも二八カ国（二〇一三年現在）に及ぶことを考えると、その数字は私たちに与えられた人的・時間的な研究資源がいまなお乏しいことを物語ってもいる。本書は、現在の時点で無理なくできることを行った結果にすぎない。しかし、限られた視野からの情報であっても、創造的な思考を促すのに十分な場合もある。なによりヨーロッパの市民性教育は、国家とはもっと可塑的・可変的なものなのではないかと現代世界に問いかけているが、その問いに私たちはどう応えればよいのだろう。

本書は、まさに、こうした問いを日本に届けるための試みの一つであり、手に取られた読者が一人でも多くヨーロッパのいまに関心を持ち、その認識を深めることを通して、市民性教育の課題を追究する知的かつ実践的なプロジェクトに参加されることを期待している。

著者を代表して　近藤 孝弘

目次

第Ⅱ部　政治的市民の育成

第Ⅲ部　移民の包摂

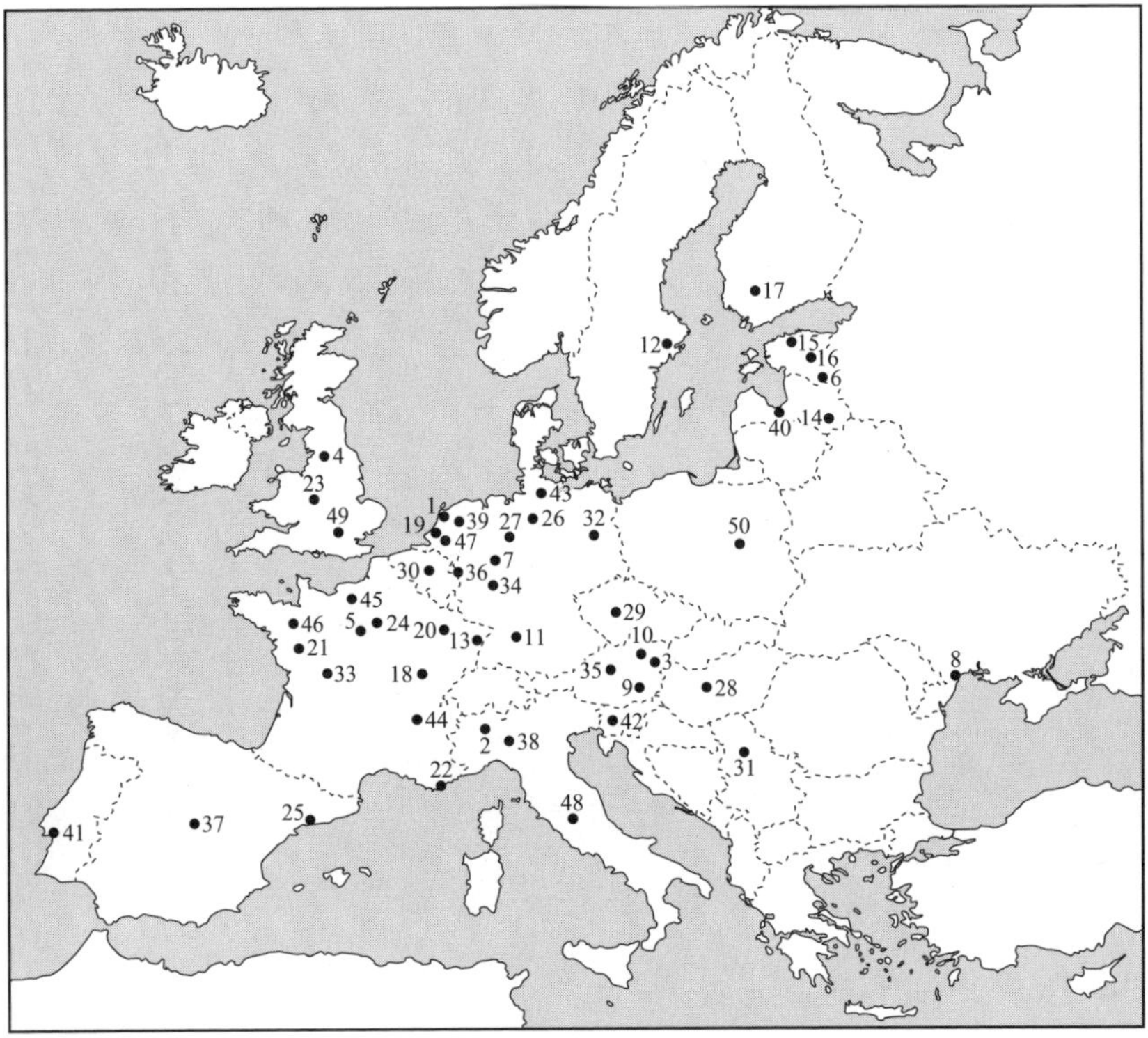

本書に関わるヨーロッパの都市一覧

1 アムステルダム
2 イスプラ
3 ウィーン
4 ウェイクフィールド
5 ヴェルサイユ
6 ヴォル
7 エッセン
8 オデッサ
9 グラーツ
10 クレムス
11 シュトゥットガルト
12 ストックホルム
13 ストラスブール
14 ダウガウピルス
15 タリン
16 タルトゥ
17 タンペレ
18 ディジョン
19 デン・ハーグ
20 ナンシー
21 ナント
22 ニース
23 バーミンガム
24 パリ
25 バルセロナ
26 ハンブルク
27 ビーレフェルト
28 ブダペスト
29 プラハ
30 ブリュッセル
31 ベオグラード
32 ベルリン
33 ポワティエ
34 ボン
35 マウトハウゼン
36 マーストリヒト
37 マドリード
38 ミラノ
39 ライデン
40 リーガ
41 リスボン
42 リュブリャナ
43 リューベック
44 リヨン
45 ルーアン
46 レンヌ
47 ロッテルダム
48 ローマ
49 ロンドン
50 ワルシャワ

序章　揺れる国家と市民性教育

近藤　孝弘

1　なぜ市民性教育か

　民主主義は自明なものではない。それは長い歴史の中で獲得されなければならなかったのであり、常に新たな危機に直面している。……民主主義を教えることは学校ならびに青少年教育の中心的課題である。民主主義の理解と行動は学習され得るものであり、また学習されなければならない。(1)

二〇〇九年三月六日、ドイツ各州教育相の協議機関である常設文部大臣会議（ＫＭＫ）は、決議「民主主義教育の強化」の中で、このように民主主義社会の維持・発展のために教育が果たすべき役割を再確認し、各州に具体的な施策を促した。

　このときに同決議がなされた背景としては、二〇〇九年がヴァイマル共和制成立九〇周年、ボン基本法（ドイツ憲法）制定六〇周年、そして東ドイツの平和革命二〇周年という特別な年にあたっていたというドイツの歴史的な事情がある。しかし、より大きな視野から捉えるなら、そもそも特に二〇世紀末以来、ヨーロッパはもちろん世界的にも市民性教育への関心が高まっていたことを指摘できる。

具体的には、ストラスブールの欧州評議会（Council of Europe）は一九九七年に民主的市民性教育（ＥＤＣ）と人権教育（ＨＲＥ）の促進プロジェクトを開始し、二〇〇五年にはヨーロッパ市民性教育年として加盟各国で数多くの関連イベントを実施した。またイギリスでは一九九八年に「市民性教育と学校における民主主義教育」という報告書（通称「クリック・レポート」）がまとめられた。さらに、こうした流れを受ける形で日本でも二〇〇六年に経済産業省の研究会が「シティズンシップ教育宣言」を発表している。

同様の例は数えればきりがないが、このように各地で市民性教育の重要性が訴えられている背景には、ＫＭＫ決議に見られるような、民主主義社会の現実と理念が危機に直面しているとの認識が今日の世界で広く共有されているという状況があろう。そこで脅威として考えられているのは、貧富の差の拡大であったり、文化的に異質性の高い移民や難民の存在であったり、既存の政党や政治システムへの不信感であったり、あるいはそれらが結びついた現象であったりと様々だが、市民性教育として語られる内容には一定の共通性が形成されつつある。

すなわち市民性教育が育むことを期待されている能力や態度について言えば、たとえば欧州評議会の活動を受ける形でＥＵがその市民に求めているのは、①現実の政治と諸制度についての知識、②政治に効果的に参加するためのスキル、③民主主義的な責任感、④民主主義的な価値の信奉、⑤政治参加の五つ。[2] イギリスのクリック・レポートの場合なら、①社会的・道徳的な責任感、②共同体への参加の意識と能力、③政治的リテラシー（言い換えれば政治のプロセスを理解し、思考・判断する能力）の三つ。[3] またドイツの政治教育学会は、同様の問題意識において、①政治的な判断力、②政治的な行動力、③判断力・行動力を高めるための知的スキルの三つが重要だと考えている。[4]

それぞれの能力や態度の区分の仕方や挙げられる順番に若干の相違が見られるところが興味深いものの、大きく捉えればその違いは根本的なものではない。シティズンシップをめぐって政治学分野を中心に様々な議論が展開されていることを考えると、こうした教育界の状況は意外と言ってよいだろう。さらに重要なのは、上記の三つの提言の中で市民性教育として語られているのは、これまで民主主義教育というような言葉で語られてきた既知の内容ばかりだということである。これは、結局のところ私たちの教育が目指すのは、曖昧に定義される民主主義を前提とした市民の育成以外ではありえないことを示唆していよう。むしろ、このような自明の教育目的を語る際に、敢えて市民性教育という落ち着きの悪い言葉が使われているところに、ヨーロッパ諸国で従来の民主主義教育が想定していたのとは異なる事態と課題が確認されている様子がうかがわれるのである。

かつて民主主義教育が盛んに語られた頃は、主権国家は確固たる（べき）ものであり、教育の対象である国民は明確な形で存在すると考えられていた。主権者としての国民以外の人々はごく少数であり、統合・同化されるものとして無視ないし軽視されたのである。現実には国民は各国で歴史的に異なる形で把握・形成されており、血統などを基礎とする文化的同質性を前提とする考え方と、生育経験による国家への帰属意識に基づく考え方、そしてその中間的なバリエーションなど具体的な形は様々だったが、そのように原理は多様でもメンバーの範囲が安定しているという形式面での共通性は確かに存在したのである。

ところが、この前提条件が揺らぎ始めてからかなりの時間が経つ。ヨーロッパ各国は、一方でEUによる統合の進展にともない、すでに主権の相当部分をその国際機関へと譲渡している。こうした条件下では民主主義は一国内で完結しない。どの国民も隣国の国民と政治的権利を部分的に共有しているのである。

そしてもう一方に、各国で移民や難民と呼ばれる人々が増えているという現実がある。彼らのあいだには外国籍（さらには無国籍）のまま滞在する者も、滞在国の国籍を取得して国民となる者もいるが、問題は前者についてのみ生じるのではない。国籍を取得した場合でも、マジョリティとのあいだで通常の民主主義的手続きでは解決が困難な文化的葛藤や経済的格差が生じがちである。特にイスラームを中心とする強度な宗教性は、各地で程度と形態に違いこそあれ世俗化とともに民主主義社会が形成されてきたヨーロッパ近代に対する挑戦を意味することになる。

以上のような内外両面の変化により、国民国家がその民主主義とともに激しく揺れている。各国で、主権を相対化し、また政治と社会の構成員の範囲を広げようとする力と、それを押しとどめようとする力がせめぎ合っているのである。そして、この動揺に対応し、新しく作られる社会の中でさらに民主主義を維持しようと考えるとき、従来の国民という言葉の使用は回避され、マジョリティであるか否かを問わず、みな市民と呼ばれることになる。

今日のヨーロッパでは、このように民主主義的な社会運営のための能力と態度の育成を目指しつつ、特に社会を構成するメンバーの範囲を広げて考えようとする姿勢が市民性教育への要求となって表出していると言ってよいだろう。それは内容的には民主主義教育と呼んでも差し支えないし、政治教育でもよい。先に紹介したように、戦後ドイツで発展した政治教育の考え方が欧州評議会やＥＵの市民性教育と共通点を持つのは、そこでは反ナチズムという国家命題が、ヨーロッパ市民の育成や民族的な排外主義への取り組みを促してきたためと考えられる⑸。

もっとも、このように市民にスポットライトが当たる状況は、明るい未来を約束するものではない。国籍等の有無に基づく政治参加の権利に差がある限り、さらに文化的・経済的にマジョリティとマイノリティの関係が残る限り、市民性教育は現実の不平等に取り組みながら、そうであることによってその暴発を抑える役割——内乱や革命への防波堤としての機能——を期待されていることにもなる。そもそも文化的マイノリティに対する寛容の促進や、経済的弱者に対するエンパワメントは市民性教育の重要な一部を構成しているとはいえ、その成果に過大な期待は禁物であろう。むしろ社会そのものが経済的に分裂するなかで、民主主義的秩序の崩壊を抑制する力がどの程度あるのかもわからないというのが本当のところではないだろうか。

とはいえ、問題を抱えていることを知りつつ、効果が不確かなので解決に向けた努力を放棄するということは、今日の民主主義理解にとって自己否定を意味する。あるいは、他に有力な選択肢が見当たらないと言ってもよいかもしれない。いずれにしても、ここに市民性教育が頻繁に語られる要因の一つが見出されよう。

なお、長期的なスパンで考えるとき、市民性とその教育が注目を集める今日の状況は、将来、別の形で解釈される可能性もある。社会の範囲——この場合、政治権力の圏域であり、また政治的意思決定に参加する人々の範囲——を変更することにより既存の社会的緊張の緩和と止揚を試みるという、いま進行しているのと同様のプロセスは、かつて一九世紀から二〇世紀前半のヨーロッパにも見られた。当時は、特に中欧において帝国を中心とする秩序の崩壊にともない、国民国家が誕生・整備されていく時期にあたっており、新しい権力者層としての市民に、工業化の過程で大量に発生した労働者が対峙していた[6]。

ハーバーマス（Jürgen Habermas）は、この社会的緊張が社会民主主義者の手で福祉国家という形で収拾されたことによって今日の社会がもたらされたと考えているが[7]、これは同時に、教育を受け、いわゆる市民的な価値観——と国民意識——を身につけるのと引き換えに、労働者に少しずつ政治的・社会的権利が認められていく過程でもあったろう。つまり、いまヨーロッパ統合の進展や移民の増大によって変容を迫られている社会は、それ自身が比較的近い過去に積み重ねられた現実的対応の結果にほかならない。私たちが目の当たりにしている状況は、近代に始まる他者を包摂していく長期的な社会の変容過程における一局面と位置づけられる可能性があり、その過程においては常に教育に対して秩序維持への貢献が期待されてきた。もちろん、この場合の教育とは学校教育に限られない。特にその時々のエリートが支配する国家に対して距離を取りがちな民衆を対象にした社会教育が果たした役割も大きかったと考えられる[8]。こうしてみると、今日、学校の内外で進められている市民性教育と、かつての国民教育の理念・運動は、対立概念ではなく、むしろ連続する存在として理解されよう。

以上のような長期的視野は、いま各国で進められている現実の市民性教育を捉える際に、より大きな有効性を発揮する。

すなわち市民性教育は、必ずしもＥＵに象徴される国際統合や移民の増大による国民国家の相対化といった状況が未だそれほど重要なテーマとして受け止められていない諸国――たとえば旧ソ連の影響圏を抜け出し、国民国家建設途上にある東欧諸国――でも力を入れられている。こうした教育活動は、民主主義の経験の浅い人々が主としてヨーロッパ西部で発展した社会観・秩序を手本とするよう望むＥＵや欧州評議会の旧メンバーによる支援を受けているが、そこで実際に市民性教育の名のもとで行われている教育は、しばしば支援者の期待とは異なり、ややもすると民主主義よりも民族主義に傾きがちである(9)。

さらに現実には西ヨーロッパにおいても、国民国家後を見据えて目指すべき社会像は必ずしも明確ではないという事情がある。古くからの民主主義国で展開されている市民性教育論議にも、民族的な文化に基づく社会秩序を重視する考え方は少なからず見られる。

もちろん、市民性教育という新しい言葉を使う以上、かつての国民教育とは異なる側面、すなわち既存の国民よりも広い範囲の人々を念頭におき、機能的な主権理解に立脚する民主主義を考える方が、その本来の趣旨に忠実なのは間違いない。帰属意識よりも参加意識を、アイデンティティよりも人権を重視してこそ、その言葉は輝きを増す。しかしながら冷静に状況を捉えるなら、ヨーロッパには各地の歴史に起因する一種の時差とも呼ぶべきものが存在するのであり、本書は、こうした錯綜した状況を言わば逆手にとることにより、今日のヨーロッパで市民性教育という言葉のもとで議論・実行されていることを確認する作業を通じて、それぞれの社会と問題意識の有り様を描き出すものである。

統合が進むヨーロッパにおいて、市民性教育は国家との関係において少なくとも以下の三つの具体的かつ根本的な課題を抱えている。

第一に、国家を超える社会に対して責任を負うことのできる人間を育成すること。これは具体的には、国民国家とともに形成された既存のナショナルな教育システムを少なくとも部分的に改め、いわゆるヨーロッパ市民の形成に向けた教育活動を進めることを意味する。ヨーロッパ市民としての意識は、「民主主義の赤字」[10]に取り組む上で重要な意味を持つ。

第二に、それ以前に、そもそも一人ひとりの中に民主主義社会を担う上で必要な資質――とりわけ政治的な判断・行動力――を育む仕組みを整備すること。この資質を新しい社会の構成員に求めないのであれば、かつての多民族からなる帝国がヨーロッパ統合に一つのモデルを提供するかもしれない。逆に言えば、民主主義の維持を意図するからこそ、国民国家後の姿をイメージするのが難しくなるのでもある。

そして第三に、移民や難民などの、民族主義的な国民理解によって周辺化されがちな人々を包摂する社会の実現に寄与すること。

ここで重要なのは、もしヨーロッパの外部からの移民を無視するなら、キリスト教などのいわゆる共通の文化を想定し、それと結びついた歴史を核に統合を進めることも考えられるが、そうした選択肢は現実的にはもちろん、理念上も正当化が困難だということである。いま社会の周辺に位置している人々をさらに外部へと押し退け、いわ

2　本書の構成

ゆるヨーロッパ人とのあいだに境界線を引くようなら、それは人権と民主主義を掲げてきたヨーロッパの自壊を意味しよう。

以上の認識に基づき、本書は「統合の中の教育と市民」「政治的市民の育成」「移民の包摂」の三部を設定し、それぞれより具体的に統合機関と各国社会の現状を検討する。

まず第Ⅰ部「統合の中の教育と市民」では、EUに代表される統合機関がヨーロッパ市民の育成を目指す教育に着手するまでの過程と現状に焦点が当てられる。

リスボン条約は、第二条で「人間の尊重・自由・民主主義・平等・法治主義・人権の尊重」といういわゆる普遍的価値の上にEUが建設されることを確認し、また第三条では、それらの価値の促進をEUの目的と規定しているが、[11]こうした考え方は、ローマ条約はもちろん一九四九年の欧州評議会規約にまで遡って確認することができる。しかしECならびにEU自身は、これらの価値の実現を目指す上で大きな意味を持つと思われる市民性教育に長らく取り組むことができずにきた。統合が進む中でも教育は国家主権のもとにあり続け、その結果としてヨーロッパ市民の育成という目標についてはもちろん、右の普遍的価値の追求においても濃淡が生じがちであった。

第1章「ヨーロッパ教育の形成と発展過程」（坂本昭・園山大祐）は、このような制度的制約を確認した上で、そのもとでアクティブ・ヨーロッパ・シティズンシップのための教育が近年EUによって唱えられるに至るまでのプロセスを描き出している。具体的には、当初は経済統合に付随する範囲でしか統合機関の関与が認められなかった教育分野においても、時間の経過とともに、EUが各国の政策を補完するという形で独自の政策領域を作り出し、そのことが市民性教育に関与する可能性を開いたことが確認される。

第2章「アクティブ・シティズンシップとヨーロッパ」（澤野由紀子）は、特に一九九五年以降の文書をもとに、EUが今日取り組んでいるアクティブ・シティズンシップ推進策に焦点化して、その具体的な形成・実現過程を追う。そこから、どの程度まで文化的共通性を主張すべきなのか、あるいは民主主義的な市民の育成にとって知識と参加のバランスはどうであるべきなのかといった具体的な点については必ずしも明確なコンセンサスは見られないものの、その目的については、統合の進展に伴う社会の現実と人々の意識とのあいだの距離を縮め、上記の諸価値の実現に向けて積極的に参加する市民の育成という大枠での理解の一致があることが確認される。

以上の二つの章が、ヨーロッパ・レベルで市民性教育が進められるに至った経緯を、主として行政文書から迫るのに対し、第3章「学校におけるヨーロッパ市民の育成」（久野弘幸）は、ＥＵの教育プログラムが学校という教育の場でどのように受け止められ、また実施されているのかを、ドイツの学校でのインタビュー調査の結果を踏まえて論じている。本章が注目するドイツではＥＵが本格的に教育領域に着手する以前から、自発的に近隣諸国についての知識を増進し、ヨーロッパ意識を育てるための教育が推奨されてきたが、二一世紀に入り、この動きはさらに加速した。また著者が紹介するような個々の学校の取り組みを見るとき、いわゆるヨーロッパ教育の問題意識が時間とともに深化し、広がっていることも確認される。こうした活動をこれまで主導してきた教育関係者の目には、現状になお不満が残るとはいえ、ＥＵと各国政府が協力して進めるヨーロッパ市民育成のための政策が単なる理想ではなく、確かに実施されているという認識は、ヨーロッパの外に暮らす私たちにとっても大きな意味を持つであろう。

第Ⅰ部の論考が、ヨーロッパの視点から、国境を超えた民主主義に向けた教育の課題と可能性を捉えていたのに対し、続く第Ⅱ部と第Ⅲ部は各国の社会と教育に焦点をあてる。まず第Ⅱ部では、異なる近現代史を経験してきた五カ国において、民主主義社会を担う市民を育成する上で、今日いかなる点に困難が見出され、またどのような対応策が構想・実施されているのかが論じられる。

第４章「イングランドの市民性教育」（北山夕華）は、二〇世紀のイングランドにおける市民性教育の展開を概観した上で、特に二〇一〇年までの労働党政権下の政策に注目している。本章で紹介されるヒーター（Derek Heater）によれば、政治的教化への危惧も一因となって、イングランドでは市民性教育の発展が遅れたとのことだが、一九九七年に成立した労働党政権は若者の社会参加を促すことで、彼らが社会・政治的に排除される傾向に歯止めをかけるという意図のもと、それを推進する方向に政策を転換した。このときに初めてイングランドは、市民に向けて積極的に民主主義を教えることを開始したことになる。社会のあり方をめぐって政治的緊張が支配する中での市民性教育の開始は、その成果に疑問をもたらすが、個々の学校での教育活動に注目するとき、教育行政から受ける印象とは異なる積極的な姿勢も確認されることを著者は伝えている。

こうしたイングランドと対照的に、広義の市民性教育に以前から熱心だったのがフランスである。第5章「フランス共和制と市民の教育」（鈴木規子）は、一九世紀以来の公民教育の流れの中に一九九五年以降の市民性教育を位置づける。今日ではムスリムにとって統合の障害とされる世俗性の原則は、元はと言えば共和主義者とカトリック勢力との闘争の中で国民統合の理念として打ち出されたものであり、それは公民教育の形で推進されることで一定の成功をおさめたのだった。そして新たに宗教その他の要因によって社会から排除されがちな青少年に対して、いま市民性の獲得が改めて促されている。今日フランスが直面する問題とそれに対する施策はイングランドとほぼ共通しており、その一方で、施策の実施にあたっては相対的に積極性が高いようにも見えるが、著者が政府による調査の結果をもとに確認するのは、政策の意図は教員のあいだでは比較的よく理解されている一方で、肝心の生徒の理解はあまり進んでいないという状況である。

第6章「オーストリアにおける政治教育の導入」（近藤孝弘）は、同国で世紀転換期以来、隣国ドイツに学びつつ急速な発展を遂げている政治教育の諸形態に焦点をあてる。そもそもドイツ語圏で一般的な「政治教育」と、アングロサクソン圏を中心とする「市民性（シティズンシップ）教育」という言葉の関係が問題になる。両者はほぼ同義と考えて差し支えないとはいえ、政治教育は、民主主義社会をより純粋に、すなわち文化と切り離して政治的に捉えた上で、そのために必要な資質の獲得を促す活動と言えよう。冷戦下で反ナチ反共の一種の人工国家として出発した（西）ドイツと異なり、文化的伝統を国家再建の基礎としてきたオーストリアでは、こうした活動は長らく軽視されがちだったが、近年それが注目を集めている背景を探ることにより、そこで進む国家の再定義、言い換えればヨーロッパ統合の中で進む国家の変容過程が確認される。

第7章「スロヴェニアの市民性教育」（J・ユスティン他）は、一九八〇年代から今日に至る市民性教育の内容上の変容を、特に独立以後の状況を中心に論じている。著者のユスティン氏は、国立の教育研究所で国際比較研究ないしヨーロッパ協力を担当する研究者だが、彼によれば、スロヴェニアの小学生はすでに政治と社会に関する知識面では西欧諸国にひけを取らないレベルに到達している。とはいえ、学校教育カリキュラムには改善の余地が大きく、さらに教育に対して宗教や愛国心がどのような位置をとるべきかという政治的にセンシティブな問題については、未だ社会の合意が形成されていないという。旧ユーゴスラヴィアの崩壊から誕生した諸国の中では、この国は相対的に経済的に豊かと言えるが、統合ヨーロッパへの参加と同時に国家建設を進めるという課題に、教育が今後どのように関与していくのかが注目される。

第8章「ラトヴィアの言語政策と市民性教育」（柿内真紀）も、冷戦体制の崩壊とともに社会主義国からの独立を達成した国家に焦点をあてているが、本章で取り上げられるのは、ロシア系住民を中心とした言語マイノリティの社会統合をめぐる困難である。特に文化的多様性とマイノリティの人権擁護を掲げるEUの一員でありながら、これまでの経緯のゆえに、ロシア語を公用語から外し、ラトヴィア語の知識のない者には市民権を認めようとしない独立国が内包する矛盾が描き出されている。

なお、ラトヴィアのロシア系住民は、かなりの部分がソ連時代に移り住んだ人々か、その子孫にあたっており、広い意味では移民にあたる。しかし当時の移動はソ連国内で行われ、彼らはラトヴィアの独立国家成立によって移住先に取り残されることとなったのに対して、続く第Ⅲ部の四つの論考は、主として国民国家成立後に国境を超えて移り住んだ人々の統合と特に教育面での対応に注目している。

第9章「フランスにおける移民教育の転換」（園山大祐）は、一九六〇年代後半以降のニューカマーの子どもたちに対する教育政策を確認した上で、今日の彼らをめぐる教育問題を、格差という形で表れた統合の失敗として捉える。これは後続の章で紹介される多くのヨーロッパ諸国に共通する問題設定と言えよう。他方、著者によれば、フランスの場合、一方で書き言葉としてのフランス語を核に形成されたエリート主義的な教育制度と、他方でそのエリート主義を是正するために実施された中等教育の単線化が、ともに、かえって平均的な学力に収まり切らない生徒を周縁化してきた可能性があり、こうした問題への取り組みが近年ようやく開始されたところであると分析される。

第10章「オランダにおけるムスリム移民と市民性教育」（見原礼子）は、これまでムスリム移民受け入れの模範として語られてきたオランダ社会が抱える問題を詳述している。すなわち世俗主義の原則に立つフランスや、反対に相対的にキリスト教色の濃いドイツと対比する形で、これまでオランダの市民社会が持つ宗教的な寛容さは高く評価されてきたが、そこでも特に九・一一以降イスラームに対する不信感が高まっている。そうしたなか、反イスラーム政党の伸長をめぐる政治的緊張関係から、従来の異文化間教育が市民性教育に取り込まれるに至ったことが指摘される。

第11章「ドイツにおける参加を通じた移民の統合」（伊藤亜希子）は、ドイツ最大の州であるノルトライン・ヴェストファーレンの移民支援機関による移民の母親を対象とした教育活動に着目し、そこで進められている移民統合策の基本的な考え方に迫る。移民の社会統合を促進する上で、子どもの親、とりわけ母親が持つ意味が大きいことは言うまでもないが、著者によれば、ドイツの異文化間教育関係者のあいだでは、移民の統合を進める上では彼ら自身の社会参加が不可欠と考えられているだけでなく、その参加が既存の市民社会に変容をもたらすことも期待されているという。異文化を前にして、市民社会は自らの変容なくしては市民社会であり続けることができないとの指摘は、同じ問題を抱える世界各国にとっても重みを持つものであろう。

第12章「スウェーデン民衆教育における市民性教育」（澤野由紀子）もまた学校外の民衆教育に注目し、二一世紀初頭に政府が市民社会の活性化策を相次いで打ち出したことを確認する。こうした政策の背景には、オランダ同様、九・一一後に市民のあいだにイスラーム系移民の排斥運動が生じ、特に二〇一〇年の総選挙で移民排斥を唱える極右政党が多くの議席を獲得したことに象徴されるような社会的・政治的な亀裂の拡大がある。これは北欧の福祉国家にとって由々しき事態である。かつて国民を育成することを目的として発展した民衆教育に、いま市民社会を多文化的に再編する鍵となることが期待されている様子は、今日のヨーロッパの市民性教育の一つの典型的な姿を示していると言ってよいだろう。

これまで本書におさめられた一二章の主要な論点を概観してきたが、以上のようにヨーロッパに向けられた視線は、結局のところ、日本に回帰しないわけにはいかない。

補論「日本における外国人と市民性教育の課題」（佐久間孝正）が問題とするのは、そもそも日本では、学校教科書が市民や市民権を正面から取り上げようとしない現状が象徴するように、市民社会への関心が希薄なことである。明治時代以降に作られた（市民ではなく）公民を基礎とする国家にとって、多文化化する地域社会に暮らす外国人を市民として受け入れることは今も困難であり、こうした状況が続く限り、世界化の流れに対応できないのではないかとの危惧が表明される。

自分たちの社会が変化を迫られているにもかかわらず、惰性によって、また故意に現状を見誤ることによって変化を拒むのは、必ずしも日本独自の現象ではない。とはいえ、まさに市民性教育がキャリア教育や生徒指導と取り違えられがちな日常が示す市民社会への無関心は、改めていまヨーロッパに目を向けることの必要性を証明していると言えよう。

3　市民性教育と国民国家

既述のように、ＥＵや欧州評議会のようなヨーロッパ機関の内部では、市民性教育の目的と内容をめぐって一定の共通理解がすでにできている。しかも、それは必ずしもヨーロッパ経済の競争力強化を目指す、市民のエンパワメントという言葉で飾られた学力向上政策の側面だけではない。国民意識を否定しないものの、教育はそれに加えてヨーロッパ人としての意識を形成すべきこと、また従来の国民であるか否かを問わず、できるだけ多くの人が政治・経済的な権利を行使する社会の実現を目的として、そのために必要な資質と価値観の獲得をマジョリティとマイノリティとを問わず促すべきことは、ほぼコンセンサスになっていると言ってよい。

その一方で、八カ国に対する分析は、むしろ市民性教育として実施されているものの多様性を明らかにする。それらの分析には、それぞれ関連する研究の蓄積のほか著者の関心も作用していることから安易に断定的な評価を下すことは慎まなければならないが、それでもヨーロッパの現代史が各国における市民性教育に対する認識に影響を及ぼしているのは間違いない。

具体的には、それらはほぼ地理的な観点に対応する形で三つのグループに分類することができる。

第一に、西欧（ないし北欧）諸国のグループがある。ここにはイギリス、オランダ、スウェーデンの三カ国が該当しよう。これらの長い民主主義の歴史を持つ福祉国家の市民性教育に共通するのは、政治的側面よりも社会経済的な側面に関心を寄せ、主たる課題として近年の移民を中心とする社会的に周辺化された人々の包摂が考えられているということである。言わば福祉制度からはみ出す人々の増大という現実を前に、彼らの人権を守ると同時に、その人権を守ろうとする社会の正当性を彼ら自身に確認させることで、既存の秩序を維持することが追求されている。

このグループにおけるキーワードは「参加」である。また、そこでは社会参加は目標としてだけでなく教育方法としても重視され、すなわち周辺に生きる人々が社会に積極的に参加できるよう、学校で必要な知識と技能の準備を促すだけでなく、実際に地域社会に参加することを通して、その意欲と能力を養うことが目指されるのである。

こうした西欧グループに対し、同じく高度な福祉国家ではあっても敗戦国として出発した中欧諸国、すなわちドイツならびにオーストリア[12]では、移民の包摂といった課題も当然認識されてはいるが、それと同等あるいはそれ以上に、政治的な思考力・判断力・行動力の獲得に力が入れられている。厳密に言えば、オーストリアが昨今、政治教育に力を入れ始めたのに対し、もともと政治教育に熱心だったドイツは、近年むしろ西欧諸国に接近しつつあるという違いも認められるが、そのドイツで移民が取り上げられる際には、貧困と格差といった視点から捉えられるだけでなく、むしろムスリム移民のあいだで反ユダヤ主義が広まることへの懸念のような、彼らの政治的価値観や民主主義に関する知識の不足が強く意識されるところに、西欧諸国との微妙な違いを見ることができる[13]。

こうした差異は相対的なものとも言えるが、中欧の両国に特徴的なのは、そこでは市民性教育としての政治教育において政府が極めて積極的な姿勢を示していることである。ドイツには連邦政治教育センターや州立政治教育センターという公的機関があり、オーストリアの教育省には政治教育課が設けられている。このような市民性教育を専門に行う政府機関は西欧諸国には存在しない。ライン川より西では、政府による政治的教化への危惧もあり、こうした教育活動は主として民間団体に委ねられてきたのに対し、東の諸国では、東ドイツからのイデオロギー攻勢に対抗すると同時に、民衆のあいだに残存する民族主義を制御して民主的な社会秩序を自壊から守るために、政府自らが政治的市民の育成を積極的に進める必要があった。

最後に、第三のグループとしてラトヴィアのような（旧）東欧諸国を挙げることができる。また、程度の差があるとはいえ、スロヴェニアも一応ここに含めて考えることが許されよう。

独立まもない両国は民族構成の点で大きく異なるにもかかわらず、どちらにおいても市民性教育の目的は、ようやく獲得した独立国家の維持と安定に置かれがちである。特にラトヴィアでは、大量のロシア系マイノリティの統合が重要な課題となっているが、施策は西欧諸国が掲げる理想とは反対方向に向かいがちである。ヨーロッパの観点からは多文化主義に基づく解決が望まれるとわかってはいても、マジョリティのあいだに広がるソ連時代の記憶のために、それを採用することが難しいのである。

なお、以上の分類が差異を強調した図式的なものであることは言うまでもない。たとえば社会経済的な観点から周辺化されることは、同時に政治への参加が困難になることを意味する。両者は問題として連続している。また、参加の持つ価値が中欧や東欧で否定されているわけでもない。そこに認められている重要度に若干の違いがあるというだけのことである。さらに、より具体的に見ていけば、たとえば政治教育を専門とする政府機関こそ存在しないものの、長い公民教育の伝統を持ち、国家が共和制維持のための教育を強力に進めてきたフランスは、近年、移民の統合に主たる課題を見出しており、西欧と中欧の中間的な存在と言えよう。

こうした限界を自覚した上で、それでも敢えて市民性教育の分類を試みたのは、西（ないし北）欧、中欧、東欧の各国で進められている教育活動が、ヨーロッパ統合の発展史を反映していると考えられるためである。

戦後における統合の発展は、冷戦体制下に平和で豊かなヨーロッパを建設するという目標が説得力を持ったことを示しているが、この目標はより具体的には、以下の二つに分解される。すなわち、第一にソ連を中心とする共産主義諸国への対抗、第二にドイツの分断と西ドイツの西欧への取り込みである。そして市民性教育の一つの核である人権は、第一の観点において、西側世界にとって戦略的意味を持っていた。[14] 今日、人権の扱いをめぐって西欧（ないし中欧）諸国と東欧諸国の市民性教育に見られる微妙な差異は、言わばヨーロッパにおける冷戦の名残とも言えるだろう。また、その冷戦の終結により再び姿を表した中欧諸国における自由・民主主義の政治的観点を重視する市民性教育は、冷戦期に西ドイツが進めた西欧への統合政策が今も比較的忠実に進められていることを表している。

他方、こうした市民性教育のバリエーションをより抽象的に捉えるなら、ヨーロッパに見られる個々の形は各国民国家の安定性、言い換えればその歴史の長さにほぼ対応していよう。すなわち国家には、なによりも独立を確保することが目標とされる段階、その国家が民主的で国際関係の中に平和的に位置づくことが求められる段階、そして民主的な国家であることは自明とされ、人権を基礎とする福祉社会の存続が課題とされる段階という少なくとも三つの段階が考えられ、それぞれの要請が市民性教育の性格を規定しているものと理解される。上記の三つの形態の市民性教育は、言わば国民国家を起動し、制御し、維持するという目的に対応している。

以上が示唆するのは、ヨーロッパ市民の形成を目指す教育をめぐって問われているのは、必ずしも既存の国家をどう廃棄するかではなく、国民国家を含めて、これまでに形成されたいかなる社会秩序が維持・発展を試みるに値するかだということである。こうした理解は、市民性教育という営みの価値を高めるものでも貶めるものでもないだろう。現状において、それが国家と不可分だからこそ、近代史に深く刻まれた国民国家の負の過去、すなわち人間をその属性に基づいて選別し、場合によっては抹殺さえしてきた歴史に、どのように立ち向かっているかが問われるのである。

この問いに関し、ヨーロッパはすでに解答を用意している。それに対して、ヨーロッパと共にあったが、その一部ではない世界の私たちは一体どのように答えるのであろうか。

第Ⅰ部　統合の中の教育と市民

第1章　ヨーロッパ教育の形成と発展過程

坂本昭・園山大祐

はじめに

ヨーロッパ・アクティブ・シティズンシップの育成は、今日、EUの主要な政策目標の一つとなっている。これは、いわゆる市民性教育が、すでに国家や地域にとどまらずヨーロッパ全体を念頭において構成されていることを示す。ここには、EUに象徴されるヨーロッパがもはや単なる地理的空間ではなく、国家と比較されるような政治経済的、また文化的に統合された一つの社会へと成長してきた様子が表れてもいる。もはや市民は生まれ育った国の中で生活を完結することはできない一方で、各国は市民性教育をめぐり共通の課題を抱えている。

しかし、市民性教育に限らず、そもそも教育分野全般において統合機関による政策が推進されるようになるには長い時間が必要とされた。ヨーロッパ統合そのものが必ずしもスムーズに進んだわけではないのに加え、教育分野は特に各国の主権によって厳重に守られ、統合機関といえども簡単には関与できない領域であった。

本章では、そうした障害を乗り越え、今日のヨーロッパ・アクティブ・シティズンシップ教育に至るヨーロッパ教育の発展過程を、その形成期と、それが本格化する二〇〇〇年以降の二つの時期に分けて確認したい[1]。

1　ヨーロッパ教育の形成と拡大

(1) ヨーロッパ教育発展の時期区分

教育分野は本来ヨーロッパ統合の直接的な活動対象ではない。関税や通商などに関する経済的諸政策と比べれば、その共通化には大きな限界と困難が存在している。しかし、こうした制約にもかかわらず、ＥＥＣ成立後より、「国家連合」ないし「超国家」の思想のもと、特に職業訓練・高等教育の分野から教育のヨーロッパ化が展開することとなる。本節では二〇世紀末までのヨーロッパ教育の発展を、以下のような四期の枠組みにおいて概観したい。というのは、教育分野における共通政策の形成・拡大プロセスは、一般にＥＥＣ期、ＥＣ期、ＥＣ拡大期、ＥＵ期の四期に大きく区分されるからである[2]。

ＥＥＣ期は、六カ国によるＥＥＣが発足した一九五七年から一九七二年までの期間を指す。この時期は、労働者移動と雇用政策の安定化を促す社会政策として、主として職業訓練分野や高等教育の共通化政策が着手された、言わばヨーロッパ教育の「準備期」であった。

続くＥＣ期は一九七三年の九カ国によるＥＣ発足から一九八五年までの期間を指し、教育分野における政策の「発展期」である。一九七六年にその後の教育政策の枠組みに大きな影響を与えた「教育行動プログラム」が策定され、それにより、各加盟国の教育条件・水準の違いをＥＣの提出する勧告や決定を通じて漸進的に除去していく「調整化（Harmonisation）」の制度が定着し、広がりを見せた。

ＥＣ拡大期は、一九八六年の単一欧州議定書採択とローマ条約の一部修正から一九九三年の域内単一市場の形成に至るまでのヨーロッパ統合の「転換期」である。この期間に、一二カ国体制下で「市民のヨーロッパ」や「ヨーロッパ・シティズンシップ」という、社会の構成メンバーを国民から市民へと範囲を広げていく目標が誕生するという、大きな動きが生じている。

そして最後のＥＵ期は、一九九三年のマーストリヒト条約発効によるＥＵ発足後のヨーロッパ教育の「深化・拡大期」である。この条約で導入された「補完性の原理（Principle of Subsidiarity）」により、さらにヨーロッパ市民意識の育成に関わる教育の飛躍的な深化と拡大が見られ、具体的には一九九三年から二〇〇〇年までのあいだに一五カ国で、後述するように三つの大規模な教育プログラムが展開されている。こうしたヨーロッパ次元の教育政策は、従来の国家主体の教育政策類型に属さない、新たな「ＥＵ型」ないし「未来型」のモデルを現実のものとしている。

（2）職業訓練と高等教育の共通化からの出発

ＥＥＣの設立三条約は、いずれも各国の主権と強く関わる教育分野をその適用外としており、経済と人材との関連で断片的に職業訓練分野の関係条文を持つにすぎなかった。例えば欧州石炭鉄鋼共同体設立条約（パリ条約、一九五一年）の「労働者の職業訓練のための準備（五六条）」、また欧州経済共同体設立条約（ローマ条約、一九五七年）の「補足的共通農業政策としての職業訓練（四一条）」、「青年労働者交換（五〇条）」、「資格の相互承認（五七条）」、「労働者の職業訓練および補習訓練（一一八条）」、「共通職業訓練（一二八条）」などがその数少ない関連規定である。

しかし、まもなくこのＥＥＣ期の状況にも変化が表れる。一九六一年七月にボンで開催された六カ国ＥＥＣ首脳会議は「政治統合の出発点」とも言われるボン宣言を発表し、本来多様性が尊重されるべき教育、文化、研究の各分野で関係閣僚による定期会合を持つことを決議した。そして実際に、ヨーロッパ教育閣僚会議（Council of Education Ministers）の設置とヨーロッパ大学（European University）の創立について討議が行われることになる。このうち特に教育閣僚会議の設置は、広範な教育問題に関する政策をＥＥＣレベルで調整・策定するための基盤を形成するもので、極めて大きな意義を持つことになった。そして一九六七年にはその科学技術研究政策作業グループが、加盟国の大学院レベルでの協力関係の促進と科学・技術人材の域内移動の改善に取り組んでいる。[3]

他方、高等教育分野の動きとは別に、経済との関わりが強く共通化政策が展開しやすい職業訓練分野は、労働者移動の促進と雇用の安定化という言わば社会政策の一環としてＥＥＣ設立の初期から政策の対象とされていた。その中心的なものが一九六三年四月の理事会決定「共通職業訓練政策のための一般原則」である。[4]この一般原則の骨子は次の三点に集約される。第一に、すべての加盟国労働者に対する職業訓練の保障。第二に、職業訓練の技術進歩ならびに社会・経済的発展への即応。第三に、職業訓練のための諮問委員会の設置である。これらの目標を達成するため、加盟国間の情報交換や職業訓練機会の相互提供、職業資格の調整など、一〇の原則が規定された。[5]

上記の理事会決定は、すべての労働者階層がより良い職業訓練を受けることがＥＥＣ発展の重要な条件であるという認識の下に策定されており、そこでは共同体の統合・発展と職業訓練が明確に結びつけて捉えられていた。しかし、実際にはこうした職業訓練の共通化への試みさえ容易に軌道に乗らなかった。一九六〇年代のＥＥＣの相互主義に見られる政治的な要因や職業訓練関係スタッフと予算の不足、また職業訓練目標の具体化の遅れなどのために、ながらく情報交換の域を出ない状況が続いたのである。

転機となったのは、一九六九年一二月のハーグ首脳会議である。この年に西ドイツでブラント（Willy Brandt）新政権が誕生し、フランスでもド・ゴール（Charles de Gaulle）の後にポンピドゥー（Georges Pompidou）が就任するなど、ヨーロッパの大きな政治的変化のなかで、ＥＥＣは一二年に及ぶ長い過度期に終止符を打ち、一九七〇年代の目標として、統合の「完成」、「強化」、「拡大」の基本方針をまとめた。ハーグ首脳会議で議論された注目すべき教育上の課題の一つは、上記のヨーロッパ大学の創設である。このヨーロッパ大学の構想そのものはすでに一九五五年から論じられていたのだが、このとき改めて議論が本格化したのである。もう一つの注目すべき動きは、フランス文部大臣ギシャール（Olivier Guichard）の提案による「教育開発のためのヨーロッパセンター（European Center for Educational Development）」の創設であった。[6] この提案は、アイデンティティの観点からヨーロッパ統合を推進する上でも、また加盟国の教育政策の比較研究を通して教育の共通化政策の基礎を構築するという点でも、大きな意味を持つものだった。他方、この間に欧州議会は、ヨーロッパの発展のためには教育分野における国境を超えた協力が重要であることを強調する報告書を提出していた。欧州議会は立法府としての性格は弱いものの、教育政策という加盟国国民の民意が反映されなければならない分野をその年次報告書で取り扱うようになったことそのものに、意義が認められる。

実際に、一九七〇年代に入ると国境を超えた教育分野の協力体制構築の重要性がさらに強調されるようになる。その発端が一九七一年一一月にブリュッセルで開催された初めての六カ国教育閣僚会議と、一九七二年一〇月にパリで開催された九カ国政府行政長官会議であった。[7] 特にパリでは、教育問題に関してローマ条約第二三五条の積極的な適用が検討されている。すなわち「そのために要求される措置をとる権限を定めていない場合は、理事会は、委員会の提案に基づき、全会一致により、かつ総会と協議した後、適当な措置を講ずる」[8] という条項を、条約が定めていない教育分野に、より積極的に適用する可能性が追求されたのである。ここには、教育分野におけるＥＥＣ当局の関心が学位証書や職業資格の相互承認を超え、より広範な領域で教育協力に取り組もうとする姿勢が表れている。

（3）ヨーロッパ次元プログラムの策定

ＥＥＣ期がヨーロッパ教育の「準備期」であるとすると、ＥＣ期は「発展期」と言えよう。一九七三年のジャンヌ報告書「教育に関する共同体政策のために」のなかで、「ヨーロッパ次元教育（Education of European Dimension）」を導入する方向性が示されたことに明らかなように、それまで貿易や商業といった経済活動に政策が限定されてきたことへの批判から、社会政策なかんずく教育分野における諸施策の「調整化」政策が求められ、職業訓練・高等教育分野にとどまらない教育全般に対する構造的な政策への関与がより強く試みられるに至った。

その代表的な例が、欧州委員会における「研究・科学・教育総局（Directorate-General for Research, Science and Education）」の設置である。[9] 統合推進のための政策提案ならびに加盟国政府間の見解調整を使命とする欧州委員会に、こうした総局が配置されたことは、事実上、教育の共通化政策への軌道が敷かれたことを意味している。

このＥＣの変容の契機・原因を何に求めたらよいだろうか。それは教育・文化分野が経済、財政、政治同盟などと同様に、共同体をヨーロッパ合衆国へと発展させるための核心的役割を果たすという考え方の普及にあった。つまり教育・訓練分野こそ、ヨーロッパ統合の基盤としての将来を担う責任ある市民の育成という課題を負っていることが一定の理解を得たのである。これは同時に、ヒューマニズムとキリスト教という共通の歴史的・宗教的基盤の上で、共通の教育問題に直面しているという認識の表れでもあった。他方、こうした政策の背後に、アメリカや旧ソ連との競争が統合の深化・拡大を促したという面があることも見逃せない。

研究・科学・教育総局の設置に引き続き、九カ国教育閣僚会議により一九七四年六月に設置された「教育委員会（Education Committee）」は、教育分野の「行動プログラム」の作成に着手した。二年後に策定されたプログラムには、以下の六つのトピックが見られる。[10]

(1) 加盟国や第三国からの移住労働者の文化的・職業的訓練およびその子どもの教育
(2) 加盟国の教育制度のより密接な統合
(3) 加盟国の教育資料や統計の収集
(4) 高等教育分野での協力
(5) 外国語教育の促進
(6) 教育の機会均等と権利の保障

この行動プログラムは、ＥＣ期における最も基本的な、国家と共同体レベルで実施可能な広領域のヨーロッパ次元教育プログラムとして理解される。言うならば、それまでの実質的な教育分野の体系化を試みた「教育改革プログラム」と言ってよい。

なお、最初に指摘されている移住労働者の子どもの教育は、当時からすでに喫緊の課題であった。一九七四年一二月に欧州委員会が理事会に提出した「移住労働者とその家族に関する行動プログラム」でも、改善すべき生活と労働条件の一部として「言語を含む職業訓練」と「その子どもの教育」が取り上げられている。すなわちＥＣ加盟各国が自国経済のなかに移住労働者を構造的に組み込んできたにもかかわらず、中・高等教育を受けているその子どもの比率が、ホスト国の子どもと比較して著しく低いことが問題視されていたのである。これは外国人の子どもの教育権、いわゆる教育の平等な義務と権利が依然として理論の段階にしかなく、当時の政策上の貧困を物語っており、行動プログラムはそこに切り込んだのである。

続いて、一九七〇年代後半からの教育協力を見ると、一九七六年一二月に教育閣僚理事会で「教育から職業生活への移行に関する決議」が採択され、また一九七八年九月の社会・雇用・教育委員会（Committee on Social Affairs,

Employment and Education）では、共同体における外国語教育の改善と学校でのＥＣ学習の促進という二つの課題が提起されている。また一九八〇年には、教育閣僚会議が上記の「行動プログラム」とほぼ同じプログラム内容を承認している。このことはプログラムの法的根拠などで、共同体レベルでの実施が一時的に危機状況にあったことを示唆している。そしてこうした動きは、一九八三年にシュトゥットガルトで開催された欧州理事会に引き継がれることになる。

以上より、ＥＣ期に見られた教育政策の形成・展開は、主として以下の四つの方向を示していたと言ってよいだろう。すなわち第一は、加盟国間で異なる教育・訓練政策をＥＣレベルで調整する仕組みを作ることである。その内容は次第に職業訓練から教育の全分野に拡大する傾向を示すと同時に、ＥＣ学習や言語教育に見られるように、教育のヨーロッパ化を主眼とするものへと発展していった。第二は、職業資格の「調整化」を目指した職業訓練分野での協力である。この分野では特に多くの勧告・決定が出され、最も共通化政策が進んでいる。第三は、都市部を中心とする移住労働者の子どもの増大に伴う教育問題への取り組みである。すなわち本書第Ⅲ部の「移民の包摂」において国別により詳細に論じられるように、外国人労働者の増大による異文化・異民族間さらには社会階層間の問題が錯綜して生じるなかで、言語や市民性の問題を含めてどのような教育政策を推進していくかが問われてきたのである。そして最後に、本項では詳しく触れなかったが、第四としてヨーロッパ学校をめぐる政策がある。本国を離れ、主として共同体機関で働くユーロクラートの子どものための国際学校は、未来のヨーロッパの学校のモデルとしての意味を持っていた。

（4）「市民のヨーロッパ」の推進と「ＥＵ市民」の誕生

ＥＣ拡大期（一九八六〜九二年）には、ギリシア、スペインとポルトガルが加わった一二カ国体制のもとで、

「ヨーロッパ教育政策」がより強力に進められることとなった。欧州議会議員の直接選挙制により各加盟国国民のあいだでEC市民としての意識を高める措置が取られる一方で、一九八四年六月の欧州理事会は「市民のヨーロッパ(People's Europe)」に関する臨時委員会設置を提案している。(11) 同委員会は、その報告の中で、言語学習、学校間の交流、若者のためのボランタリー・ワークキャンプ、ヨーロッパについての教育の強化、大学間協力、職業訓練について論じたが、特にヨーロッパの未来を担う若者が出身国以外の加盟国を知ることの必要性を強調した。そして人的交流を目的とする交換プログラムの重要性の認識は、一九八五年九月の閣僚理事会による「教育におけるヨーロッパ次元の推進」の採択へと引き継がれることとなる。

他方、同じ時期に、欧州委員会は、モノ、サービス、ヒト、資本をめぐる統一市場を一九九二年までに創設することを目標に据えて『一九八五年域内市場白書』を刊行した。それは労働者および専門職の自由移動に関する障壁を取り除くために、高等教育と職業資格の相互承認の推進を強調していた。また別の白書『単一市場の完成』では、高等教育証書と職業訓練・資格の相互承認に加えて、技術革新を進めるために産業界と教育機関の協力強化の必要が訴えられ、これは一九八六年七月二四日付閣僚理事会決定により、技術分野の教育に関する大学と企業間の協力要請の採択であるコメット(COMETT)・プログラムとして結実した。また、このほかにも薬学ないし医学分野における教育と資格認定に関する協力と、その相互承認が推進されることとなった。(12)

続いて一九八五年以後の動きに目を向けると、「市民のヨーロッパ」の推進が新しい起動力として、それまで以上に、とりわけ人的交流プログラムに強いインパクトを与えている。具体的には、一九八五年にEC委員会は、上記のコメット・プログラムのほか、域内における学生交流とヨーロッパ次元教育の推進のためのエラスムス(ERASMUS)・プログラムを提案し、翌年には青年労働者交換プログラムであるイエス(YES)・プログラムを追加した。(13) そのほか一九八八年には「教育のヨーロッパ次元決議」が採択され、ECが、各加盟国の学校教育全般に対して、ヨーロッパ・アイデンティティの育成を目的としてカリキュラムにヨーロッパの次元を追加するよう求めるなど、教育内容面でも強い影響力を持つようになった。

予算面から見ても、ＥＣ当局がヨーロッパ市民の育成に向けた取り組みに力を入れるに至ったのは明らかである。エラスムス・プログラムが一九九一～九三年に一億九二〇〇万エキュー（約三〇〇億円）、コメット・プログラムが一九九〇～九四年に二億エキュー（約三二〇億円）、青少年の職業教育の推進と就職活動支援を目的としたペトラ（PETRA）・プログラムが一九九一年に一五〇〇万エキュー（約二四億円）、技術革新に伴う継続訓練を目的としたフォース（FORCE）・プログラムが一九九一年に一三〇〇エキュー（約二〇億円）、共同体市民としての言語能力の向上を目的としたリングァ（LINGUA）・プログラムが一九九〇～九四年に二億エキュー（約三二〇億円）、域内の青少年交流改善・促進などを目的としたユース＝ヨーロッパ（Youth for Europe）・プログラムが一九九一年に六五〇万エキュー（約一〇億円）の予算を与えられている。(14)

ＥＣ期における教育政策の中心的な課題は、既述の一九七六年以来の教育委員会による「行動プログラム」の六つのトピックをいかに効果的に展開するかであった。また、その中心は人的交流政策の整備・拡充であり、それらの成功がそのままヨーロッパ意識の涵養と団結の強化、そして「市民のヨーロッパ」の建設に結びつくと解されていた。こうしたプログラムは、域内の自由移動を活性化することを通じて、若者の自立および労働社会への準備を促す点でも大きな意義を有している。

さて、一九九〇年には政治統合を目指す動きが改めて高まりを見せた。同年一二月のローマでのＥＣ首脳会議における議論を引き継ぐ形で、一九九一年一二月、マーストリヒトＥＣ首脳会議で欧州連合（ＥＵ）を目指す条約改正が合意をみた。本書の観点から注目すべきは、ここで、加盟国市民に各国の「国民」という地位に加え、「ＥＵ市民」という地位が与えられた点である。まさに、これは将来の国際社会における個人のあり方に新しい可能性を示すものだった。同時に、古典的な国家のあり方に終止符を打ち、より秩序化された国際機構のなかでの国家という新たな社会像の出現を意味する。(15) こうした主権国家の相対化は、一九八八年の「教育のヨーロッパ次元決議」以降のプログラムに、さらなる現実性と必要性を付与することとなった。

(5) ヨーロッパ次元の拡大・深化

一九九三年一一月に発効したマーストリヒト条約により、二〇〇〇年に向けてEUの政治統合が進み、教育分野における取り組みも「深化・拡大期」を迎えた。EU内での担当部局も一九九五年に「教育・訓練・青少年」総局へ、一九九九年には「教育・文化」総局へと、より各加盟国内の教育担当官庁の名前に近づく方向で名称変更が重ねられた。また後述するように、一九九五年には欧州委員会が知識基盤社会における普通教育と職業教育に関する内容の白書を提出し、ヨーロッパ教育・科学・研究推進圏の創出のために、加盟国の教育の質の向上を強調するとともに、ヨーロッパ市民として母語と二つの域内外国語の学習という「三言語主義」を提唱している。(16)

以上の総括としてマーストリヒト条約一二六条に目を向けると、そこではローマ条約の規定と比較するとき、加盟各国が教育、文化、言語の領域における責任をより積極的に果たすよう期待するとともに、共同体がそれらの活動を支援すべきことが明確化されている。ここで、特に第三条b（第二項）に導入された「補完性の原理」が重要な意味を持つ。これは、自らできることは基本的に各国が担当し、できない部分だけをEUが補うことで、全体的に調和のとれた発展を目指すという考え方である。これは、EUの専属的権限行使の程度と手段は目的達成に必要な限度を超えてはならないという「均衡性原則」により補強されているが、教育分野に限定するとき、個々の加盟国には達成困難な課題に限ってではあっても、EUが直接的に教育政策を立案・実施できるようになったことの意義は大きい。(17)

こうしたマーストリヒト条約を受けた動きとしては、欧州委員会が一九九三年五月に作成した「教育・訓練分野における共同体活動のためのガイドライン」と同年九月の「ヨーロッパ次元教育に関するグリーンペーパー」が注目に値する。前者は「補完性の原理」を再確認した上でEUによる直接的な活動の必要性を訴え、後者は、教育分野におけるEUの役割を、①ヨーロッパへの貢献、②教育の質的向上の促進、③若者の社会への統合と労働生活への移行の支援の三点に整理している。

そして、こうした趣旨に基づき、それまでのプログラムの経験を活かしつつ、新たなヨーロッパ次元プログラム（一九九五〜九九年）が展開された。具体的には、高等・普通教育分野でのソクラテスI、職業・訓練分野でのレオナルド・ダ・ヴィンチI、青少年交流分野でのユース＝ヨーロッパIIIが代表的である[18]（表1-1）。また、次章で明らかになるように、一九九五年一二月に欧州委員会が初の教育・訓練白書である『教えることと学ぶこと——学習社会へ向けて』を発表するとともにシンクタンク「教育・訓練調査グループ」を設置し、一九九九年までにアクティブ・シティズンシップを培うための構想の過程を展開している。

これらのうちソクラテスIは、欧州委員会の提案に基づき、エラスムスとリングァを統合・発展させたもので、五年間にわたる総予算七億六〇〇〇万エキュー（約九九〇億円）で開始された。これは三部門からなり、第一部はエラスムスを継承する高等教育部門、第二部は新しく設定された学校教育部門、第三部はリングァを中心とする語学教育や遠隔教育等の部門から構成されている。他方、レオナルド・ダ・ヴィンチも同じく五カ年計画で、既述のコメット、フォース、ペトラのほか、ニューテクノロジーによる職業訓練に関するユーロテクネット（EUROTECHNET）、女子の職業教育に関するアイリス（IRIS）を統合・発展させる形で開始された。

これまで見てきたように、EUは一九九二年末までに一応の市場統合を完成させ、超国家としての独自性をいかに発揮していくかを模索する段階に入ったと言えよう。この文脈において、二〇〇〇年までに文化的および社会的

表 1-1　教育行動計画の歴史的変遷

<table>
<tr><th></th><th colspan="4">教　育</th><th colspan="5">職業訓練</th><th colspan="2">青少年プログラム</th></tr>
<tr><td>1986–1994</td><td></td><td></td><td>リングァ
LINGUA
1990–1994</td><td>エラスムス
ERASMUS
1987–1994</td><td>コメットⅠ
COMETT
1987–1989
コメットⅡ
1990–1994</td><td>ペトラ
PETRA
1988–1994</td><td>フォース
FORCE
1991–1994</td><td>ユーロテクネット
EUROTECHNET
1990–1994</td><td>アイリス
IRIS
1988–1993</td><td>ユース＝ヨーロッパ
Youth for Europe
Ⅰ 1989–1991
Ⅱ 1992–1994</td><td></td></tr>
<tr><td>1995–1999</td><td></td><td></td><td colspan="2">ソクラテスⅠ
Socrates
1995–1999</td><td colspan="5">レオナルド・ダ・ヴィンチⅠ
Leonardo da Vinci
1995–1999</td><td>Ⅲ 1995–1999</td><td>ヨーロッパ・ボランタリー・サービス
European Voluntary Service
1998–1999</td></tr>
<tr><td>2000–2006</td><td>eラーニング
eLearning
2000–2006</td><td>エラスムス・ムンドゥス
Erasmus Mundus
2004–2008</td><td colspan="2">ソクラテスⅡ
2000–2006</td><td colspan="5">レオナルド・ダ・ヴィンチⅡ
2000–2006</td><td colspan="2">ユース
Youth
2000–2006</td></tr>
<tr><td>2007–2013</td><td></td><td>エラスムス・ムンドゥスⅡ
2009–2013</td><td colspan="7">生涯学習プログラム
Lifelong Learning Programme（LLP）
2007–2013</td><td colspan="2">ユース・イン・アクション
Youth in Action
2007–2013</td></tr>
<tr><td>2014–</td><td></td><td colspan="10">エラスムス・フォー・オール
Erasmus for All
2014–2020</td></tr>
</table>

注）ソクラテスⅠにはエラスムスとリングァに加えてコメニウス・プログラムが含まれる。またソクラテスⅡではグルントヴィとミネルヴァのプログラムが追加され，これらは生涯学習プログラム，そして2014年に始まるエラスムス・フォー・オールに引き継がれている。

出典）Commission européenne, *Histoire de la coopération européenne dans le domaine de l'éducation et de la formation,* 2006, pp. 268–269 に園山が加筆修正。

側面とともに教育・訓練分野も「市民」や「シティズンシップ」の定着・拡大という課題を担うことになった。アラン・マンク（Alain Minc）も述べるように、教育に関する事業計画なしではＥＵの一体感は戦略領域と経済領域の間で流産してしまい、ヨーロッパは最終的に引き裂かれてしまう危険性がある。(19) 一定の限度はあるものの、教育を「より協力を進めるべき領域」とする認識を絶えず強化していくことが必要であろう。

もちろん、ここで言う「協力」は必ずしも「統一」を意味しない。重要なのは、多様な制度や内容をいかに「調整」していくかであり、マーストリヒト条約以後の動きは、実際に共同体と加盟国、地域、地方がそれぞれ補完しあいつつ、全体として調和のとれた発展を目指す体制へと移行しつつあることを示している。

2　二〇〇〇年以降のヨーロッパ教育政策の展開

（1）教育プログラムの現状

本節ではヨーロッパ教育の今に焦点をあてる。具体的には、二〇〇〇年以降におけるアクション・プログラム（教育行動計画）とベンチマークや裁量的政策調整（ＯＭＣ）など新しい教育政策の調整方法、そして二〇二〇年に向けた取り組みに注目したい。

一九九九年発効のアムステルダム条約でも教育政策は加盟国の権限に属するとされたことから、今もＥＵは加盟国間の協力を補完する形で行動計画を推進している。ソクラテスとレオナルド・ダ・ヴィンチという代表的な二つのプログラムは、現在、二〇〇〇年から二〇〇六年までの実施第二段階（Ⅱ）が終わり、二〇〇七年から両者は統合されて第三段階にある。

二〇〇〇年の時点で、ソクラテスの基本理念は生涯学習の促進と「知のヨーロッパ（Europe of knowledge）」の構築に貢献することとされていた。具体的には、①すべてのレベルでのヨーロッパ次元教育の強化、②ヨーロッパ諸言語に関する知識の向上、③教育を通じた協力と交流の促進、④教育におけるイノベーションの奨励、⑤教育のあらゆる部門における平等な機会の促進が目標として掲げられ、そのもとでエラスムス、リングァのほか、初等・中等教育を対象とするコメニウス（Comenius）、成人教育を対象とするグルントヴィ（Grundtvig）、遠隔教育と情報教育を対象とするミネルヴァ（Minerva）といった各プログラムが展開されてきた。

そして現在は、コメニウス、エラスムス、グルントヴィとレオナルド・ダ・ヴィンチを統合した生涯学習プログラム（LLP）二〇〇七〜二〇一三が実施されているのである。[20]

ところで、こうした教育プログラムの計画・実施には、ソクラテス事業の内部に位置づく、教育統計や教育比較調査を扱ってきたシンクタンクの役割が軽視できない。特に欧州理事会および文部大臣会議では、こうした機関の研究結果や比較可能な統計データが重要な役割を果たしている。EUは一九八〇年にユーリディス（Eurydice）という教育研究・情報ネットワーク機関をブリュッセル本部と各国の教育省内外に設置した。また二〇一一年秋には、三三カ国、三八の教育制度を横断比較できるウェブサイトであるユーリペディア（Eurypedia）[21]も創設されている。

教育指標の開発は必ずしもEU独自の動きではなく、OECDやユネスコ等と連動して進められてきたものだが、注目すべきは、こうした指標の開発がヨーロッパの教育政策に跳躍台を用意したということである。すなわち、それは知識基盤社会としてのEUが直面する人的資源の確保という課題に対する積極的な取り組みを下支えすることとなったのである。

（２）教育政策における調整化

二〇〇〇年がＥＵの教育・訓練政策の転換点となったと言われるが[22]、その前年の九月にフィンランドのタンペレで開催された教育閣僚理事会で、三つの優先課題が確認されていた。一つは雇用政策における教育と訓練の役割、第二に、すべての教育段階における教育と訓練の質の向上、第三に、教育の期間ならびにそれと結びついた資格の認証を含む流動性の促進である。

ここでは第二の教育と訓練の質の向上について見ておこう。

教育・文化総局の分析・統計・指標課長ヒンゲル（Anders Hingel）によれば、この問題意識そのものは、一九九五年上半期のフランスと下半期の議長国スペインの提案にまで遡るという[23]。このとき、これら議長国が指示した、生徒の学習到達度の評価や、学校の外部評価、自己評価といった研究課題が、市民を育てるべき教育の質の問題として浮上したのである。そして一九九八年のプラハ会合で、各国の教育を比較するためのベンチマークとインディケータの策定作業部会を設けることとなった。信頼できるデータの集積が、教育の向上を促す挑戦的な政策の策定を可能にすると考えられたからである。また注目すべきは、この作業が一部の諸国の文部大臣レベルのイニシアティブによるところが大きく、このような進め方はそれまで教育分野では見られなかったことである。そして目標と指標の策定がＯＭＣ[24]の決定方法により進められたことも重要である。

そして二〇〇〇年三月、リスボンで開かれた欧州理事会は、向こう一〇年間を念頭に経済・社会政策についての包括的な方向性を示した。それがリスボン戦略（Lisbon Strategy）と呼ばれるものであるが、その方向性は、「より多くのより良い雇用の創出とより強固な社会的結束を伴う持続的な経済成長を可能とする、世界で最も競争力がありダイナミックな知識経済[25]」への移行ということであり、これがヨーロッパの教育政策に、職業訓練の枠に続いて普通・高等教育における交流促進の枠をも打ち破る力を与えた。

実際に、リスボン戦略は「教育・訓練二〇一〇（ET 2010）」という呼称で具体化されていくことになる。このET 2010は二〇〇二年のバルセロナ欧州理事会でその骨格が決められ、そこで採択された戦略目標のために、続く作業部会で以下の五つのベンチマークが設定された[26]。

(1) 早期離学者のＥＵ平均を一〇％未満にする。
(2) 読解力の低習熟度者の一五歳時における比率を二〇〇〇年より、少なくとも二〇％減少させる。
(3) 二〇～二四歳の、少なくとも八五％が後期中等教育（ISCED3）[27]を修了する。
(4) 数学・科学・技術分野の学卒者（ISCED5A, 5B, 6）の総数を最低一五％増加させると同時にジェンダー格差を縮める。
(5) 生涯学習参加率を生産年齢人口（二五～六四歳）の、少なくとも一二・五％以上とする。

その達成状況については、イタリアに設置された生涯学習研究センター（CRELL）がモニタリングを行い、年次経過を報告している。そこではベンチマークごとに、過去三年間の実績と、単年度分の数値において優秀な三カ国と、ＥＵ全体の加重平均値（各国の人口規模を考慮）、そしてデータのあるものは日米との比較も表示されている。

そこから読み取れるのは、一般に北欧と一部の新加盟国（エストニア、チェコ、キプロスなど）が優れているということだが、ＥＵ全体として見ると、二〇〇〇年時点から状況は改善しつつも、二〇〇八年時点で目標達成数値には到達していない。たとえば生涯学習への参加率は初期には上向いていたが、その後加盟した諸国（スロヴァキア、ラトヴィア、ハンガリー）によって下降しており、早期離学者についても進歩が見られるとはいえ、目標を達成することはできなかった。後期中等教育の修了者についても改善が見られるが、道のりはさらに遠い。読解力の低い子どもの割合については、むしろ増加傾向にある[28]。

こうした状況を受けて、二〇〇九年五月、ET 2010 のフォローアップとして欧州理事会決定「教育・訓練における欧州協力のための戦略枠組み（ET 2020）」が発表され、二〇一〇年から二〇二〇年までの新しい戦略目標とそれを達成するための以下の五点からなるベンチマークが改めて設定された。[29]

(1) 四歳から義務教育開始年齢までの児童の九五％を就学前教育に就かせる。
(2) 一五歳時点で読解、数学、科学の学力の低い生徒を一五％未満にする。
(3) 早期離学者を一〇％未満にする。
(4) 三〇～三四歳の高等教育進学者を少なくとも四〇％以上にする。
(5) 二五～六四歳の成人の一五％以上を生涯学習に参加させる。

このET 2020 のベンチマークをET 2010 と比べると、新しい観点と重複する観点との両方が確認されるが、概ね先行する行動計画の達成度が低いにもかかわらず、ハードルは逆に若干高く設定されたと言ってよいだろう。

さて、ここまでET 2010 とET 2020 に注目してきたが、そのほかにも二一世紀の世界に相応しい学校の姿を考えることを目的として二〇〇七年にEU内で研究グループが立ち上げられ、ヨーロッパの教育の課題を具体的に調査し、その現状分析に基づいた教育政策が提唱されている。[30] それが目的とするのは「知のヨーロッパ」の具現化であり、またヨーロッパ市民の育成である。それらの目的のためには以下の八つのキー・コンピテンス（主要能力）の育成が重要と考えられている。すなわち、①母語でのコミュニケーション、②外国語でのコミュニケーション、③数学と基礎的な科学と技術、④デジタル・コンピテンス、⑤学び方の学習、⑥社会的・市民的コンピテンス、⑦自発性と起業家精神、そして⑧文化的多様性への感性である。[31]

これらをどのように学習指導要領に反映するかは各国に委ねられているが、前述のＯＭＣ方式を採用しているた

表1-2　2010年と2020年のベンチマークに対する状況

（%）

		EU平均		EUベンチマーク	
		2000年	2009年	2010年	2020年
就学前教育就学率		85.6	92.5		95.0
PISAにおける低学力層の割合	読解	21.3	19.6	17.0	15.0
	数学	24.0[06]	22.2		15.0
	科学	20.3[06]	17.7		15.0
早期離学率		17.6	14.1	10.0	10.0
後期中等教育修了率		76.6	79.0	85.0	
理数技術系修了率	2000年比		+37[08]	+15	
	女性率	30.7	32.3		
高等教育修了率		22.4	33.6		40.0
生涯学習参加率		8.5[03]	9.1	12.5	15.0
教育投資（対GDP）		4.91	4.98[07]		

注）[03]＝2003，[06]＝2006，[07]＝2007，[08]＝2008。PISAの成績について2000年の読解は18カ国分，それ以外は25カ国分の平均値。

出典）SEC (2011) 526 Commission Staff Working Document : *Progress Towards the Common European Objectives in Education and Training Indicators and Benchmarks 2010/2011.*

め、かなり具体的な教育内容にまで踏み込んでいると言ってよいだろう。なお、ベンチマークの達成度を離れるなら、表1-2が示すように、国際学習到達度評価（PISA）においてEU平均で学力向上が認められるほか、就学前教育や後期中等教育修了率で改善が見られる。また理数技術系修了率と高等教育修了率でも大幅な上昇が確認され、これまでの施策の成果がうかがわれる。

（3）二一世紀の教育課題

最後に、二〇〇〇年以降のEUの教育政策で中心的な位置を占めている二つの課題を指摘したい。それは第一に早期離学者への対策であり、第二に移民の子どもへの教育に見られる社会的排除との闘いである。いずれもヨーロッパの低学力層への対策であり、市民社会の維持・発展のための優先課題である。

まずET 2020の三番目のベンチマークにも記された第一の課題について言えば、二〇〇九年現在で、早期離学者（前期中等教育段階で学校を離れて職に就いていない一八～二四歳の若者）はEU全体で約六〇〇万人（EU平均で一四％）にのぼると見られている（表1-2）。そしてこうした早期離学者の五二％が失業中だという。なかでも初等教育水準の資格で離学している人が早期離学者全体の一七％を占め、特にベルギー、ブルガリア、ギリシア、ポルトガルでは三五％から四〇％と極めて深刻な状況にある。[32]

これは第二の課題である移民の問題にも大きく関係している。すなわち移民の出自（両親の出生地が外国である）を持つ場合には、早期離学率がEU平均で二六％と、非移民の一三％の倍となっている（二〇〇八年）。特にギリシア、スペイン、イタリアでは、移民の早期離学率が四〇％以上と極めて高い状況が報告されている。[33]

前節で確認したように、一九七〇年代以来、EUでは出自に関係なく平等に教育機会が保障されるよう努力が重ねられてきたが、上記の結果はそれが相変わらず十分な成果をもたらしていないことを示している。移民にとって貧困は身近であり、移民の子どもの学業成績の向上は、すべての市民に公正な教育機会を保障するという点で、いまもヨーロッパ各国に共通する課題である。

おわりに

本章では、統合の進展とともにヨーロッパが一つの教育空間を形成すると同時に、ヨーロッパ市民の育成がまさにヨーロッパの教育課題として成立する過程を描出してきた。初期の統合機関が教育分野については極めて限定的な関与しかできなかったのに対し、「補完性の原理」によってEUによる教育政策が本格化したこと、そして近年は欧州理事会に加えて特定国のイニシアティブにより共通課題が見出され、政策の幅が飛躍的に広まったことが確認された。こうしたヨーロッパ教育政策の深化の鍵となったのが、二〇〇〇年に導入されたベンチマークであり、またOMC方式である。

特に市民性教育の観点から以上の発展プロセスを改めて振り返ると、「補完性の原理」が導入された前後からヨーロッパ人意識の育成が政策目標に加えられ、ＯＭＣの採用以降、特に移民を中心とする社会の周辺に位置する人々の包摂に力が入れられるに至ったことがわかる。すなわち、初めにヨーロッパ市民の輪郭が描かれ、続いてその外部を内部に取り込む努力が開始されたのだった。その順番が逆ではないところに、教育という営みが持つ管理主義的性格が表れてもいるが、それは同時に統合の進展が着実なものであることをも意味している。

このように教育の視点に立つとき、ヨーロッパ市民はもはや未来の理念ではなく、現実の政策目標となっている。この点では、一九八九年の冷戦の終結と東・中欧における民主主義の到来、そして九〇年代以降に顕著となる人種主義や外国人嫌悪、反ユダヤ人主義、ロマに対する差別の噴出といった事態が、欧州評議会と連動しつつＥＵでも能動的な市民（active citizen）の形成と、それを目指す民主的市民性教育（ＥＤＣ）の開発ならびに教員養成への取り組みを活性化させたことが指摘されよう。とりわけ欧州評議会は、民主主義と人権についての理念を尊重し、学習者が現実社会に触れ、そこに参加することを重視し、具体的な権利の侵害や課題の解決のために必要とされる手続きと社会参加のスキルまでを教育内容として考えている。(34) それに対してＥＵは、自ら、こうした理念ならびにスキルの普及を目的として、特に初等から高等教育段階までの児童・生徒・学生そして教員を対象に、国境を超えた移動を支援するプログラムを提供するほか、加盟国政府に対し、各国の実情にあわせた教育政策を遂行するよう促すという、より実際的な活動を展開してきたと言えよう。

本章はＥＵを中心に見てきたが、二つの統合機関はともに、人、地域、国家、そしてヨーロッパのあいだにより密なつながりを構築することで、言語、文化、宗教間の摩擦を緩和し、貧困と闘い、より公正で民主的なヨーロッパを追求しているのである。

第2章　アクティブ・シティズンシップとヨーロッパ

澤野　由紀子

はじめに

ＥＵの生涯学習政策は、すべてのヨーロッパ市民に、民主主義の維持と発展のために能動的に行動する市民の素養としての「アクティブ・シティズンシップ」を培うことを目標の一つとしている。二〇二〇年を目標年として二〇一〇年に導入された「教育・訓練における欧州協力のための戦略枠組み（ET 2020）」では、四つの戦略的総合目標の三番目に「公正、社会的結束とアクティブ・シティズンシップを促進する」ことが掲げられている。また、アクティブに社会に参加するためのコンピテンス（能力）は、二〇〇六年に定められた、義務教育修了時までにすべての人々が学び、維持・更新すべき「生涯学習のキー・コンピテンス（Key Competences for Lifelong Learning）」の中にも含められている。(1) アクティブ・シティズンシップは学校教育だけでなく、学校外の青少年教育や一般市民を対象とするノンフォーマル教育を通して育むべきものとされているため、広く生涯学習という枠組みの中で扱われているのである。

ＥＵでは、生涯学習を「就学前から退職後の学習を包括し、フォーマル、ノンフォーマルならびにインフォーマルな学習の全体を含む」ものと定義し、「個人として、市民としての立場から、社会のためと雇用のための両方もしくは一方の立場から、知識、スキルとコンピテンスの向上を目的とする、生涯にわたり行われるあらゆる学習活動として理解されなければならない」とする。[2] そこで本章では、一九九三年のＥＵ発足時から推進されてきた教育・訓練および生涯学習をめぐる施策と事業のなかで、アクティブ・シティズンシップの育成がいかなる背景のもとで必要とされ、またどのようにしてヨーロッパ全体の大目標となっていったのかを素描していきたい。

以下では、アクティブ・シティズンシップの教育について、構想の過程（一九九五〜九九年）と具体化の過程（二〇〇〇年以降）に区分して検討する。さらに前者は、ベルリンの壁崩壊後の東欧諸国の混乱とバルカン半島における民族紛争の影響が大きかったＥＵ発足当初と、二一世紀を目前に「知のヨーロッパ」構築に参加する市民育成のために生涯学習の重要性が認識されるようになる時期とに分ける。

この時期区分からわかるように、アクティブ・シティズンシップの教育の構想は一九九九年までの段階でほぼ固まっており、二〇〇〇年以降は実践に移す段階となった。そしてリスボン戦略による数値目標の設定とモニタリング、裁量的政策調整（ＯＭＣ）の導入に伴い、アクティブ・シティズンシップの教育も測定可能な成果指標の開発を求められることとなった。こうした指標は、いわゆるグッド・プラクティスを選定することを可能にしているが、本章の最後に、そのような優れた実践とされているものを検討することにより、ＥＵが追求する理想的市民像が意味するところについて明らかにしたい。

1　アクティブ・シティズンシップを育てる教育・学習の構想

ベルリンの壁が崩壊すると、東欧諸国の民主化とソ連邦の解体・消滅、そしてユーゴスラヴィアの内戦などにより、多数の難民や移民がヨーロッパの「西部」に流入することとなった。バルカン半島におけるセルビア軍による「民族浄化」はヨーロッパの人々にナチスによるホロコーストを思い起こさせ、極右政党やネオナチの台頭への危機感が高まった。こうした状況のもと、一九九五年一月にスウェーデン、フィンランドとオーストリアを加えたEUは、その教育事業においてポスト・ナショナルな市民性の育成を目指すこととなる。以下、本節では一九九〇年代後半の欧州委員会の教育担当部局による政策文書と報告書を時系列的に辿りながら、ヨーロッパのアクティブ・シティズンシップ育成のための教育がどのように構想されていったのかを振り返りたい。

一九九五年一二月、欧州委員会は初の教育・訓練白書として『教えることと学ぶこと――学習社会へ向けて』を発表した。この白書は、ヨーロッパ社会の開放性、文化的多様性と民主主義を維持するには、「若い人々が先入観に捕らわれず、常に疑問を持ち、新たな答えを模索する能力」を備えることが必要としている(3)。また、ヨーロッパのアイデンティティとシティズンシップを身につけた市民による学習社会を実現するためには多言語主義が必要不可欠とし、すべての欧州市民が、母語のほかに、EU内で使われている言語のうち少なくとも二言語でコミュニケーションする能力を獲得することを教育目標の一つとした。

この教育白書が掲げる目標に基づく具体的施策の導入に関する提言をまとめるため、欧州委員会は一九九五年に加盟各国から研究者、企業、団体、地方行政の関係者など二五人の専門家を招き、シンクタンク「教育・訓練調査グループ（Study Group on Education and Training)」を設置した。

そのシンクタンクは、二年にわたる審議の結果を報告書『教育と訓練を通してヨーロッパを実現する』（一九九七年）にまとめ、「教育と訓練を通じたヨーロッパ市民性の構築」を二〇〇〇年までの主要な目標として掲げた。なお報告書では、ヨーロッパ市民性とは「経済、技術、環境および文化に対する配慮のバランスを重視した民主主義のヨーロッパを構築するために作られた本質的に人道的な理念」と説明され[4]、「昨日のヨーロッパの悪夢がホロコーストだったとすれば今日の悪夢は『民族浄化』である」との認識のもと、「外国にスケープゴート」を探すのではなく、ヨーロッパ的視野のもとで各国が協力して紛争を解決するのを学ぶべきこと、また特に教育・訓練の中で「あらゆるステレオタイプを崩す」べきことを強調している[5]。さらに、東欧の旧社会主義諸国を含む「拡大欧州」の実現を念頭に置きつつ、民主主義の政治文化の共有こそが、ポスト・ナショナルな市民のヨーロッパの構築につながると述べている。

報告書は、ヨーロッパの新しい市民性に不可欠な次元として、(1)個人の尊厳、(2)社会的市民性、(3)平等主義的市民性、(4)異文化的市民性、(5)環境的市民性の五つを挙げている。具体的には、それぞれ個人の権利と責任、社会的統合、ジェンダーやエスニシティ間の平等、ヨーロッパ・アイデンティティと多文化主義、人類と自然との関係修復などの観点が決定的な意味を持つという[6]。

そして、こうしたヨーロッパ市民性の定着を図るために行動すべきこととして、次の三点が挙げられている。

(1) ヨーロッパの文明が基礎を置く共通の価値を確認し、伝達すること。
(2) 若者がヨーロッパ市民としてより完全な役割を果たすことができるような方法を発案し、広めること。
(3) ヨーロッパの市民性の現代的要素の学習に最適の方法を導き出し、その方法を普及させるために広報すること[7]。

なお、上記の第一点目にある「共通の価値」には以下が含まれる。すなわち人権、人間の尊厳／基本的自由／民主主義の合法性／平和と、紛争終結のための手段としての暴力の拒絶／他人に対する尊敬の念／（全ヨーロッパおよび全世界における）連帯の精神／平等な発展／機会均等／合理的思考の原則、証拠と証明の倫理／生態系の維持／個人の責任である。

これらは、いずれも従来よりヨーロッパの遺産として合意されてきたものである。実際、EU各国は、公民、歴史、社会などの教科の中で、程度の差こそあれ、こうした価値を教えていた。

このような認識の上で、シンクタンクは、外国語教育の充実により初等中等教育カリキュラムの負担が重くなることをふまえ、ヨーロッパ市民性の教育のための授業時間の拡大や特別なカリキュラムの導入を求めるのは現実的でないとの見解を示し、代わりに既存のカリキュラムと制度の中で以下の四点を重視するよう勧告した。

(1) ジェンダー間、民族間の関係を中心に、市民のあいだの差別について詳しく学ぶ。
(2) 差別問題に関する大学での研究を奨励する。
(3) すべての市民に対し、共通の遺産であるヨーロッパの芸術と科学の成果に注目させる。
(4) 歴史、社会科学、文学などを教える際に、ヨーロッパないしヨーロッパと境界を接する地域における政治的・民族的な紛争についての分析を取り入れる。(8)

また、これらの内容は単なる知識として学習されたのでは、実践的なスキルとしてのアクティブ・シティズンシップを培うことにはならない。批判的思考力、論理的思考力などを育てる教育方法やグループワークを重視する同報告書は、他者の立場に立って考える訓練や、メディア——政策文書などの伝統的な文字媒体からビジュアルなニューメディアまで含む——の隠されたメッセージを批判的に分析するといった学習を推奨している。(9)

そして、これらの提言は、二〇〇〇年から導入されたEUによる七カ年の教育・職業訓練と青少年交流に関する諸事業の中で具体化されることになった。

2　生涯学習の文脈におけるヨーロッパ市民性

アムステルダム条約（一九九七年六月採択、一九九九年五月発効）は、その冒頭で、「教育への広いアクセスと教育を恒常的に更新することを通して最高水準の知識」を市民が獲得できるよう生涯学習の充実を図るという政策目標を、加盟各国に課した。また同条約A条は、市民のヨーロッパという理念を実現することにより、EUの市民性を発展させることを求めている。[10]

しかし、アクティブ・シティズンシップ教育を生涯学習の中に位置づけ、様々な状況下にあるすべての年齢層の人々のものとすることの重要性の認識は、すでに一九九六年に欧州経済領域（EEA）諸国が実施した「ヨーロッパ生涯学習年」事業の中に見てとることができる。

また、翌九七年一一月には、欧州委員会第二二総局（当時の教育・職業訓練・青少年担当部局）も、通達「知のヨーロッパへ向けて」を発表したが、それは、二一世紀を目前に控えてイノベーション、研究、教育ならびに職業訓練を政策の中心に据えることを定めた「アジェンダ二〇〇〇」[11]に対応して、教育・職業訓練ならびに青少年交流事業の方向性を示したものである。同通達は、とりわけ人々の移動を可能とする「開放的でダイナミックなヨーロッパ教育圏の構築」を目標として掲げている。その際、教育圏の概念が地理的のみならず時間的にも捉えられていること、すなわち生涯にわたって教育を受けられる仕組みの建設が目指されていることは注目に値する。ヨーロッパ教育圏において重視すべき次元として、知識、市民性、コンピテンスの三つを挙げ、このうち市民性の次元については次のように記されている。

この教育圏は、価値の共有、共通の社会・文化圏への帰属意識の促進を通して市民性の拡大を図ろうとするものである。そこでは、積極的な連帯と、ヨーロッパの独自性と豊穣さを構成する文化的多様性の相互理解とに根ざした、市民性についての広い理解が促進されなければならない。[12]

また、第二二総局は一九九八年に報告書『EUにおける教育とアクティブ・シティズンシップ』を刊行し、EUの助成のもとで実施された教育・職業訓練ならびに青少年交流に関する事業のなかで市民性の育成がどのように行われ、いかなる効果をあげているかについての調査結果を報告している。

まず報告書は、アクティブ・シティズンシップを、情動的次元、認知的次元とプラグマティックな次元の三つから構成されているとする。情動的次元とは、個人や集団がコミュニティや社会に感じる帰属意識、価値観、異文化への理解などを指している。それに対して認知的次元とは、行動を起こすための情報と知識の基礎のことである。また、プラグマティックな次元とは、具体的なアクションを起こすための経験を積むことである。

そして、これらを習得するにはフォーマルな教育機会だけでは不十分であり、生涯にわたってあらゆる機会を通じて学習することが不可欠だという。[13] そして、この調査によって見出された先進的実践の分析から、効果的な事業の特色として、次の四点が指摘された。

(1) 文化、経済、政治、社会など、アクティブ・シティズンシップの様々な次元を包括していること。
(2) 公正でバランスの取れた方法で、認知的レベル、情動的レベルならびにプラグマティックなレベルの学習を組み合わせ、参加型の教授・学習方法であること。

(3)民主主義の文化、人道主義と社会的正義、多様性と相違に対する尊敬の念と寛容性など、ヨーロッパ的価値の核心に関わる内容を活動の中心に位置づけていること。

(4)自学と専門的なガイダンス、そして指導のあいだのバランスが図られていること。[14]

このように、二〇世紀の時点で、すでに今日のアクティブ・シティズンシップ教育のあるべき姿については、かなり具体的に示されていた。特に、それを広く理解すること、すなわち内容的には狭義の政治的な学習だけでなく、文化的共通性を前提としたヨーロッパ・アイデンティティの育成まで目標に取り込まれ、方法的には参加型の学習が重視された。また何よりも学校教育だけでなく生涯にわたる教育・学習活動全体の課題として捉えられている点が注目に値する。こうした、言わば総花的なアプローチは、ヨーロッパ各国が抱える問題の多様性を反映していると言えよう。

3　アクティブ・シティズンシップ育成のための生涯学習

二〇〇〇年三月のリスボン欧州理事会議長国決定により、二〇一〇年までにEUを「より多くのより良い雇用の創出とより強固な社会的結束を伴う持続的な経済成長を可能とする、世界で最も競争力がありダイナミックな知識経済」とするという目標が設定された。[15]そして、この目標達成に向けて経済改革を中心とする三つの包括的戦略が定められたが、そのうちの第二の戦略「ヨーロッパ社会モデルを現代化し、人々に投資し、社会的排除と闘う」が、改めて生涯学習とアクティブ・シティズンシップの育成という課題を支えることになった。

さらに欧州理事会は加盟各国に対して生涯学習における六つの目標を提示し、それぞれについて法制度上可能な範囲で必要な手段を講じるよう求めた。特にその第四の目標には、「生涯学習によって提供されるＩＴスキル、外国語、テクノロジー文化、起業家精神、社会的スキルなどについて新しい基礎的技能を定めなければならない」とあるが(16)、最後の社会的スキルの要求はアクティブ・シティズンシップへの取り組みを促すものであった。実際、この目標は、先述の「生涯学習のキー・コンピテンスについての欧州議会および欧州委員会の勧告」へと発展する(17)。

他方、その欧州委員会は、リスボン・ゴールに基づいて生涯学習社会を実現するための方策についての広範な議論を促すため、二〇〇〇年一一月に「生涯学習のメモランダム(18)」を作成し、また翌年一一月の通達「欧州生涯学習圏――知識基盤型経済・社会においてヨーロッパの人々をエンパワーする」を発して、「欧州生涯学習圏」の設立を提唱した。それは、欧州委員会によれば、すべてのヨーロッパ市民が、様々な学習環境、職場、地域、国のあいだを自由に移動し、自らの知識と能力を最大限に発揮することのできる、豊かで差別のない寛容で民主的な空間である。

以上の欧州委員会の提案に対しては、二〇〇二年六月の閣僚会議決議「生涯学習について」の中で支持が表明され、さらに同年、バルセロナで開催された欧州理事会における決定「教育・訓練二〇一〇（ET 2010）」として結実した。この中では、二〇一〇年を目標年として以下の三つの戦略的目標（大目標）と一三の具体的目標（中目標）が採択され、アクティブ・シティズンシップの向上は、表2-1が示すように、戦略的総合目標2「あらゆる教育・訓練の機会へのアクセスを容易にする」の中の目標⑧に記されることとなった。

また二〇〇九年五月には、ET 2010のフォローアップとして、欧州理事会決定「教育・訓練における欧州協力のための戦略枠組み（ET 2020）」が発表され、二〇一〇年から二〇二〇年までの新しい戦略的目標が定められたが、

表 2-1　3つの戦略的総合目標と13の目標（ET 2010）

戦略的総合目標1：EUにおける教育と訓練の質と効果を高める
目標① 教員と指導者の養成・研修の改善 目標② 知識社会に対応するスキルの開発 目標③ すべての人に情報コミュニケーションの技術へのアクセスを保障する 目標④ 理工系を専攻する入学者を増やす 目標⑤ 資源の最適な活用
戦略的総合目標2：あらゆる教育・訓練の機会へのアクセスを容易にする
目標⑥ オープン・ラーニングの環境整備 目標⑦ 普通教育および職業訓練をより魅力的にする 目標⑧ アクティブ･シティズンシップの向上，機会の平等ならびに社会的結束の促進
戦略的総合目標3：世界に開かれた教育・職業訓練を目指す
目標⑨ 労働，学校と社会とのつながりをより密接にする 目標⑩ 起業家精神の開発 目標⑪ 外国語学習の促進 目標⑫ 人の移動および交流の拡大 目標⑬ ヨーロッパにおける協力関係の強化

出典）Council of the European Union, 2004.

表 2-2　2010～2020年の戦略的総合目標（ET 2020）

戦略的総合目標1：生涯学習とモビリティを実現する
戦略的総合目標2：教育・訓練の質と効率を改善する
戦略的総合目標3：公正，社会的結束，アクティブ・シティズンシップを促進する
戦略的総合目標4：教育・訓練のすべてのレベルにおいて起業家精神を含む創造性とイノベーションを拡充する

出典）Council of the European Union, *Council conclusions of 12 May 2009 on a strategic framework for European cooperation in education and training*（ET 2020), Official Journal C 119, 28/05/2009, 2009.

そこではアクティブ・シティズンシップは戦略的総合目標に格上げされている（表2-2参照）。

このように、アクティブ・シティズンシップはEUの教育政策の中で明確に目標として位置づけられるに至った。それは同時に、裁量的政策調整（OMC）との関連で、モニタリングと評価を受ける必要が生じたことを意味する。そして、その評価を担当するのがイタリアのイスプラにある生涯学習研究センター（CRELL）である。

同センターは欧州委員会の共同研究センター（JRC）の付属機関として二〇〇五年に設置された。スタッフは約一〇名ほどの小規模な研究所であり、統計的手法による国際比較研究で博士学位を取得したばかりの若手研究者が三年契約で勤務している。

開設当初から市民性教育を評価する指標の開発を進めてきたCRELLは、アクティブ・シティズンシップを「相互尊重と非暴力を特徴とし、人権と民主主義に基づく市民社会、コミュニティおよび（もしくは）政治への参加」[19]と定義し、それを構成する諸要素を図2-1のように構造化している。

その上で、国際教育到達度評価学会（IEA）やユーロスタットなどの既存のデータを利用して、若者を中心とする各国市民のアクティブ・シティズンシップを評価する数々の報告書を発表してきた。特に二〇〇六年に政治生活、市民社会、コミュニティと価値観に関わる合計六三の指標を用いて算出したアクティブ・シティズンシップ複合指標による一九カ国のランキングは興味深い（表2-3参照）。そこでは北欧諸国が上位を占め、南欧や旧社会主義諸国が下位グループを構成するという、ある意味でヨーロッパの人々が抱くイメージ通りの結果が得られている。

なお、こうしたCRELLの研究に対しては、OECDが推奨するような数量的研究では、各国のアクティブ・シティズンシップの特徴を正確に把握することはできないという厳しい批判も、少なくない研究者によって共有されている。

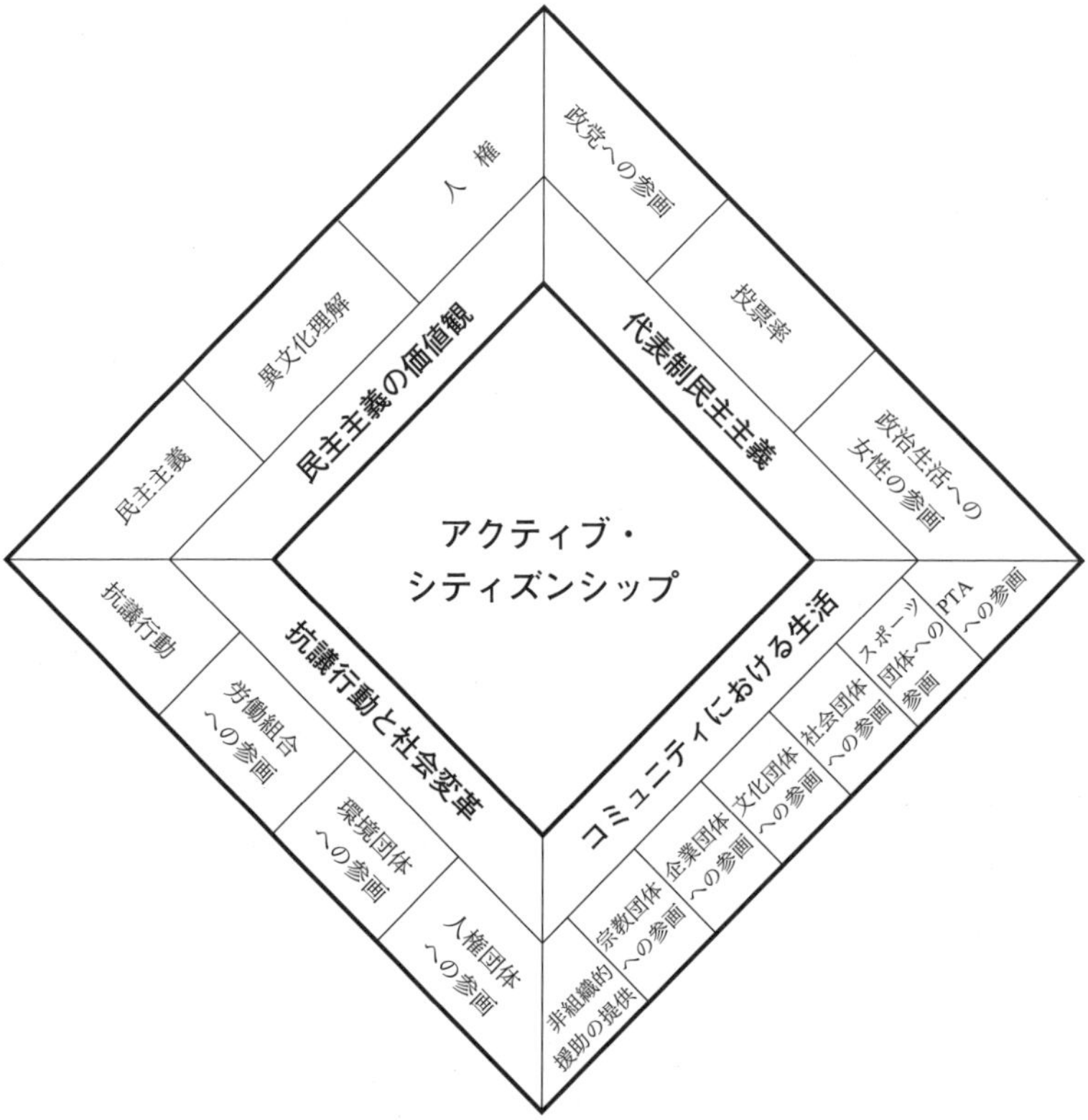

図 2-1　アクティブ・シティズンシップの構造

出典）Mascherini, Massimiliano et. al., *The Characterization of Active Citizenship in Europe,* Luxembourg : Official Publications of the European Communities, 2009, p. 12 の図より筆者作成。

表 2-3　アクティブ・シティズンシップ複合指標による国別ランキング

ランク	国　名	ランク	国　名	ランク	国　名
1	ノルウェー	8	ルクセンブルク	15	ポルトガル
2	スウェーデン	9	ドイツ	16	イタリア
3	デンマーク	10	イギリス	17	ポーランド
4	オーストリア	11	フィンランド	18	ギリシア
5	アイルランド	12	フランス	19	ハンガリー
6	ベルギー	13	スロヴェニア		
7	オランダ	14	スペイン		

出典）Hoskins, Bryony et. al., *Measuring Active Citizenship in Europe,* Luxembourg : Official Publications of the European Communities, 2006, p. 24.

4　アクティブ・シティズンシップ教育の実践

CRELLの取り組みが各国におけるアクティブ・シティズンシップの到達度に対する量的分析にとどまるのに対し、ＥＵ委員会教育・文化総局は、教育実践の効果に関する質的調査を、ロンドンに本社を置くＧＨＫというコンサルティング会社に依頼した。その結果は、二〇〇七年に公表されている。[20]

同社は、まず文献調査によって、非加盟国を含むヨーロッパの三三カ国から約一〇〇件の実践事例を集め、参加者による実践的な民主主義的手法の習得、地域社会との連携や広報などの組織運営ならびにニューメディアやインターネット上の情報の活用に成功しているかどうかといった観点からそれぞれの効果を分析した上で、五七のグッド・プラクティスを選定した。そして、その五七件については担当者に直接インタビュー調査を行うことで、効果的なアクティブ・シティズンシップ教育を可能にする要因を追究するという手順が取られている。

その事例分析から導かれた結論は、優れた実践ではアクティブ・シティズンシップとは市民権と民主主義を行使することだけでなく、マイノリティの統合や多文化に関わる問題を含む社会的・文化的問題に関わるものとして理解されているということである。市民のエンパワメント、すなわち社会的弱者に声を与えるという問題意識や、責任とリーダーシップといったトピックが頻繁に扱われていた。

また、ほとんどすべての実践に意識啓発の要素が含まれ、体験を通した学びやディスカッションならびにディベートなど、活動的な学習が取り入れられていた。そして、こうした教育活動の成果として、ほとんどの場合、参加者の態度に変化が見られたという。

実践の成功に貢献した他の要因について尋ねたところ、参加者の民主的な関わりを挙げた者が最も多く、それに

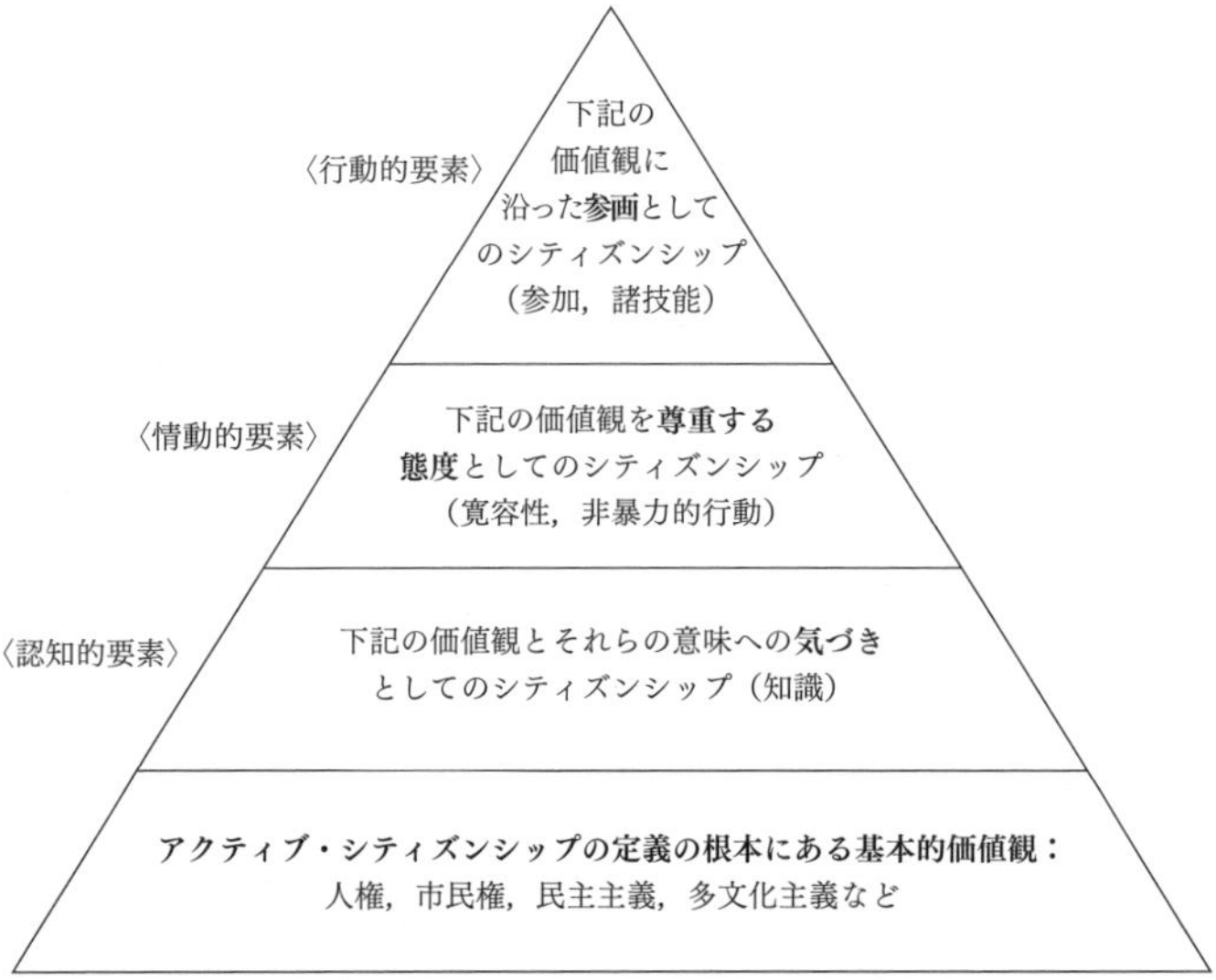
〈行動的要素〉
下記の価値観に沿った**参画**としてのシティズンシップ（参加，諸技能）
〈情動的要素〉
下記の価値観を**尊重する態度**としてのシティズンシップ（寛容性，非暴力的行動）
〈認知的要素〉
下記の価値観とそれらの意味への**気づき**としてのシティズンシップ（知識）
アクティブ・シティズンシップの定義の根本にある基本的価値観：
人権，市民権，民主主義，多文化主義など

図 2-2　アクティブ・シティズンシップ教育を構成するブロック

出典）DG Education and Culture, *Study on Active Citizenship Education (Final Report submitted by HGK)*, 2007, p. 68.

教育活動の方法と参加者の個人的動機が続いた。参加者がプロジェクトの活動に影響力を行使できるほど、そこにより深く関わるようになる様子が推測されている。アクティブ・シティズンシップの教育が成功する鍵は、参加者が民主的な方法で活動に参加できるかどうかにあると言えそうである。また五七の実践の大半が、学習の場を越えて、より広いコミュニティに参加を呼びかけ、その上でタイプの異なる教育方法を混合して実施していた。

ＧＨＫの報告書によれば、以上のような教育実践の内容と方法に関する分析から、アクティブ・シティズンシップの教育においては、①認知的学習、②情動的学習、ならびに③行動的学習の三つの主な学習プロセスがあり、それらを組み合わせた場合に効果を上げていることが明らかとなったという。図2−2はそうした学習の構造を示している。

第一の認知的要素は、コミュニティあるいはより広い社会の中で基本的と考えられている人権や市民権、民主主義といった価値と規則、そしてこれらの価値のあいだの関係について気づくことを意味している。

第二の情動的要素は、コミュニティとより広い社会における市民の平和的共生を可能とする態度、意見や感情に影響を及ぼす。重要な態度の要素としては、たとえば他者の尊重、寛容や非暴力がある。しかし、これはまだ受動的な段階であり、個人はこうした学習により、自らの思考様式を変えるかもしれないが、それに基づいて行動するまでには至らない。

第三の行動的要素は、コミュニティあるいはより広い社会への参加を通して表される。個人は自分の意見を聞いてもらうことで活動的となり、さらにコミュニティを支援するようになる。

以上のようなモデルを提唱する報告書は、最後にアクティブ・シティズンシップを促進する教育活動を開発する際の注意点を挙げているが、そこでもプログラムの遂行を参加者に委ねること、そして彼ら自身が他の市民に参加を呼びかける形にもっていくことができるかどうかが、その成否に大きく影響するとされている。

5　ヨーロッパ市民の輪郭

これまでリスボン戦略を中心に、欧州委員会ならびに欧州理事会によるアクティブ・シティズンシップ教育への取り組みの発展を見てきたが、既述の活動と並行して、たとえば二〇〇四～〇六年には各国の市民団体にヨーロッパレベルでの交流を促す「アクティブ・ヨーロッパ・シティズンシップ」事業や、二〇〇七～一三年の「市民のためのヨーロッパ」事業(21)も進められてきた。

また「ヨーロッパ年事業」に目を向ければ、二〇〇五年は、欧州評議会の提案を受けて「教育を通じたシティズンシップ・ヨーロッパ年」と定められ、民主主義的シティズンシップ教育の普及に重点を置いた活動が推進された。同様に、二〇一一年は「ヨーロッパ・ボランティア年」、二〇一二年は「ヨーロッパ・アクティブな高齢者年」、二〇一三年は「ヨーロッパ市民年」とされている。

このように、様々な統合機関が次々と関連事業を打ち出している事実は、関心の大きさを示す一方で、それに対する理解と期待が多岐にわたっていることを示唆している。たとえばヨーロッパ共通の文化・遺産をヨーロッパ・アイデンティティの源泉としようとするアイディアがある一方で、そうした考え方はヨーロッパ域外からの移民を排除しかねないという懸念も同時に表明されている。また、こうした文化による統合と異なり、民主主義を共通要素とする考え方には広範な支持が見られるものの、そのために教育がどう関与すべきかについては再び意見が分かれる。すなわち、「アクティブ」という形容詞が象徴するように、政治的な知識の教育よりも民主的な参加への意欲を重視すべきだと論じられる傾向が顕著であるとはいえ、民主主義の基礎となる市民の政治的判断力の重要性を考えれば、その知識の価値を否定できないのであろう。

また、ＥＵ発足直後に中東欧へのＥＵ拡大を視野に入れながら、教育によるヨーロッパ共通のアイデンティティ形成を標榜する一環として構想されたアクティブ・シティズンシップの育成は、各国の学校教育やノンフォーマル教育の現場では活気のある取り組みとしては根付いていかなかったようだ。ここには、アクティブ・シティズンシップを目指す教育はまさに一定の市民性の存在があって初めて求められ、可能となるという逆説が認められる。

他方、新規加盟国に限らず、ヨーロッパ各地で極右政党の勢力拡大やイスラーム系移民排斥運動、また失業など不安を抱える青少年による暴動が見られ、こうした現実は、これまでのＥＵならびに各国政府による取り組みの限界を示していると言わなければならない。ヨーロッパ共通の価値観と民主主義の理想は危機に直面している。しかし、成果が出ていないという理由をもってヨーロッパがアクティブ・シティズンシップの教育から撤退する兆候は見られない。ヨーロッパが、単なる一地域の名称ではなく、一つの統合された社会であろうとする限り、そのための教育は継続されるのである。

第3章　学校におけるヨーロッパ市民の育成
——ドイツの事例から——

久野 弘幸

はじめに

今日、ヨーロッパ教育を学校教育における実践の側面から捉えるとき、大きく分けて三つの方向から捉えることができる。第一は学校における教科学習などの中にヨーロッパに関する学習内容を構成した「授業レベルでのヨーロッパ教育」であり、第二はEUのコメニウス・プログラム（以下「コメニウス」）に代表される「生徒や教員の直接交流」である。そして第三は、ヨーロッパ学校の設立など、新しくヨーロッパの視点を導入することで学校そのものの改革に取り組む「学校改革」としてのヨーロッパ教育である。

こうした学校におけるヨーロッパ教育の試みは、各国それぞれに独自の強調点を持って進められてきている。そのため学校レベルでのヨーロッパ市民の育成を捉えるためには、各国における学校教育の実践の中に分け入って、その実態に触れることが不可欠である。本章では、フランスと手を携えてヨーロッパ統合を牽引してきたドイツの例に注目することとする。以下、まずドイツにおけるヨーロッパ教育の基線となる常設文部大臣会議（ＫＭＫ）(1)による「学校の中のヨーロッパ教育」勧告を取り上げ、教育内容の視点からヨーロッパ市民性教育の特色に迫る。続いて第2節では、EUのコメニウスを例に取り、その助成金に基づく生徒の直接交流によるヨーロッパ市民性育成を目指す実践に目を向ける。そして最後に、ハンブルク市における「ヨーロッパ学校」の取り組みを取り上げ、学校改革としての視点からヨーロッパ教育が持つ意味を考察することとする。

1 教育内容のヨーロッパ化——「学校の中のヨーロッパ教育」勧告

本節では、州によって様々に異なる教育内容に最低限の共有化を促すKMKによる勧告を取り上げ、ドイツにおける共通の教育内容がどのように構成されているかを検討する。

(1) KMKによる「学校の中のヨーロッパ教育」勧告の採択

二〇〇八年は、ドイツにおけるヨーロッパ教育の充実にとって重要な年となった。一九七八年にKMKで採択された「授業の中のヨーロッパ (Europa im Unterricht)」が三〇年ぶりに全面的に改訂されたのである。[2]「授業の中のヨーロッパ」は、ソ連解体と東西ドイツの統一をきっかけに一九九〇年に一部が改訂されたが、その後のドイツ社会のヨーロッパ化やEUの役割と影響力の拡大を考えると、今次の改訂はむしろ遅すぎる改訂だったとも言える。

ドイツにおけるヨーロッパ教育を教育内容の視点から捉えようとするとき、この勧告についての理解は不可欠である。特に「授業の中のヨーロッパ」から「学校の中のヨーロッパ教育」へのタイトル変更、すなわち「授業」に代わって「学校」とされたこと、ならびに「ヨーロッパ」から「ヨーロッパ教育（Europabildung）」とされたことは注目に値する。

前者は、ヨーロッパを扱う学習場面が授業以外の様々な場に拡大したことを反映している。例えば、後述するコメニウスによる生徒間の直接交流活動や各種のヨーロッパ・コンクールへの参加、五月九日の「ヨーロッパの日」前後に行われるヨーロッパ・ウィークなど、教科の枠にとどまらない教育活動が今日では多数実践されている。他方、後者の「ヨーロッパ教育」という語の使用は、そうした教育概念をＫＭＫの場を利用して各州の文部大臣が共通に確認したという意味を持つ。ドイツ語のBildung（陶冶）という語は、単に知識習得としてのErziehung（訓育）を越えて意識形成や心情形成を含む言葉だが、本勧告はヨーロッパ教育という語にこのような自律的・能動的なニュアンスを持たせている。

「学校の中のヨーロッパ教育」勧告は、短い前文に続く次の四つの章から構成されている。すなわち「一　今日のヨーロッパ——政治的現状」「二　教育課題としてのヨーロッパ意識」「三　ヨーロッパ意識の形成をどのように実現するか」「四　さらなる発展のために」である。以下、各章の内容を概観していきたい。

（2）ＫＭＫ勧告の内容

まず第一章「今日のヨーロッパ——政治的現状」は、今日のヨーロッパ政治を概観すると共に、基本用語としてヨーロッパの政治機関や主要概念を紹介している。そこに示された用語は、「欧州評議会」「欧州連合」「ＥＵの諸機関」「マーストリヒト条約とリスボン条約——ヨーロッパにおける教育」「地域のヨーロッパ」「市民のヨーロッパ」「ＣＳＣＥ／ＯＳＣＥ」「寛容・連帯・伝統」の八項目である。具体的な教育内容となるこうした用語が勧告の本文の中に示されたということは、ヨーロッパ教育において取り扱うべき概念について、ドイツ各州の間で共通理解を作ることを目指す姿勢を示していよう。

続く第二章「教育課題としてのヨーロッパ意識」では、学校教育がヨーロッパのテーマを取り上げる際の原則が示されている。冒頭には次のようにある。「学校は、ヨーロッパの諸国民と国家を結びつけ、その新しい結びつきに気づかせるという課題を有している。学校は、新しい世代に、共にヨーロッパに帰属しているという自覚を持たせ、またすでに私たちの生活の多くの領域にヨーロッパとの関わりが影響を及ぼしていること、またヨーロッパ・レベルの意思決定がなされていることについて理解を促すよう貢献しなければならない」。

そして、この原則に続いて、ヨーロッパ教育が育てるべき資質と能力（Kompetenz）が六項目、さらにその資質や能力を育てるために扱われるべき中心要素（zentrale Aspekte）一〇項目が示されている。この中で、ヨーロッパ市民性教育については、次のように記されている。

> 学校における教育的活動の目標は、若者にヨーロッパ・アイデンティティの意識を目覚めさせ、促進することである。そこには、若者がＥＵ市民としての自己の役割を強く自覚することが含まれる。

この文中の「ヨーロッパ・アイデンティティの意識を目覚めさせ、促進する」という表現に着目するとき、ヨーロッパ・アイデンティティそのものではなく、そのアイデンティティへの意識を目覚めさせると記されたところに、一定の含意を読み取ることができよう。すなわち多様なヨーロッパの捉え方が許容されるのは言うまでもないが、様々な出自の移民を含む多様な市民からなるヨーロッパ社会の現状は、そもそも一律的・固定的なアイデンティティ像の要求に対しては、必然的に留保ないし反対の立場を取らざるを得ない。そのため、特定のアイデンティティの普及を目指すのではなく、市民一人ひとりが自由にヨーロッパ人としての意識を形成するよう促すことを政策目標として掲げているものと考えられる。

続く第三章「ヨーロッパ意識の形成をどのように実現するか」は、学校教育のいかなる場面において、どのようにヨーロッパのテーマを扱うのかについての指針を示している。具体的には、各州の学習指導要領の規定などに適合させつつ、以下の教科と特別活動でヨーロッパ教育を実施することが期待されている。

教　科：歴史、政治教育、経済・法、地理、言語、その他の教科（宗教・倫理、数学、自然科学、技術、芸術、音楽、体育）

特別活動：プロジェクト、ＥＵ教育プログラム、生徒の国際交流、環境・ＥＳＤ教育、ヨーロッパ・コンクール、ヨーロッパ機関の見学、多様な文化圏出身の生徒たちや旧ドイツ領からの帰還生徒(3)たちとの合同のプロジェクト活動

一例として教科「政治教育」に注目すると、そこには次のような形でその教育内容が提案されている。

政治教育に関わる諸教科においては、ヨーロッパにおける政治、社会、経済的な発展過程ならびに諸制度について、またその背景にある様々な価値や規範および現実の姿を扱うことが重要である。

こうした記述は、例えば序章で記した「民主主義の赤字」のような、ヨーロッパ統合が今日抱える課題について授業の中で取り組むことを求めるものである。ヨーロッパの政治制度や法制度は常に発展途上であり、その過程では課題の確認とそれへの対処が重ねられてきた。学校教育においては、そうした現状について単純に是か非かを判断するのではなく、現実のヨーロッパ社会の姿を、そのような現在も進行中のプロセスとして捉えることになる。

また、特別活動から「プロジェクト」に目を向ければ、次の通りである。

ヨーロッパのテーマに関わる特に重要なプロジェクトとして、例えば五月九日の「ヨーロッパの日」に行われるEUプロジェクト・デーやヨーロッパ・ウィークの活動が様々な学校で行われている。そのほか、例えばユーロリージョンのような国境を超えて複数の地域が交流する地域交流プロジェクトもある。

ヨーロッパ教育が「外への国際化」とするならば、「多様な文化圏出身の生徒たちや旧ドイツ領からの帰還生徒たちとの合同のプロジェクト活動」は、いわば「内なる国際化」としての異文化間教育（Interkulturelle Pädagogik）の視点を含んでいる。学校の置かれた地域環境に合わせて、異文化間教育の視点を加味しながらヨーロッパ教育の学習活動を展開することも可能である。

以上のように、第三章では、これまでドイツの学校で蓄積されてきたヨーロッパ教育の授業や活動の形が確認、例示されている。それは、これから紹介するようなヨーロッパ教育に集中的に取り組む学校にとってはもちろん、そうした特別な位置づけを持たない学校にとっても、ヨーロッパ教育の全体像とその具体的な導入方法を示すものである。

最後に第四章「さらなる発展のために」は、文字通り、ヨーロッパ教育をさらに発展させるための提案を行っている。そこでは、教員の外国語能力の促進や教科書検定・採択過程でのヨーロッパ教育の重視が求められているほか、次節以降で扱うヨーロッパの学校間交流やヨーロッパ学校の場で積極的にモデル実践を開発することが期待されている。

これまで見てきたように、KMKの「学校の中のヨーロッパ教育」勧告は、かなり具体的なヨーロッパ教育像を提供している。一九七八年決議の改訂であると同時に、全面的な書き直しを経て新たに採択された文書と言うこともできるこの勧告は、ドイツ各州の学校に明確な課題を課すことにより、ヨーロッパ教育への着手を促していると言ってよいだろう。

2　「生徒交流」によるヨーロッパ市民性教育――ベルリン・コペルニクス校

二〇〇〇年のソクラテスⅡ開始以降、生徒の直接交流を促す取り組みがＥＵによって進められている。ヨーロッパ教育の実践においては、学習内容のヨーロッパ化と並んで直接交流による意識啓発が、その規模と制度的な裏付けの面でも大きな意味を持っている。

前節ではドイツの教育行政の取り組みを確認したが、本節ではＥＵの活動に目を転じ、コメニウスの制度的概要ならびに実際の実施状況を、ベルリン市のコペルニクス総合制学校（Kopernikus Oberschule）を例に示したい。

（1）コメニウスの概要

第1章で示されたように、ＥＵによる教育分野のプログラムにはすでに五〇年以上の歴史があるが、特に一九九五年のソクラテス・プログラムの整備以降、急速に制度化が進んでいる。一九九五～九九年のソクラテスⅠの終了後、二〇〇〇～〇六年のソクラテスⅡ、二〇〇七～一三年の生涯学習プログラム（ＬＬＰ）へと拡充が進み、今日に至っている。ＬＬＰは、高等教育の交流や職業教育への支援など、生涯にわたる学習のプログラムを包括するものだが、その中で幼児教育から後期中等教育までの学校教育の領域をカバーするのがこのコメニウスである。

コメニウスには、欧州議会ならびに欧州理事会の「決定」により、次の二つの目的が掲げられている。[4] すなわち「若者と教育に従事する者に対し、ヨーロッパ文化の多様性を理解させ、実行させること」、ならびに「個の伸張、将来の雇用ならびにアクティブ・ヨーロッパ・シティズンシップのために、若者たちが必要とする基礎的な生活技能と能力の獲得を支援すること」である。

また、この目的の実現のために六つの具体的な目標が示されている。その中の第一および第二項目が、本節が注目する生徒の直接交流に関わる項目である。具体的には、「様々な加盟国の生徒と教員の直接交流（mobility）[5]の機会を増やし、質を高めること」と、「様々な加盟国の学校間パートナーシップの機会を増やし、質を高めること、とりわけこのプログラムの期間中に少なくとも三〇〇万人の子どもたちを交流に関わらせること」である。

これらの項目で重要なのは、第一に生徒の直接交流の機会を保障していること、第二に交流の質と量の両方の向上を目指していること、そして第三に、七年のあいだに三〇〇万人という数値目標を掲げている点である。

続いて、その予算と交流対象の面に注目してみよう。まず、教育分野の中でもＬＬＰに与えられた予算は二〇〇七年からの七年間で七〇億ユーロ（約八〇〇〇億円・当時、以下同じ）であり、コメニウスにはその中の一〇億四七〇〇万ユーロ（約一二〇〇億円）があてられている。二〇一〇年のＬＬＰ報告書によれば、二〇〇七年に一億四七〇〇万ユーロだったコメニウス予算は二〇〇九年には一億八一〇〇万ユーロ、二〇一〇年の予算では一億九一〇〇万ユーロとなり、拡大傾向を示している[6]。他方、この間、ＬＬＰの総予算も増加傾向にあることから、ＬＬＰ総予算における割合は概ね一六〜一七％で安定していると言える[7]。

次に、コメニウスの枠内で生徒交流を行うことのできる国はＥＵ二八カ国に限られない。具体的には、アイスランド、リヒテンシュタイン、ノルウェー、スイス、トルコなどの非加盟国にも広がっている。すなわち、これら非加盟国の学校は、後述する幹事校としてプロジェクトを企画・応募することは認められないが、域内の学校が幹事校を務める交流のパートナーとして参加することはできる。次節で紹介するベルリンのコペルニクス総合制学校を中心とする交流活動にも、二〇〇八年の第二次交流からトルコの学校が非加盟国校として参加している。

さて、ＥＵのコメニウス補助金を得るためには、幹事となる学校が、自らが位置する国のナショナル・エージェンシー（ＮＡ）に申請書を提出し、その審査を受けなければならない。ＬＬＰの予算は、人口規模などを勘案して毎年定められる分配係数によって各国のＮＡに配分され、その配分額の中で採択されるプログラムが決められる。採択件数は、二〇〇八年にＥＵ全体で八六〇〇件だったのに対し、二〇一〇年には一万二〇〇〇件へと二年のあいだに一八％以上増加している。なお採択率は二五％程度とされている。

先に示した目標の中で、質と量の両方を高めることの重要性が指摘されていることを確認した。量を確保するためには採択数を増やせばよいが、質の確保のためには審査を厳しくする必要がある。次の項では、プログラムの内容を詳しく検討することで、生徒の直接交流の質に注目していこう。

（２）コペルニクス総合制学校における交流プログラム

本項では、二〇〇三年一二月から継続的にコメニウスに参加し、質と量の両面を高めながら二つの交流プログラムを成功させているコペルニクス総合制学校（以下「コペルニクス校」）を例に取り、交流プログラムがどのような教育活動を組織しているのかを明らかにしたい。

まず、コペルニクス校の概要を述べておくと、コペルニクス校は第七学年から一〇学年までの前期中等教育（Sekundarstufe I）と、一一学年から一三学年までの後期中等教育にあたるギムナジウム上級段階（Oberstufe）を持つ総合制学校である。二〇〇六年時点で生徒数は八五八人であり、このうち前期中等教育には七一二人、大学入学資格であるアビトゥアの取得を目指す上級段階には一四六人が在籍している。前期段階に学ぶ七一二人の生徒のうちドイツ国籍生徒が五八一人（八一・六％）、外国籍生徒が一二七人（一七・八％）、ドイツとの二重国籍生徒が四人（〇・六％）なのに対し、上級段階では一四六人の在籍者のうち外国籍生徒はわずか八人（五・五％）となっている。

ではここでの交流プログラムについて見ていこう。コペルニクス校は、二〇〇四～〇六年の三年にわたってユース・イン・ヨーロッパのプログラム（以下、「第一次」）に、また二〇〇八～一一年の三年間は「環境と持続可能性」のプログラム（以下、「第二次」）に参加し、コメニウスの補助を受けて生徒交流活動を続けてきた。

初めてのコメニウス・プログラムであるユース・イン・ヨーロッパでは、デンマーク、エストニア、チェコの学校と合同で生徒交流を進めてきた。具体的には、この間、年に一度の生徒交流と、同じく年一度の教員打ち合わせ交流を実施した。

初年度にあたる二〇〇四年度は、プロジェクトの導入として「仲良くなろう（close by）」をテーマに、インターネット上でお互いの学校を紹介し合い、それぞれ自分の国についての情報をクイズ形式で出題するCDやDVDを作成して直接交流の機会に交換した。続く二〇〇五年度は、「私たちの国（country）」をテーマに、訪問交流の前に自国の歴史や文化について小冊子やウェブページを作成し、それを披露しあうという活動を行った。この年の交流は、エストニアの学校がホストとなり、ホームステイも行われている。旧ソ連のエストニアでは外国人をホームステイさせるという習慣は未だ一般的ではないことから、こうした学校外での交流もホストとゲストの両方にとって大きな意義を有していたと考えられる。そして次の二〇〇六年度は「平和」をテーマに、デンマークに他の三国の生徒が集った。この年は最終年次であることから、二〇〇人という大規模な交流会となり、そのときの成果は三年間の記録と共にDVDにまとめられた。この三年間で、コペルニクス校は総額約一万八〇〇〇ユーロ（当時のレートで約二五〇万円）の補助を受けている。

以上の第一次コメニウスの成功に基づき、コペルニクス校は、二〇〇八～一〇年には第二次LLPの生徒交流プログラムとして「環境と持続可能性」プロジェクトに取り組んだ。

第二次の生徒交流では新たにフランスとトルコの学校が加わり、六カ国での交流の再スタートとなったが、量的な拡大は参加校の数に見られるだけではない。第一次の二〇〇四年にはコペルニクス校から参加したのは第八学年のみであったが、第二次の二〇〇八年には第七～九学年から五つの学級が参加している。新たにパートナーとなったフランスとトルコの学校からはそれぞれ一学級の参加だったが、第一次からのパートナー学校であるデンマーク、チェコ、エストニアからも三学年以上の学年から四～五の学級が参加し、計二〇学級以上の生徒が交流に参加している。これは、第一次の活動に参加した四カ国の保護者や生徒たちから、それまでの交流が肯定的に受け止められた結果であろう。

また、このとき、コメニウス予算の執行のあり方も直接交流を支援するものへと大きく変更された。すなわち、第一次のコメニウスはＬＬＰの前身であるソクラテスⅡの予算枠の中で行われた交流であった。当時の人的交流に対する補助は、主に教員の交流に関わる予算のみが計上され、生徒の直接交流の費用は計上することができなかった。[8]そのため、エストニアやデンマークを訪れたコペルニクス校の生徒は、自費および学校からの一部補助によって参加していたのだった。それに対して二〇〇七年のＬＬＰでは生徒の直接交流も助成の対象となり、さらに既述のように、学校間パートナーシップによる交流規模を三〇〇万人にするという数値目標まで掲げられた。

量的拡大の背景には、このように学校間の長年にわたる交流の成熟という側面と、そうした実績に基づく制度改正による支援の拡大という側面があることに注目したい。

コペルニクス校による交流の質的な面に目を向けると、第一次の交流では、三年のあいだにテーマが「仲良くなろう」「私たちの国」「平和」と毎年変わっているが、そこには国家を背景にした個人間の交流から平和という普遍的なテーマへと課題を練り上げていく過程が読み取れる。それに対して第二次の交流では、「環境と持続可能性」という一つのテーマで、三年にわたる生徒交流が進められている。

表３-１に示したのは、二〇〇九年四月にエストニアのヴォル市で行われた交流プログラムの日程表である。移

表 3-1　エストニアでの生徒交流プログラム

日にち	時間	活　動
9 月 22 日	15:00	タリン市出発
	18:00	ヴォル市到着
9 月 23 日	9:00	歓迎式，ヴォル学校の学校紹介発表，交流学級訪問
	12:00	交流会議の案内
	13:00	昼食
9 月 24 日	9:00	パートナー・インタビュー
	13:00	昼食
	14:00	タルトゥ市に出発，市内見学，夕食
9 月 25 日	9:00	コーヒーショップ・ワークショップ
	12:00	まとめ
	13:00	昼食・教員打ち合わせ
9 月 26 日	11:00	南エストニア見学
	19:00	さよならパーティ
9 月 27 日	15:00	ヴォル市出発，タリン到着後に解散

動日を除いて四日間のプログラムが予定されていた。大まかな日程としては、午前の半日は学校で交流活動を行い、午後は市内散策など学校外での活動となっている。

学校内での交流活動の中心は、「パートナー・インタビュー」と「コーヒーショップ・ワークショップ」である。パートナー・インタビューとは、「環境と持続可能性」という主題に沿って三つの問い（①私たちがこのテーマについて意識を深めることはなぜ重要なのだろうか？ ②私たちはこのプロジェクトから何が得られるのだろうか？ ③私たちが自分の考えや目的を実現するためには、どんなことをすればよいのか？）をパートナーに向けて発し、対話をしながら相互理解を深めていくと同時に、共に環境問題を解決する上で必要な意識と資質を育てていく活動である。

コーヒーショップ・ワークショップとは、それまでの話し合いや交流会議で学んだことを、コーヒーショップのような気さくな雰囲気の中で協同的に整理し、発表を行う活動である。

これらの交流活動のポイントは、一つのテーマを巡って協同的に問題解決を模索し、解決を図るための具体策を練り出す資質を形成するところにある。このような姿勢と能力は、ヨーロッパの次の時代を築く上で不可欠なアクティブなヨーロッパ市民性の育成に直接つながるものである。

3 「学校改革」としてのヨーロッパ市民性教育——ハンブルク・ルドルフ＝ロス校

ここまで、教育内容をめぐる政策とコメニウス・プログラムという教育プログラムを見てきたが、本節では、ヨーロッパ市民性教育を通して学校そのものの改革を進める取り組みを取り上げる。この取り組みの背後には、州文部省による学校改革の方向性も認められる。

(1) 地域学校とは

「地域の学校」を意味するStadtteil Schule（以下「地域学校」）は、二〇一〇年にハンブルク市において導入された中等学校改革の仕組みである。地域学校は、ギムナジウム、基幹学校、実科学校という三分岐型の中等教育制度のうち、後者の二つの学校種を統合して編成された総合制学校をさらに複数の学校と連合させて組織する制度であり、以下で取り上げるルドルフ＝ロス校は、隣接する二つの学校と連合して「地域学校——アルトナ・ザンクトパウリ・ノイシュタット」を形成している。ハンブルク市では、ギムナジウムを除くすべての学校をこの地域学校に再編成し、中等教育制度改革の中核的政策としている。

地域学校の導入には三つのねらいがある。

一つ目は、学校の自立性と高等教育への接続の促進である。地域学校は、従来は一部の学校にのみ設置されていた中等教育上級段階（Oberstufe）を地域学校に直接接続する形ですべての学校に保障し、どの学校からもアビトゥ

図 3-1　ルドルフ＝ロス校の校舎に掲げられた校章（筆者撮影）

ア取得のためのコースに進学し、将来の大学への進学を可能にしている。

二つ目は、文字通り地域の学校というコンセプトであり、大学への進学を前提としない生徒たちに対して、学習活動の一環として地域にある商店や企業、スポーツ施設や文化施設などの公共施設などと頻繁に協働し、教育活動の充実を図ることである。このように、地域に積極的に働きかける特徴を示す地域学校は、フランス語の「地区」を示す Quartier にドイツ語の Schule をつなげて Quartierschule とも呼ばれる[9]。

三つ目は、生徒の生活全体を教育の機会と考える「生活学校」としての全日制学校のあり方を再確認することである。地域に根ざす地域学校は、生徒に共生社会におけるより良い生活経験を提供できる。特に両親共働き家庭の多い都市においては、全日制学校は学童保育の役割も果たしていることから、こうした状況をプラスと捉え、多彩な活動プログラムを導入することで、生活学校としての教育的メリットを追求するのである。

ハンブルク地域学校は、このような中等学校の改革の中から生まれた学校間協力ないし地域間協力の表れであり、生徒の生活圏にある地域社会、職業社会、都市生活が交差するところで進められる中等教育学校改革として捉えることができる。

では、この地域学校の中でヨーロッパ学校[10]はどのように位置づけられているだろうか。ここでは、ヨーロッパ学校に指定されたルドルフ＝ロス総合制学校の事例を取り上げて検討したい。

表3-2　ルドルフ＝ロス校の歩み

2000年	ドイツ語・ポルトガル語バイリンガル学級設置（初等）
2001	全日制学校始まる（初等）
2004	ハンブルク市立美術館との協力関係始まる（中等）
2005	ヨーロッパ学校として認定される
2007	「ミッシェルクラス」および英語イマージョンクラスの設置（初等）
2009	新学校指針「言語の多様性を重視したヨーロッパ学校」採択 英語イマージョンクラスの設置（中等）
2010	初等学校と中等学校が分離し，中等学校が「地域学校」に編入 「地域学校」として第7学年からアビトゥア受験までのコースの完成（中等）

（2）ルドルフ＝ロス総合制学校の歩み

ハンブルク市よりヨーロッパ学校として認定されたルドルフ＝ロス総合制学校は、生徒数約六〇〇人の中規模校である。エルベ川に近い港湾地区にあり、ドイツを代表する繁華街レーパーバーンにも近い。隣接する二つの中等学校とともに地域学校を構成し、既述のように「地域学校——アルトナ・ザンクトパウリ・ノイシュタット」と呼ばれている。三校はそれぞれ個性ある学校づくりを目指しており、アルトナ地区にあるケーニヒス通り校はスポーツに、ザンクトパウリ校は文化芸術的分野に、そしてノイシュタット地区にあるルドルフ＝ロス校は外国語学習に力を入れている。

ヨーロッパ学校コーディネータ教員のブッス（Heike Buß）氏によれば、ルドルフ＝ロス校の生徒の六〇～七〇％は移民家庭の出身であり、ポルトガルおよびトルコを中心に様々な文化的、言語的背景を持つという。そして同校の特色である外国語学習と継続的なEUのコメニウス・プログラムへの参加によって、二〇〇五年からヨーロッパ学校の名称を冠している。ブッス氏によれば、それ以前は必ずしも学校に良い印象を持っていなかった周辺の住民も、ヨーロッパ学校の名称を得て学校改革に臨んでいく過程で学校の取り組みに賛同し始め、今日では協力的な関係が築かれているという。

二〇〇七年に初等学校に導入された「ミッシェルクラス（Michelklasse）」は、様々な宗教的背景を持つ子どもたちに配慮しながら、教科横断的な宗教の授業を行うものである。そこではプロテスタンティズムを基盤にしながら、お互いに尊重し合うこと、ヨーロッパで生きること、暴力を使わないこと、キリスト教と他の宗教を知ることなどを基本理念として、すべての文化と宗教・宗派に開かれた授業を行うことが目指されている。

(3) ヨーロッパ学校としての取り組み

ルドルフ＝ロス校のヨーロッパ学校としての実践は、主に以下の六つの柱で構成されている。

(1) バイリンガル学級とミッシェルクラスの設置による外国語の重視
(2) コメニウス・プロジェクトの実施
(3) 社会科におけるヨーロッパ関連テーマの強化
(4) 全学年におけるヨーロッパおよび異文化間教育の強化
(5) 特別活動におけるヨーロッパ関連テーマの強化
(6) 教員研修におけるヨーロッパ関連テーマおよび異文化間教育の強化

こうした広範な領域の中から、まずバイリンガル学級について見てみると、ルドルフ＝ロス校では、表3－3が示すように、各学年に通常四クラスが置かれ、その一部がバイリンガルで教えられている。

具体的には、同校では、バイリンガル学級は特に低学年に多く設けられ、移民の背景を持つ生徒も学年が進行するに従ってドイツ語による通常学級に移行するよう促されている。つまりバイリンガル学級は、母語による修学機会の提供という多文化主義的な性格と、漸次授業言語をドイツ語へと移行させ、ドイツ社会への統合を図るという同化主義的な性格の二つの面を合わせ持つと言える。

他方、二〇〇〇年から初等学校で取り組まれているドイツ語・ポルトガル語バイリンガル学級は、第一〇学年まで継続し、とりわけ第一〇学年ではポルトガル語を第一外国語とすることもできる。ここには、同化主義とは異なるヨーロッパ学校の特徴がよく表れている。このポルトガル語とのバイリンガル学級へは市の全域から通学することが認められており、ポルトガル語の教員は、ポルトガル教育省との協力で本国から派遣されている。

先の六つの柱に戻ると、ルドルフ＝ロス校のヨーロッパへの取り組みは言語面だけでなく、それ以外の教科・教育活動でも進められているという。

表3-3　ルドルフ＝ロス校における学級編成（2010年度）

学年／組	a組	b組	c組	d組	e組
5学年	D	D	D–E	D–T	D–P
6学年	D	D–E	D–T	D–P	
7学年	D	D	D–T	D–P	
8学年	D	D	D–T	D–P	
9学年	D	D	D	D–P	
10学年	D	D	D	D–P	

注）Dはドイツ語による通常学級，D–E，D–T，D–Pはそれぞれ，ドイツ語と英語，トルコ語，ポルトガル語のバイリンガル学級を指す。

これは具体的には、全学年の社会科（Gesellschaftslehre）にヨーロッパに関わる単元が取り入れられる形で実現しているほか、他教科でも同様にヨーロッパ関連テーマを重視したカリキュラムの作成が目指されている。また、特に二〇一一年度に設置された第一一学年では、歴史、美術、宗教の三つの教科を合科的に扱い、主に宗教の時間を核として「プロテスタント的責任を基礎とするすべての人のための宗教」という単元を実施することとなった。これは、様々な宗教が併存するハンブルク市では、通常保障されているカトリックとプロテスタントの宗教の時間では、多様な宗教的背景を持つ生徒が共生していくために必要な教育的対応ができないという認識に立っている。そこで、実践と研究の豊富なプロテスタント教育を軸にしながら「宗派間の関係を重視した（interreligiös）」授業を設けることになったのである[11]。ここに見られる、ヨーロッパをキリスト教の大きな影響力のもとで形成された社会であると認識しながら、他の多様な宗教を尊重しようとする姿勢は、今日のドイツにおける宗教をめぐる教育の基本原則を示していると言えよう。

なお、社会科以外の教科で、ヨーロッパ関連のテーマを中心にすえた学校カリキュラムの作成に手間取っているのは、教員間の意識の差が大きいためであるとブッス氏は述べている。個々の教員の意識の中では、学校がヨーロッパ学校として認定され、学校の質的改善に役立っていることは十分に認められている。それでも、自分の教科の学習内容をヨーロッパの視点から書き直し、新しい授業を構築していくことには依然として抵抗感が見られるという。

そのほか、ルドルフ＝ロス校はヨーロッパをモチーフにした様々な特別活動に取り組んでいる。例えば毎年二月にEUが行うヨーロッパ・コンクール(12)や五月のヨーロッパ・デー(13)などが代表的な活動だが、そのほか、四月の最終土曜日に市内のゲーゼ広場で開催されるヨーロッパ市に出店し、同時にそこで行われる音楽演奏や演劇パフォーマンスに毎年参加している。また学校祭では、トルコやポルトガルをテーマにした企画展示が必ず行われる。

教科カリキュラムのヨーロッパ化に比べると、イベント的な要素の強い特別活動での取り組みは相対的に実施しやすいのは間違いない。しかし、それぞれのイベントでどのような力を育てたいのかが必ずしも明確ではなく、それゆえ、その力を実際に育てているかどうかを評価する視点が定められていない点に課題を指摘することはできるだろう。このようなイベントを行うことで、自然とヨーロッパへの意識や知識が身につくと、やや楽観的に捉えられている側面も認められる。とはいえ、以上は、このルドルフ＝ロス校においてヨーロッパ教育という課題が、無理なく取り組まれていることを示すものでもある。同校の取り組みに最先端のモデルを見ることはできないが、すでにヨーロッパ化した地域の状況に相応しい教育的対応がなされていると言ってよいであろう。

おわりに

本章は、ヨーロッパ教育の実践の諸相を、ドイツにおける著者の現地調査をもとに、三つの視点から描出してきた。第一に、KMKによる「学校の中のヨーロッパ教育」勧告はどのように学習内容のヨーロッパ化を進めようとしているのか、第二はコメニウス・プログラムの実際と教育的意義、第三は学校改革の要因としてのヨーロッパ教育の意義である。

特にコメニウス・プログラムによる交流事例について調査を進める中で、気づかされたことがあった。それは、本文中にも示したが、プログラムの目的の一つに示された「……アクティブ・ヨーロッパ・シティズンシップのために、若者が必要とする基礎的な生活技能と能力の獲得を支援すること」という文章についてである。

ソクラテスⅡがＬＬＰに移行する中で、生徒の直接交流の経費を予算に計上できるようになったことと、また、それが具体的な取り組みの第一項目に挙げられていることから、直接交流への支援がコメニウスの中心的課題として理解されているのは間違いないということは本文で述べた。こうしたことがアクティブなヨーロッパ市民性の育成に、どのようにつながるのかを考えると、そこに二つの回路が見出される。

第一に、直接交流がねらいとしている市民性の中身についてだが、四カ国ないし六カ国の母語の異なる異学年の生徒たちが「環境と持続可能性」というテーマのもと三年間にわたって交流していく際には、まずは自国における議論に基づいて課題にアプローチし、パートナー校の生徒の報告に耳を傾けながら解決策を目指して協同的に問題を追究することになる。こうした経験は、超国家的に形成された社会に参加する資質の形成という意味で大きな意味を持つであろう。その上で、各国の生徒が繰り返し交流する中で一過性でない仲間意識を育てる経験は、「ヨーロッパの市民性」を育む上で貴重な契機となると考えられる。もちろん、直接交流だけでは持続的なヨーロッパ意識の形成を図ることは困難であり、そこに第1節で述べた「学習内容のヨーロッパ化」の必要性が認識されることになる。

もう一つの回路ないし意味は、教師にとってのヨーロッパ市民性の形成である。コメニウス・プログラムでは、生徒の直接交流は年に一度の機会しか与えられていないが、教師は準備会合も含めて二回の機会が保障されている。しかも、教師の交流は単に交流の段取りだけにとどまらず、子どもたちのなかに育てるべき意識や指導のあり方についてまで理解の共有を図ろうとしている。

「教師は補助者にすぎない。したがって、各グループへの働きかけは決して指示者として行わない」という注意事項は、二〇一〇年のフランス・ナントでの交流に向けて各国の教員が共通理解を図った項目である。つまり、どのように各国の生徒に向き合うかをヨーロッパの教員の一人として自覚し、同僚性を発揮していくのである。また、ハンブルクのヨーロッパ学校のルドルフ＝ロス校の教師は、学校の質が高まっていくことや地域からの信用を得ていく過程を経験することで、自分の教師としてのキャリア形成と学校の改革がヨーロッパ学校の充実という文脈の中で重なっていくことを感じている。これらは教師としてヨーロッパ市民性を備えていく過程の姿と捉えることができるであろう。

最後に、本章はコメニウス・プログラムを中心に、そのドイツの学校における実現に焦点をあてて見てきたが、これまで述べたことは統合の推進役を自認するドイツだけに該当するというものではない。そのような助成金が加盟国の規模や申請件数に応じて均等に配分されているのはもちろん、様々なプログラムがまさに各国の教育を結びつけることを目的としているところから理解されるように、こうした教育政策は全体として、ヨーロッパ市民の育成に寄与していると考えられる。(14)

一九九三年のＥＵ発足から二〇年が経過し、今日の生徒は生まれながらにしてＥＵ社会で育っている。ヨーロッパ・レベルの意思決定が個人の生活や自己の将来像の前提になっている世代であり、民主主義の赤字に直面しつつも、自らのヨーロッパ社会への参加によってより良いヨーロッパの将来を作る新しい世代である。経済分野では、国家財政とユーロの信頼性への揺らぎが論じられる昨今ではあるが、ＥＵの教育政策のもと、主体性、創造性、協同性というアクティブなヨーロッパ市民性を備えた世代が学校教育によって育ちつつあると言えるのではないだろうか。

第Ⅱ部　政治的市民の育成

第4章　イングランドの市民性教育

北山夕華

はじめに

イングランド、ウェールズ、スコットランド、北アイルランドという四つのネイションから成り立つ英国において、これらのネイションはそれぞれ独立した教育政策を取っている。本章で取り上げるイングランドでは、市民性教育が小学校段階では二〇〇〇年に非必修の学習要素として、また中等学校段階では二〇〇二年に必修科目として導入された。以下、最初に民主主義のための教育という側面に注目しつつイングランドにおける市民性教育の系譜を概観した上で、次に一九九七〜二〇一〇年の労働党政権下における市民性教育の枠組みと背景を検討し、最後に教育実践例の考察を行う。なお、本章では一国家として大ブリテン島および北アイルランド連合王国を指す際には英国という呼称を用い、イングランドと区別する。

1　イングランドの市民性教育の系譜

本節では、一九九七年からの労働党政権以前の市民性教育の系譜について、一九七〇年以前、一九七〇年代の政治リテラシー運動、一九八〇年代の「新しい教育」、その後の保守党政権時代という四期に分けて振り返る。「シティズンシップ」という言葉で言及されるものには、共同体における権利や義務、政治的・公的なことがらへの参加、帰属意識・アイデンティティなどの要素があるが、シティズンシップには共同体の成員が備えているもの（経験的）と、備えているべきもの（規範的）という二つの側面があることが指摘されている。[1] そのため、市民性教育は、英語では Citizenship Education, Education for Citizenship, Civic Education などと表現されるが、実際には政治教育や多文化教育、人権教育なども含まれ得る。これを踏まえつつ、以下ではイングランドの市民性教育の系譜を概観したい。

(1) 一九七〇年以前——忘れられた政治教育

イングランドにおける市民性教育は、一九二〇年代は歴史、地理、宗教知識などを通じて主に間接的に行われていたが、一九三〇年代に入ると英国の諸機関についての知識や帝国臣民としての権利と義務が「公民（civics）」のカリキュラムを通じてより直接的に教えられるようになった。[2] とはいえ、一九六〇年代以前のイングランドの公立の義務教育段階では、現実の政治問題についての教育は基本的に行われなかった。この背景には、政治は大人の領域と考えられていたことや、特定の政治思想の教え込みとなってしまうことへの恐れがあったと言われる。[3] 一九一八年の選挙法の改正によって二一歳以上の男性への普通選挙権と三〇歳以上の女性への制限選挙権[4]が与えられ、さらに一九二八年には二一歳以上のすべての人々へと選挙権が拡大したことにより、政治学習への関心は高まった。しかし実際には、一部のエリート階層の学生を対象に憲法学習が行われたのを除けば、一般の公立小・中学校で政治や法律を学ぶ機会が公式な形で提供されることはなかった。第二次世界大戦後も、一九五〇年代から六〇年代にかけて政府における市民性教育に対する関心は低く、政策文書で触れられることもほとんどなかった。

（2）一九七〇年代——政治的リテラシー教育運動の開始

一九七〇年代に入り、選挙権付与年齢が一八歳に引き下げられると状況は大きく変わった。選挙権が中等教育の最終学年に在籍する生徒に拡大したことで、若者の市民としての能力や教育における政治的要素の重要性が認識されるようになったためである。また、この時期に民主的な教育のあり方を追求する教育改革についての研究が数多く進められたことも、政治教育への関心を高めることに寄与したと言われる。(5) このような社会的背景のもと、公教育のカリキュラムへの政治教育の導入の機運は高まっていった。

こうしたなか、一九六九年に政治学者クリック（Bernard Crick）を中心として結成された政治協会（Politics Association）が索引役となり、一九七〇年代中頃から後半にかけて政治的リテラシーの獲得を目指す政治教育プログラムが活発に行われた。この政治教育プログラムは、政治的プロセスや政治的行動を起こすための潜在能力を重視するなど、政治という概念の範囲を人々の日常生活や地域社会のレベルにまで拡大したほか、政治教育の認知度を高めたという点において大きな意義があった。その一方で、論争的になり得る政治教育に取り組むことへの躊躇や、実践的なカリキュラム・教材の開発や現職教育の機会の提供が十分でなかったために、政治教育の試みは教育実践としてはあまり広がりを見せず、一九八〇年代には「新しい教育」の波に取って代わられることとなった。(6)

(3) 一九八〇年代――「新しい教育」の波

一九八〇年代に入ると、NGOや教会関係の団体など非営利の団体による教育活動が活発に行なわれるようになった。一九七〇年代以降、オックスファムなど国際協力の分野で活動してきたNGOがその広報活動の範囲を国内での学習・啓発活動へと広げていった。こうした教育プログラムは学校教育でも採用されるようになり、それぞれの焦点に合わせて開発教育、多文化教育、人権教育、平和教育などの呼称を持つ「新しい教育」の取り組みが活発化した。特に一九七三年にワンワールド財団(One World Trust)の支援により開始された「ワールド・スタディーズ・プロジェクト」は、開発教育や人権教育などによる蓄積に加え、環境やジェンダーなどの視点も取り入れ、様々な社会問題に関する教育実践を包括する取り組みとして有名である。これは人権や環境など一つの国家内では解決が困難な課題を扱う際に、国際レベルないしグローバルレベルにおける社会改革活動への参加を目指す志向性を特徴としていた。また、教師との共同研究の成果としてテキストや教師用指導書が豊富に作られ、教師教育等の実践支援も行われたことから現場の教師からも支持を得ることができた[7]。

他方、参加型学習などの新しい学びのあり方に注目が集まるかたわら、学習内容の深化が十分でなく、強い社会変革志向ゆえにバランスの取れた視点の提供に難があったこと、様々な社会問題を取り上げる一方でプログラム全体を貫く理論がないなどの弱点を抱えていたことも否定できない[8]。さらに、国家を超えたグローバルレベルに焦点をあてる側面や、顕著に見られるNGOなどリベラルな勢力による社会変革志向は、保守派からは国家の統合を脅かし社会の断片化をもたらすとの批判を受けた[9]。

「新しい教育」はグローバルな課題を取り上げ、市民性教育の地理的範囲を広げたほか、それを社会変革と結びつけて能動的に社会に参加する市民の育成を目指した点で、市民性教育の発展に大きく貢献したと言える。また、こうした取り組みが教育現場で広く行われたことも意義があった。しかし、前述のような教育論としての弱点や保守層からの批判から、一九八八年に保守党がコア科目を重視するナショナル・カリキュラムを導入すると、これらの社会正義を目指す教育の数々は衰退の道を歩むことになった。

（4）一九八九年以後――保守党による市民性教育の導入

一九八一・八五年にロンドンで起きたアフロ・カリブ系住民による「ブリクストン暴動」が知られているように、一九八〇年代は多文化社会としてのイギリスにおける統合をめぐる課題が顕在化した時期である。そうしたなか、一九七九年の総選挙で労働党に代わって政権についた保守党は、一九八八年にそれまで統一した教育課程の存在しなかったイングランドに全国統一のナショナル・カリキュラムを導入し、その五つの教科横断的なテーマの一つに市民性教育が盛り込まれた。その特徴には、保守党が掲げる小さな政府のもとでの自立した個人という市民像に基づく「能動的シティズンシップ」が強調されたことが挙げられる。[10] また、伝統的な宗教的価値体系に基づいた価値形成を目指し、「社会の多元主義的な趨勢に対して、統合あるいは同化という言葉で表されるような方向で社会の凝集力を高めようとする」[11] 性格を持つものであった。しかし、この市民性教育導入の試みはそれが選択教科という位置づけであったことからあまり注目されず、英語・数学・科学が「コア科目」として優先的に位置づけられるなか、その影に隠れることとなった。そのため、この保守党政権下での市民性教育は、結果的には広く実施されるには至らなかった。

これまで見てきたように、イングランドでは労働党政権において必修化されるまで市民性教育が広く行われることはなかった。その原因について、ヒーター（Derek Heater）は政治的、社会的、教育的原因という三つの側面から捉えている。政治的原因としては、「教育された市民」を前提としたイギリスの民主主義の限界や、発展したシティズンシップに関する意識の欠如、学校教育による教え込みの恐れが指摘されている。また社会的原因としては、教育によって再生産された階級分離に加え、なかでも若者の政治に対する無関心や嫌悪感が作用しているという。そして教育的原因としては、一九七〇年代以前と同様に、市民性教育のための専門的な教師教育の場が欠けていたこと、偏見や教え込みとして批判される可能性のあるテーマを扱うことへの教師の躊躇などが挙げられている。[12]

2　労働党政権下の市民性教育

本節では、一九九七年に政権の座に就いた労働党によって導入された市民性教育について詳しく検討する。ブレア（Tony Blair）首相が優先的政策について述べた「教育、教育、教育だ」という言葉に象徴されるように、新労働党政権下では教育改革に大きな力が注がれた。その労働党の教育改革の一つに掲げられたのが、新教科としての市民性教育の導入である。

（1）市民性教育の導入と概要

一九九七年、かつての政治教育を提唱したクリックを議長とする市民性教育諮問委員会が組織され、翌九八年、委員会によるレポート「市民性教育と学校における民主主義の教育[13]」が発表された。この委員会は超党派のメンバーで構成され、研究者や学校関係者、地方行政当局、シンクタンクやNGO、メディア関係者なども参加していた。一九九九年にはこのレポートの内容に基づいた市民性教育のナショナル・カリキュラムが発表され、市民性教育は中学校段階にあたるキーステージ三・四（一一～一六歳）では二〇〇二年から独立した科目として履修を義務づけられた。また小学校段階にあたるキーステージ一・二（五～一一歳）でも、必修ではないが、二〇〇〇年より

「人格、社会および健康教育」と合同で導入されることになった。

労働党政権による市民性教育導入の背景には、若者のモラルの低下、政治的無関心、社会に対する無力感への危機感があったとされ、とりわけ若者の政治的無関心は民主主義の有名無実化をもたらすという懸念があった。また、市民性教育の導入によってアクティブ・シティズンシップを促進し、教育を通じた社会統合を目指すという、労働党政府の社会的排除への対策と連携したねらいもあった(14)。

他方、「国籍・移民・亡命に関する二〇〇二年法」によって、英国市民権申請者に対しては英国の生活や歴史に関する基礎的な知識を問う「シティズンシップ・テスト」と語学試験の受験が義務づけられた。これは公教育における市民性教育とは区別されるものであるが、この時の内務大臣は市民性教育導入当時の教育大臣だったブランケット（David Blunkett）、テスト作成に関わった諮問グループの議長は市民性教育諮問委員会議長と同じクリックであった。このことから、これらの取り組みは多文化社会における統合という同じ方向を目指すものであったと捉えることができる。

（2）クリック・レポートと市民性教育

市民性教育諮問委員会が発表した上記のレポートは、委員会の議長の名前をとって通称「クリック・レポート」と呼ばれ、以後市民性教育の指針となっている。同レポートは市民性教育を効果的に実施するための三つの柱として「社会的・道徳的責任」「コミュニティへの関わり」「政治的リテラシー」を提起した。これらの要素に加え、政治や社会活動に主体的に参加する「アクティブ・シティズンシップ」が各要素を横断する鍵概念として位置づけられている。

レポートの冒頭部分では、市民性教育が目指すものとして「この国における全国的、地域的な政治文化を変えること」が掲げられている（七頁）。また、シティズンシップという言葉の定義についての節では、まず古代ギリシアの都市国家やローマ時代において、市民としての権利を有する者が公的なことがら（public affairs）に参加して法形成や公の意思決定に関わったことに言及した上で、シティズンシップの概念が拡大した現在における教育された市民による民主主義の重要性を説いている。また、市民性教育のねらいと目的については以下のように示されている。

> 学校と高等教育機関における市民性教育の目的は、参加型民主主義の本質と実践に関係する知識とスキル、価値を身につけ、そして発展させることである。また、子どもたちが能動的市民として発達するために必要な、権利と義務、そして責任感についての自覚を強めることでもある。そして、それを通じてローカルな地域やより広いコミュニティに参加するという価値観を、個人、学校、社会において確立することである（四〇頁）。

ギリシアやローマの民主主義への言及にみられるように、クリック・レポートが提案した市民性教育は、民主政治への参加を重視する市民共和主義的なシティズンシップの解釈に基づき、イングランドの若者の政治参加を促進し、民主主義を維持することを主目的としている。また、市民の権利よりも義務が強調される傾向にあり、共同体への義務や責任は社会の連帯や融和のために不可欠な基礎として捉えられている。これは、共同体主義的な立場を取る労働党の「第三の道」政策とも符合するものである。[15] 一方、鍵概念として示されている「能動的シティズンシップ」は、保守党政権においても新自由主義的・個人的な自助の理念に基づいて強調された言葉である。しかし、労働党政権の下の市民性教育はそうしたサッチャリズムとは一線を画す共同体主義的政策の一端を担っていることから、この言葉も保守党政権とは異なる文脈で用いられていると言えよう。

また同レポートでは、多元化社会としての英国において人々に共有される価値観の不在という問題を指摘し、市民性教育の必要性と目標について、次のように記述している。

　こうした懸念に対し、コミュニティ全体に対する主な目標はナショナル・アイデンティティを含む共通のシティズンシップを発見または復権させることでなければならない。それは英国に長年存在してきたネイション、文化、エスニックなアイデンティティや文化の多元性の場を確保するに十分足るものである。市民性教育は、民族的、宗教的に異なるアイデンティティの間に共有される基盤をつくりだすものである（一七頁）。

　ここでのナショナル・アイデンティティとは、「英国に長年存在してきたネイション」すなわちイングランドやスコットランドといったネイション（民族、あるいはその政治的集合体）に加え、旧植民地やその他の国と地域からやってきた移民がもたらす英国国内の文化的多様性を包摂する概念として言及されている。また、ナショナル・アイデンティティを共有する基盤であるシティズンシップは、公的領域における政治的なアイデンティティとして想定されており、私的領域に属する文化的なアイデンティティからは区別されるものとして捉えられている[16]。ただし、共通のシティズンシップを構成すると思われるナショナル・アイデンティティや共有価値がどのようなものかについては具体的に明示されてはいない。

　一方、「知識と理解」の項目に「地域、国家、ＥＵ、英国連邦（Commonwealth）、国際的レベルにおける時事的・今日的課題や出来事」とあるように、国家を超えたレベルにおけるシティズンシップについても一定の関心が払われているが、「ローカルであれナショナルなものであれ、ボランティアグループや他の団体を通じて人々がお互いに何ができるか」（一〇頁）、「地域と国家レベルにおいて公的な機関は、市民性教育に対する責任を果たすために最善の策は何かということを検討する」（二三頁、傍点引用者）という記述に見られるように、シティズンシップの場として「ローカルとナショナル」という表現が頻繁に使用されていることが確認される必要がある。そのほか

「知識・理解」の別の項目でも地域や国家レベルにおける内容が中心的に挙げられており、全体としては一貫して地域レベルと国家レベルの市民性教育に重点が置かれていると考えられる。

市民性教育の骨子を示したクリック・レポートは、市民性教育の目的や意義、目標について広い概念を提示する一方、それぞれの内容については簡潔な描写にとどめている。この理由についてクリックは、シティズンシップの概念とは突き詰めれば自由や政府の本質そのものに関わるものであり、ともすれば論争を招くテーマであるため、詳細を示さず敢えて簡潔に定義したこと、また既存の教育内容に組み込みやすくするために市民性教育の概念や形態について解釈の余地を残したことを挙げている[17]。結果として、市民性教育の実践に関しては教育現場の裁量に委ねられる部分が大きくなり、文化的多様性に注目した活動から道徳的要素の強いものまで、個々の教育現場のニーズに合わせた取り組みが行なわれることになった。

(3) アイデンティティと多様性への注目

イングランドの市民性教育の骨子を示すクリック・レポートが公表されてから一〇年後の二〇〇七年、市民性教育の新たな政策レポートとして「カリキュラム・レビュー：アイデンティティと多様性」が発表された[18]。このレポートは、委員長の名前を取って「アジェグボ・レポート」と呼ばれている。新たなレポート発表の背景にあるのは、英国社会における文化的多様性をめぐる課題の顕在化である。イングランドでは、二〇〇九年の推計で、エスニック・マイノリティが全人口の一二・五%を占めている。大都市に限れば、ロンドンでは三〇・九%、バーミンガムで二九・六%にのぼるなど、イングランド社会における文化的多様性は今や自明のこととなっている（二〇〇七年推計）。このように地域コミュニティ内部の文化的多様性が深化するなか、二〇〇五年にロンドンで起きた地下鉄・バス同時爆破事件は、英国における文化的多様性と共生をめぐる課題を誰の目にも明らかなものとした。

この事件や九・一一事件は、多文化社会としての英国において、人々を結びつける何らかの共有概念の必要性が議論される契機となったと言われる。[19] 二〇〇六年一月、後に首相となる財務大臣のブラウン（Gordon Brown）が行った「英国人性の未来（Future of Britishness）」と題したスピーチは、多様性と統合のバランスを国家的課題として挙げ、「われわれのナショナル・アイデンティティを定義するのは、われわれが共有する価値なのか、あるいは単に人種やエスニシティなのか」と問いかけるものであった。さらに文化的多様性を包摂するものとして、自由と責任、そして公正という価値に基づく英国のナショナル・アイデンティティの共有を訴え、それらを学校で涵養する方法としてシティズンシップ教育と近代史の重要性を挙げた。これを受け、二〇〇七年一月にアジェグボ・レポートが発表され、そこではシティズンシップ教育の第四の要素として「アイデンティティと多様性：英国でともに生きること」が提起された。この第四の要素には、以下の概念と領域が含まれる。

概念的構成要素
・民族、宗教、「人種」に対する批判的思考
・政治的課題・価値への意識
・近代史との関連における、シティズンシップの現代的課題についての考察

教えられるべき項目
・英国とその複数のネイション
・移民
・英国連邦と大英帝国の遺産
・欧州連合

・選挙権の拡大（例：奴隷制度に由来する影響、普通選挙、機会均等法）

（アジェグボ・レポート一二頁より筆者作成）

アジェグボ・レポートではナショナル・アイデンティティについて、「『英国人（British）』は、様々な人々にとってそれぞれ異なる意味をなす。さらに、アイデンティティは概して複合的で複数的なものとして構成される」（八頁）とあり、生徒個人のアイデンティティの重層性に目を向け、異なる他者あるいは異文化について学ぶというよりも、自身の内面の省察からアイデンティティの多様性を学ぶというアプローチをとっている。そのため、ナショナル・アイデンティティについて特定の定義や考えを示すのではなく、それらを慎重に検討する姿勢を促している。レビューグループの理論部分を担当したキワン（Dina Kiwan）によれば、第四の要素としてのアイデンティティへの注目は、様々な文化的アイデンティティの公的承認により強化される「横の関係性」と、国家と市民とのあいだの「縦の関係性」の両方を通じて社会への帰属感を強化し、人々を政治参加へと動機づけることを意図したアプローチである。

なお、二〇〇七年九月に公表されたナショナル・カリキュラムでは、アジェグボ・レポートが導入を勧告した「シティズンシップ教育の第四の要素」は、「民主主義と正義」「権利と責任」「アイデンティティと多様性：英国でともに暮らすこと」という三つの鍵概念の一つとして、同レポートの提示した形とはやや異なる位置づけで反映された。

ブラウン演説で触れられた共有価値や英国人性については、まず共有価値が何であるのかが明確でなく、また英国人性についても論争を呼ぶものであったために、アジェグボ・レポートやナショナル・カリキュラムではそれらを強調するよりも、英国社会に暮らすという共通の経験に着目するアプローチをとっている。この背景には、アジェグボ・レポート作成の際に前諮問委員長のクリックからの助言や官僚との内容の検討があったことが指摘されている。また、二〇〇八年版ナショナル・カリキュラムではブラウン演説やアジェグボ・レポートが用いた英国人性という言葉は登場せず、「英国の市民（citizen in the UK）」という表現になっているが、これもカリキュラムの草稿段階でNGO、教育関係者や保護者、生徒とのあいだで話し合いが重ねられ、内容の妥当性が検討された結果であった。[20]

このように、結果としてアジェグボ・レポートは英国国民が共有するナショナル・アイデンティティの定義をはっきりと示すことはせず、コミュニティや個人の内面におけるアイデンティティの多様性について探求する過程を重視するというアプローチを採用している。他方、クリック・レポートではあまり強調されていなかった英国国内における文化的多様性を市民性教育の中心的テーマに含めたという点において、それまで政治的シティズンシップの育成を中心としてきた市民性教育のあり方の転換点となったと考えられる。

なお、一九九九年に発表された市民性教育のナショナル・カリキュラムで顕著だった新自由主義的な市民像については、[21]二〇〇八年改訂のナショナル・カリキュラムでも同様の傾向が引き継がれているが、その一方でアジェグボ・レポートには「シティズンシップは社会正義、人権、コミュニティの連帯、グローバルな相互依存に関する課題に取り組むものであり、生徒が不公正や不平等、差別に挑むことを奨励するものである」（四一頁）とある。こうした経済行為者の育成と社会的排除への対応という異なる目標の併存は、経済競争力の強化と社会的公正の両立を目指す労働党政権の「第三の道」政策と符合していると言えよう。

このように、市民性教育の実施には異なる意図を持つ関係者が多数関わり、また、労働党の「第三の道」政策の下での教育改革の一端でもあったことから、必ずしも単一の目的のもとに取り組まれたものではなかった。それに加えて、市民性教育にはその理論面においても異なる理論が混在している。現行の市民性教育は、そうした様々な議論と妥協の産物として構築されてきたと言えるだろう。

3　市民性教育の実践事例——A中等学校の取り組みから

本節では、ある中等学校における実践事例を取り上げながら、市民性教育の実践の内容について考察を深めたい。A中等学校はイングランド北部のウェイクフィールド市にあり、大多数の生徒は白人系英国人で、英語を第一言語としない生徒は約五％にとどまる。この学校では歴史担当の教員Oが市民性教育のコーディネーターを務め、加えて生物と倫理担当の教員Pと市民性教育の教員資格を持つ新任教員Qの合計三名がカリキュラム作りを含めて市民性教育の実施に中心的に関わっている。

以下では、A校の市民性教育の年間計画を概観するほか、同校の市民性教育の特徴を明らかにするために単元「テロリズム」を取り上げ、市民性教育の実施と課題について検討する。

(1) 年間計画

同校における市民性教育は特定の教科書を使用せず、ナショナル・カリキュラムに基づいて独自に作成したカリキュラムに沿って、市販やオリジナルの資料を用いて実施されている。A校に限らず、市民性教育で採用される学習方法は、調べ学習や討論、グループ学習など、他の生徒と協力しながら能動的に学ぶスタイルが主にとられることが多い。そのため、市民性教育を必修教科として初めて学ぶ七年生（一一～一二歳）では年間計画の最初の七時間を割き、こうした学習方法や市民性教育の目標について確認することから始めている。カリキュラムを概観すると、「権利と義務」「政府と政治」「平等と多様性」のように、ナショナル・カリキュラムで掲げられた三つの概念「民主主義と政治」「権利と責任」「多様性とアイデンティティ」にほぼ対応する要素が組み込まれていることがわかる。それらに加え、EUとメディアが七年生の学習要素に含まれていることから、EUという超国家的共同体の概念や役割、またメディアに関する知識が八年生、九年生での学習のための基礎知識として位置づけられていると考えることができる。また八年生では七年生で学んだ内容を踏まえ、紛争やテロリズム、移民など、より論争的なテーマが選ばれているのが特徴的である。九年生ではさらにこうした問題への解決策の提案やキャンペーン活動、そのためのマーケティングなど、具体的な行動を起こすことに関する内容が多く含まれており、三年間を通じて学びが深化していくよう計画が立てられていると言える。

表4-1は、八年生の市民性教育の年間計画をまとめたものである。単元ごとにテロリズム、英国人性、移民などがテーマとなっており、価値観や文化の多元性やその葛藤・衝突に関わる今日的な内容が取り上げられている。なかでも重きが置かれているのは、価値の多様性や権利の対立、民主的な政治過程への参加である。例えば「正義と法」の単元では、英国の刑法における責任年齢が一〇歳であることについて、その是非を議論することになっている。このように、カリキュラム全体を通して論争的な今日的課題について考え、議論するという特徴がみられる。

なお、第七単元では「英国人性」が取り上げられている。ただし内容は英国人に共有されるナショナル・アイデンティティについて学ぶというよりも、英国社会の多様性について探求するという内容になっている。これについて、教員Qは次のように述べている。

英国人性については少し扱いますが、多くはありません。なぜなら、英国人性が何かというテーマを歓迎しない人もいるからです。そのため、私たちは多様であり、それぞれの文化を持っているという事実を取り上げ

表 4-1　8年生のシティズンシップ教育の年間計画

テーマ	概　要
1　導　入	・前年度の学習内容の振り返りと今年度の展望。
2　学びのための学習	・前年度の良かったところ・悪かったところについて考え，具体的な改善方法について考える。 ・より良い学びについて知る。
3　紛争解決	・紛争の概要や原因について知る。 ・IRA，パレスチナ紛争について知り，解決方法を検討・議論する。 ・「赦し」と紛争の解決方法について議論する。 ・和平交渉のロールプレイ。
4　テロリズム	・テロリストと自由のために闘う人々との違いについて考え，議論する。 ・テロによって誰がどのような影響を受けたのか考える。 ・9.11 と 7.7 についての統計的情報に基づき，事件の影響を伝える新聞記事を書く。 ・テロリスト集団について調べ，発表・議論する。
5　政　治	・英国の政府と議会について知る。 ・政治が自分にどのように影響しているか考える。 ・投票する様々な機会について知る。 ・マニフェストを作り，選挙活動をし，学校代表者を決める模擬選挙を行う。
6　正義と法	・法律や裁判のしくみについて考える。 ・犯罪の責任能力が問われる年齢（英国では 10 歳）について，事例を検討しながら議論する。 ・若者の犯罪と反社会的行動について議論する。 ・模擬裁判を行う。
7　英国人性	・英国人性が意味するものについて探求する。 ・英国社会の多様性をめぐる課題を挙げ，多文化社会の良い点について考える。 ・反人種主義を訴えるポスター作り。 ・英国の抱える問題について具体的な解決法を提案し，発表する。
8　移民と外国人労働者	・移民の背景について知る。英国の外に移住したいと思うか考え，理由について議論する。 ・難民・亡命者について学び，彼らが直面する問題について考える。 ・英国が難民を保護する意義について考える。 ・メディアにおける難民のイメージについて議論する。 ・他国の文化，伝統，宗教等について調べ，発表する。

るようにしています。また、それを一つの国や一つの文化として捉えないように注意しています。なぜなら、私たちの国はそのようなものではないからです。そうした焦点の当て方をするならば、極端な見方を持つ人々

を力づけてしまうことになります。

筆者が「英国人性」の単元の授業を観察した際も、やはり英国人に共通のことがらについて学ぶというより、多文化社会という現状への肯定的理解を促すという性格が強い授業となっていた。これはアジェグボ・レポートが示したアプローチに沿ったものであるほか、教員が述べるように排他的ナショナリズムに陥る危険を回避した結果と考えられる。

(2) 単元「テロリズム」の分析

A校の市民性教育をさらに詳しく検討するために、年間教育計画の中から「テロリズム」の単元を取り出し、具体的な内容と学習方法を分析することにしよう（表4-2）。

この単元は、テロリズムについて学ぶ前半と、グループに分かれてテロリストグループについて調べ、発表する後半に分かれている。小単元1はテロリズムの定義について事例を検討しながら議論する。小単元2はテロが誰にどのような影響を与えるのかについて、被害者やテロリストの家族や友人、そして地域社会や国家など、様々な視点から議論を促す。そして小単元3はテロ報道について分析し、自分で新聞記事を作るという内容構成となっている。単元「テロリズム」の特徴として以下の三点を挙げることができる。

(1) 価値観の多様性と相対性への注目

この単元では、異なる価値観の存在と、視点の位置によってその評価や解釈が異なるという、価値の多様性と相対性を取り上げているという特徴がある。例えば、テロリストと呼ばれる個人や集団を取り上げた調べ学習の際に配布される資料には、ＩＲＡ（アイルランド解放軍）やアルカイダに混じり、反アパルトヘイト運動の際に終身刑

表 4-2　単元「テロリズム」

授業名	授業内容	スキル	価値の分析
1) テロと自由の戦士	1 普段の生活における発言や意見表明の機会について，ワークシートを使って考える。 2 テロリストと自由の戦士の定義について考える。対テロ法の定義も紹介する。 3 テロリストや自由の戦士とは何か，その違いは何かについて考え，説明する。 4 「殺人は決して肯定されない」という意見に賛成か反対か考える。	・課題を検討し，合理的に議論する。 ・意見を表明する。 ・判断が難しい課題について意思決定を行う。	意見表明権 価値の相対性
2) テロのインパクト	1 テロについて感じること，テロが自分の身の回りにもたらした変化についての文章を完成させ，互いの意見について議論する。 2 家族，友人，地方，国など，誰がテロによって影響を受けたかについて議論する。 3 何が変わり，誰が影響を受けたかに注目しながら，9.11 のビデオを見て議論する。	・課題について考え，文章で表現する。 ・情報について色々な視点から分析する。 ・意見を表明する。 ・他人の意見を聞き，合理的に議論する。	権利の葛藤と対立
3) 9.11 と 7.7 の詳細	1 ビデオを見て，9.11 と 7.7 についての異なるイメージと統計的情報を比べ，議論する。 2 授業で配られた資料をもとに，テロ事件の翌日を伝える新聞記事を書く。 3 他の生徒と記事を読みあい，意見を交換する。テロの影響を伝えられているか考える。	・統計的情報の理解。 ・資料を参照しながら文章にまとめる。 ・学習課題の評価を行う。	権利の葛藤と対立
4) テロリスト集団についてのケーススタディ	1 3回分の授業を使ってテロリスト集団についての発表の準備をする予定を確認する。 2 プロジェクトの目標を確認し，反省シートに記入する。 3 班の中で役割分担を決め，作業計画を作成し，資料を調べる。調査や家での作業をする必要があるか確認する。 4 作業計画作りとグループワークが他の授業でどのように生かせるか聞く。	・自分の意見を表明する。 ・他人の意見を聞き，自分の言葉で表現する。 ・作業工程を立てる。	
5～7) テロリスト集団のプロジェクト・ワーク	1 「テロリズムと自由の戦士」クロスワードを解く。 2 調べ学習の宿題とプロジェクトの目的，各自の担当について確認する。 3 取り上げたテロリスト集団について，ポスター，パワーポイント，ファクトシート，発表の準備をグループで行う。	・グループで協力しながら作業する。 ・グループ内の全員ときちんとコミュニケーションをとる。 ・テーマについて調査を行う。	
	1 取り上げたテロ集団について他の生徒に説明するためのポスター，パワーポイント，ファクトシートと発表資料を作成する。 2 全員が目的に向けて作業しているか確認する。 3 次のクラスでの発表に間に合うか確認し，必要に応じて宿題とする。		
	1 10分の準備時間の後，教室の前に立ち，取り上げたテロ集団について発表する。発表後に質疑応答の場を設ける。 2 各発表の後，良かった点と悪かった点をそれぞれ2つずつ挙げる。 3 自己評価シートに記入する。教師がコメントを付ける。	・調べた情報をまとめて発表する。 ・論争的なテーマを丁寧に検討する。 ・相互評価・自己評価を行う。	

となり、その後ノーベル平和賞を受賞したマンデラ元南アフリカ大統領も含まれている。

こうした人々について詳しく調べる過程では、テロリストと一括りに呼ばれる人々が異なる価値観に依拠した「正義」に基づいて行動を起こしていることや、それゆえ善悪で単純に評価することが難しいということが学ばれる。また、テロの被害側やテロリストの家族などに注目することで、テロに関わる人々の中の多様性にも目を向けさせている。こうした学習を通じて、価値観の多様性や、評価する側の立場や時代によって変容するその相対性への気づきを促していると考えられる。

(2) 権利の対立という視点

単元「テロリズム」の特徴として、権利の対立という視点からテロリズムを検討する活動が含まれていることが挙げられる。第一回目の授業では、人々には自分の意見を表明し、それを聞いてもらえる権利（意見表明権）が基本的人権の一部としてあり、民主国家である英国では誰もがそうした権利を持っていることが紹介される。次に、自分の意見を聞いてもらえない、あるいはそれが尊重されない場合にどんな気持ちになるか、またはどのような行動を取るかについて考えさせる。次に「テロリスト」と「自由の戦士（freedom fighter）」の定義について議論する。議論の材料になるのは、「広島への原爆投下」「パンナム機爆破事件」「ドイツ軍による無差別爆撃」「北ベトナムへの空爆と反戦運動」「血の金曜日事件」「マドリード鉄道爆破事件」など、異なる地域や背景で起きた事例である。これらの検討の過程においては、テロリズムか自由の戦士かどうかの判断は視点がどちらの側にあるかに依拠するものであり、容易に定義できることではないとの認識が促される。この単元ではさらに、これらについてそれぞれ権利の侵害に対する応答という側面から検討を試みており、ある権利が他人の権利を侵害する可能性という視点からテロについて考察する過程では、価値判断の基準として人権が参照されている。こうした権利の対立を取り上げる点は、ナショナル・カリキュラムの「権利が葛藤し対立する場合について調べ、それらの均衡を取ろうと試みるために困難な決断がなされなければならないことを理解する」という部分と対応している。

(3) 参加型の学習方法

この単元の学習の方法には、テーマについて一人で考えて発言するほか、小人数のグループやクラス全体での議論など、討論形式が頻繁に見られる。また情報の分析や、自分で資料を探す調査活動、それらを単独または小グループでまとめての発表など、活動的な学習スタイルが中心的である。こうした学びのあり方は、この単元に限らずA校の市民性教育全体に特徴的に見られるものである。A校では年度の最初の導入授業はこうした学習スタイルと学習目標について確認し、最後の授業ではこうした学習スキルが他の授業でどう役立つかについて検討するなど、汎用性の高い学習スキルとして生徒自身が認識した上でそれを発展させることが促されている。同校の授業を観察した際には、なかにはグループ作業の際に集中力を欠いたりあまり積極的に参加しなかったりする生徒も見られたが、教員が時には叱りながらうまく誘導し、結果的には各グループともにきちんと作業が進んでいた。A校の市民性教育は、他の教科でも必要とされる学習スキルの育成も兼ねており、生徒にもそれを意識させることで動機づけを図っている点が特徴的であると言える。

図4-1　A校の市民性教育の授業の様子（筆者撮影）

(3) 考　察

「テロ」の再解釈や刑事責任を何歳から問うかといったトピックに見られるように、価値観の多様性の理解がA校の市民性教育のカリキュラムを貫くテーマと言える。さらに、その多様性を権利の対立という視点から検討することで、民主主義の能力を育成しようとしている。たとえば「テロリズム」の前の単元である「紛争解決」でも、地域・国家紛争を、権利と責任が特定の国家間あるいは地域間が対立している状態と捉え、調停の方策の検討に繋がる流れとなっている。なお、こうした検討の判断基準として、宗教的倫理観や特定の文化に則った価値ではなく、人権や自由といった普遍的価値が採用されることは注目に値する。さらに、権利を守るための闘争や、抑圧への異議申し立てという視点を持ってテロや紛争の背景について再検討する過程を含むことにより、表面的な衝突のイメージにとどまらず、その背景にある構造的な問題に目を向ける可能性を持っていると言える。

このように、クリック・レポートが強調した「共同体への参加」は、この学校では、生徒の意見表明や民主的過程への参加の促進という形で実現している。そのカリキュラムは、生徒がエスニックな多様性や価値の葛藤を学ぶために、テロや移民・難民など人種差別と関連の強いテーマを採用し、随所でメディアが社会に広めているイメージの批判的検討を行うなど、全体として偏見の問い直しや反人種差別のメッセージが強く表れるものとなっている。その背景には、同校の生徒や保護者の間に垣間見える人種差別的な感情や偏見に対する教員の問題意識の存在が考えられる。教員Qは英国人性を取り上げた授業について以下のように語った。

　このトピックを取り上げるとき、人種主義や偏見に直面することになります。なぜなら、一部の人々は多文化主義に対して強い拒否感を持っているからです。……（多文化主義に対する）考えはいつも様々です。ただ低学年の生徒たちは……家庭で聞いたことを単に繰り返しているだけです。その保護者が（極右政党の）英国国民党支持者であるとき、多文化主義に対する姿勢はとても極端なものになります。

また教員Pも、一部の生徒や保護者の間にあるパキスタン系の人々への偏見に対して懸念を示していた。クリック・レポートとアジェグボ・レポートに対しては、そこに人種差別など社会の構造的不平等に関わる問題への視点が欠如しているという批判があったが、実際に生徒のあいだの人種主義を目撃する教育現場では、それはむしろ看過できない課題となっており、テロというセンシティブなテーマを敢えて選択したことにも、こうした問題意識があると考えられる。

おわりに

労働党政権による市民性教育の導入は、イングランドの学校において初めて政治や民主主義について学ぶことが正式に公教育に含められたという意義を持つ。諮問委員会の委員長を務めたクリックは政治教育の推進者であったが、実際に導入された市民性教育は、多文化社会における共有価値の育成や、経済活動に参加する労働者の育成など、様々な意図を含んだものとなった。また新教科であったため、実践においては教育現場の裁量が大きかったことから、当初は試行錯誤が積み重ねられることとなった。そのため、それまでの政治教育やワールド・スタディーズ、開発教育などの蓄積が生かされたほか、ＮＧＯによる教材開発や教員研修の提供など、民間団体を含めた多様な人々が関わる幅広い取り組みが行われてきた。

一方、二〇〇五年のロンドンの地下鉄・バス同時爆破事件以降、イスラーム系住民との共生をめぐる課題が頻繁にメディアに取り上げられるようになり、その一部にはイスラーム教徒に対する偏見や不安を助長するようなものもある。また、ＥＵに新しく参加した東欧からの移民が近年急激に増加しており、Ａ校のある地域のように大都市圏でない地域でも多文化化の進行が可視的になってきた。そうしたなかで、学校教育を通じて価値の多元性の理解や葛藤の解決のための能力を育成する必要性が認識されるようになり、とりわけ市民性教育にはそうした役割が期待されることとなった。ブラウンの演説は価値やアイデンティティの共有を通じた社会統合の構想を提起するものであったが、結局、市民性教育においては特定の価値の共有ではなく英国に居住しているという経験の共有に基づき、国内の文化的多様性について検討する過程を重視するものとなった。

新教科としての市民性教育の導入から一〇年が経過した今日、カリキュラムの開発も進み、それらに関する研究の蓄積もなされてきた。二〇〇七年のアジェグボ・レポートの発表はイングランドの市民性教育にとっての一つの転換点ではあったが、このような蓄積のプロセスを通して市民性教育は常に変容と発展を続けているとも言える。なぜなら、それは単に労働党の政策の一環というよりも、英国社会の多文化化とそれが伴う葛藤や、流動化する近代社会において新自由主義の趨勢のもとで引き起こされるコミュニティの断片化と個人化の懸念といった社会状況を背景にして導入され、取り組まれてきたものだからである。

二〇一〇年五月の総選挙では労働党が敗れ、保守党・自由民主党政権が誕生した。新政権は英語・数学・科学の「コア科目」を重視する立場を取っているが、労働党政権が教科化した市民性教育も引き続き実施されることになっている（二〇一三年七月現在）。一方、景気後退による不況の中、二〇一〇年八月にロンドンから各地に広がった若者による暴動は、社会的排除に関する課題がエスニックな多様性の問題にとどまらないことを示唆する出来事でもあった。また、英国のＥＵ脱退をめぐる住民投票など、今後の共同体のありようを左右する議題も浮上している。こうした社会情勢のもと、仮に市民性教育のあり方が変わろうとも、民主主義の維持と社会統合のために教育に求められる役割は今後も小さくなることはないだろう。

第5章　フランス共和制と市民の教育

鈴木　規子

はじめに——公民教育と市民性教育

フランスでは公民教育（instruction civique）は他のヨーロッパ諸国よりも早く、一世紀も前から公教育制度の導入とともに実施されており、世俗性（laïcité）の概念とともに共和制を確立する上で重要な役割を果たしてきた。その後、教育理念の刷新によって「公民教育（éducation civique）」、「市民性教育（éducation à la citoyenneté）」と名称を変えても、共和国にとってその重要性は変わらない。フランスにおいて市民性教育は一〇〇年を越える公民教育の歴史の一部なのである。

しかし今日、市民性教育が強く要請される社会的文脈は一九世紀とは異なる。かつてはカトリック勢力から共和国を守ることに主眼が置かれていたのに対し、今日では若者の暴力、飲酒、麻薬服用、公共物破壊といった、いわゆる「非市民的振舞い（incivilité）」の増加こそが問題であり、さらに世俗性の原則を守る主な相手はカトリックよりもムスリムとなっている。

そもそも世俗性とは、公的な領域からあらゆる宗教を排除し、宗教的中立を維持するという考え方であり、一八八一～八二年にフェリー（Jules Ferry）教育大臣が公教育制度の確立および初等教育の無償・義務化とともに教育に導入したものである。さらに一九〇五年には「政治と宗教の分離に関する法」が定められ、世俗性が公教育以外の公的領域にも及ぶようになる。以来、世俗性はフランス共和政の核をなしてきた。

この世俗性をめぐり、特に公立中学校でムスリムの女子生徒がスカーフ（ヒジャブ）を脱ぐことを拒否した問題が起きた一九八九年以降、フランス社会とムスリムとの間で、しばしば対立が生じている。これは宗教に対する政治的価値観の相違に由来する。さらに、より現実的には、ムスリムの若者が日々の生活で様々な差別を経験するなかで、親の出身国で支配的な宗教にアイデンティティのよりどころを見出しがちであることも否定できない。

こうしたなか、二〇〇一年のいわゆる九・一一テロ以後、フランスでもムスリム嫌悪と治安悪化への懸念が強まり、こうした世論を吸い上げた極右政党（国民戦線）が二〇〇二年の大統領選でフランス史上初めて決選投票へ進出したことが、同選挙に勝利した右派の国民運動連合（ＵＭＰ）に、治安と世俗性原則の強化を促した。シラク（Jacques Chirac）大統領は世俗性検討委員会を設置し、一〇年以上放置されていたムスリム女子生徒のスカーフ着用に関し、公教育において宗教的標章の着用を禁止する「スカーフ禁止法」を二〇〇四年に制定した。また二〇〇七年に大統領に選ばれた同じＵＭＰのサルコジ（Nicolas Sarkozy）は、二〇一〇年にムスリム女性の顔と全身を覆う宗教的服装（ニカブ、ブルカなど）の着用禁止を公道にまで拡大したのだった。

なおヨーロッパの近隣諸国も数多くのムスリム移民を社会構成員として迎えており、彼らとの共存において類似した課題を抱えている。ムスリムの信仰や習慣の一部が民主主義の理念と対立するという認識は広く共有されており、新規移民に対してはシティズンシップ・テストや語学試験を導入して入国を厳格化する一方で、国内の移民を含む市民に対しては政治的・文化的な統合促進策を進めるという政策の方向性もほぼ一致している。またヨーロッパ・レベルでは、フランスで市民性教育が開始されたのとほぼ同時に、欧州評議会が民主的市民性教育（ＥＤＣ）に着手している。それ以来、ヨーロッパ全体で民主社会を担う市民の育成が重要課題として捉えられ、その方法が模索されてきた。

しかしながら、こうした共通性の一方で、世俗性という近代史に根ざした原則は、その市民性教育に、他のヨーロッパ地域とは異なる側面を付与していることも事実である。特に、かつては国民統合を促進する道具であった世俗性原則が、いまでは社会の亀裂をもたらしているという逆説はフランス固有のものである。

以下、本章は、まず公民教育が行われるようになった一八七〇年代のフランスにおいて共和国市民の育成が急務だったことについて、政教分離法の理念と宗教的マイノリティがおかれた状況から論じる。続いて今日のフランスで公民教育や市民性教育がどのように発展してきたのかについて、その理念や組織、実態を示す。最後に、現代社会が抱える問題を解決するために注目を集めている市民性教育の成果を可能な範囲で評価・検討したい。

1　一九世紀末における世俗的な共和国市民の育成

フランスに共和国が誕生したのは一七八九年以降の人民による一連の変革の結果である。議会は身分制社会の封建的特権の廃止や、個人の自由、法の下の平等、国民主権をうたった「人間および市民の権利宣言」（以下「人権宣言」）を採択し、また一七九一年には憲法を制定した。しかし、当時、政治は安定していなかった。共和国誕生に至るプロセスは、一般に思われているほどスムーズに進んだのではない。七月一四日は「国民祭」と呼ばれ、今では祝日だが、この祝日が制定されたのは革命から一〇〇年ほどを経た一八八〇年のことである。

なぜ革命一〇〇周年に際して、このような措置がとられたのか。それは王党派やカトリックなど旧体制勢力に対抗すべく、一八七五年に誕生した第三共和政が、かつて革命を生んだ力を人々に思い起こさせることで共和国のアイデンティティの形成を図ったためである。裏を返せば、それだけ共和国は不安定だった。

フランスの公民教育は、この不安定な共和国を安定させることを目的として発展したのである。フェリーは国家による小学校の設立とその無償化を進め、六歳から一三歳までのすべての子どもに通学を義務づけた。[1] また宗教的に中立の教育を行うべく、カトリック教理問答を廃止した。小学校で教える内容も定められた。道徳・公民教育(instruction morale et civique)／読み書き／フランス語とフランス文学の初歩／地理学／理科・物理・算数の初歩／体育である。[2] これを見ると、道徳・公民教育が同じく共和国市民の再生産のために重視されたフランス語よりも前に記されており、それがいかに重視されていたかがわかる。[3]

公民教育の重視は、市民権の拡大という当時の状況からも説明される。第二共和政では、世界に先駆けて二一歳以上の男子に普通選挙が導入された。しかし、選挙で大統領に選ばれたルイ＝ナポレオン(Louis-Napoléon Bonaparte)がクーデタによって帝政を敷いたように、普通選挙は権威主義体制に有利ともなりえた。[4] この反省から、ガンベッタ(Léon Gambetta)らは第三共和政成立当初より、分別を持つ市民を育てるために公教育を最重要と考え、学校と教会の分離の必要を主張したのである。[5]

こうした教育政策は、当然のことながら宗教的道徳との決別を進める上で大きく寄与した。しかし、その一方で一八八二年法第二条は、「公立小学校は、両親がそれを望む場合、学校の建物の外で宗教教育を受けさせることができるよう、日曜日に加えて週に一日が休みとなる。宗教教育は、私立学校では自由である」と定め、公立学校の外での宗教教育を保障している。これは世俗学校に対するカトリックの理解を求めるために配慮した妥協の産物である。[6] 今でもフランスの公教育では、日曜日だけでなく水曜日も休みで、この週休二日制は一八八二年法に由来している。もっとも大半の子どもたちは、宗教と関係のないスポーツなどをして過ごしているが。

二〇世紀に入ると、フェリーらの日和見主義的態度やブルジョワジー優遇に対する不満から社会主義者が支持を伸ばし、急進的な共和政が誕生した。この政権は、反教権運動の末、カトリック勢力を押し切り、一九〇五年に「国家と教会を分離する法律」を成立させた。

このいわゆる「政教分離法」には、共和国は信仰の自由を保障し（第一条）、いかなる宗教も承認せず、給与の支払いも補助金の交付もせず、宗教に関する公共施設を廃止する（第二条）と定められている。これは前世紀から続くカトリック勢力との闘争の中に位置づけられるが、国民統合の観点からその意義を考えると、ユダヤ教徒などフランスの宗教的マイノリティにとって、同法は共和国への支持を再確認させるものであった。人権宣言以来、ユダヤ教徒はキリスト教徒と同等に、市民として宣誓することが許されていた。実際にフランス市民となる者は多く、ユダヤ教の信仰を捨てる者も現れるなど、共和国への同化は大いに進んだ。(7)

共和主義の考え方は「国民（nation）とは日々の人民投票である」というルナン（Ernest Renan）の言葉が示すように、個人の意思に基づいてフランス市民になりたい人々を受け入れる開放性をもっていたのである。今日、政教分離や世俗主義は、ムスリムとの軋轢から、公的領域から宗教を締め出す根拠としての役割が強調されているが、政教分離法は、本来、国民統合としての機能こそが重要であった。

では、共和主義理念や世俗市民としての道徳や規則はどのように教えられていたのだろうか。第三共和政の確立・発展期に文部官僚・大学教授・急進派代議士として活躍したビュイッソン（Ferdinand Buisson）の演説から探ると、(8)彼は、民衆がカトリックの教義の前でいかに盲目で受身の服従を教えられてきたか、そして共和主義者をつくるためには、教養のない人々や子どもを、共和国の学校で、自分で考えることのできる自立した人間に育てることが必要だと述べている。その上で、国家は証明された真実のみを教え、信仰、宗教的見解、宗教的心情については教えるべきではないという。

このような共和主義的な考えのもと、学校は道徳的・人間的な価値を尊重しつつ、子どもに基本的な知識を習得させ、自分の環境や国に関する理解を深め、自由、博愛、寛容といった共和国の価値を身につけさせることに努めた[9]。例えばフランス語がわからない子どもにもわかるよう、当時流行したエピナル版画を用いて、具体的に道徳や市民的振舞いを教えている。老人に花を手渡す子どもたちの絵は「貧しい者に対する礼儀」を、公道で酔って歌っている男を警官が取り押さえようとしている絵は「公道で礼節を欠いた振舞いをしてはいけない」ことを教えているのである。

2　戦後の公民教育

このように公民教育は「共和国の学校」の柱とされた。実際には一八八〇年代以降は優先課題とはされなかったものの、このときに小学校に導入された道徳・公民教育は、ナチス占領期を除いて一九六〇年代末までほとんど変更されることはなかった。また、社会階層が進学に影響していた中等教育についても戦後は統一化が進み、中学校(collège)では一九四五年に「道徳・公民・社会」科が全学年に義務づけられた。これは一九四八年には道徳が除かれて「公民・社会」科と改称され、一九五九年のベルトワン改革で「公民」科となった。

ところが一九六〇年代に入ると、フランス社会は植民地戦争の終結、大衆消費社会への突入、独仏和解、欧州統合、生活慣習の自由化を経験し、大きく変化する。とくに自由を求める若者のあいだにカウンターカルチャーや女性解放運動、そして麻薬も広まった。こうした社会の変化は、国民統合といった政治的な課題よりもフランス人の生活の社会的・経済的な問題を重視する結果をもたらした。こうしたなか、一九六八年の五月革命では、公民教育は、いわゆる支配的イデオロギーを植え付ける教員団体への不信と、経済・社会的近代化を優先する政府への不信という二重の不信の槍玉にあげられるにいたった(10)。

そして一九六九年の教育改革で、小学校の公民教育は新たに導入された三区分教授法の中の「目覚まし科目」に吸収され、中学校でも一九七七年の教育改革で「歴史・地理・経済・公民」科が設置され、公民は歴史・地理中心の教科の一分野とされた。

このように「公民」という教科は一九六九年以降、公教育から姿を消した。ところが一九八一年にフランス初の左派大統領として社会党のミッテラン（François Mitterrand）が選ばれ、政治・社会に関する制度改革がなされるなか、教育分野も例外ではありえなかった。当時の社会状況について、関連する三つのポイントを指摘したい。

第一に教育の民主化の進展である。かつては上流階級のみに認められていた中学校への進学が、初等教育を終えたすべての者に認められるようになっていた。また一九七五年には中学校制度が統一され、すべての子どもが高校進学前に同じ教育を受けるようになった。こうした改革は様々な社会階層の子どもたちに教育の機会を与えただけでなく、多様な価値観を学校にもたらした。さらに中学校や職業高校では、暴力や麻薬の乱用などが問題視されるようになった。

第二に、戦後の経済成長を支えてきた外国人労働者の定住化である。一九六八年には移民は三二八万人を数え、さらにアフリカやアジア出身者が増加したことによって多様化も進んだ。しかし石油危機が景気を低迷させると、外国人労働者は真っ先に解雇されることとなる。政府は彼らの帰国を奨励し、また一九七四年に新たな移民の受け入れを停止した。ところが政府の期待に反し、非ヨーロッパ出身者の多くは帰国することなく、むしろ母国から家族を呼び寄せて定住化が進み、その結果、彼らは移民全体の四割を超えた(11)。そして一九八〇年代にその子どもたちが学童年齢に達したことが、フランスの学校に一層多様な価値観をもちこむにいたった。

第三に、一九八五年には欧州単一市場が実現し、共通通貨や政治統合といった国家主権の根幹に関わる法制度が議論されるまでになっていた。すでに、統一ヨーロッパとは何か、その中でフランスはどうあるべきかについて教えざるを得ない状況ができていたのである。

これらの変化は、いずれも市民性教育を要求するものだった。一九八五年に左派共和主義者で国民主権主義者のシュヴェヌマン（Jean-Pierre Chevènement）教育大臣の下で学習指導要領が改訂されると、そこで「公民（éducation civique）」科が小学校と中学校で独立した教科として復活した。その内容は、小学校の初級（七～九歳）では「祖国」、「共和国の標語」、「選挙権と普通選挙」、中級（九～一一歳）では「人間および市民の権利宣言（人権宣言）」、「世界人権宣言」、「自由」、「フランスの制度」、「社会における生活と実践」、「世界の中のフランス」など古典的な主題を復活させながら、国の制度の勉強や、共和主義的価値の獲得を重視している点が特徴である。

3　市民性教育への展開

公民教育の再導入は、共和主義者シュヴェヌマンの考えが反映された「共和国の黄金時代への郷愁」に基づくものだったが、この教科を実践している教師は少なかった。[12]というのも、この時点ではまだ新しい事態を前提とした公民教育の原理がきちんと議論されていなかったからである。

こうした反省を経て、一九九五年の学習指導要領の改訂で公民教育は共和国の価値や概念を知識として学ぶばかりでなく、それを実践しながら身につける側面を重視した教育活動へ発展した。そして一九九六年四月一五日の通達で「公民教育の再活性化」を目指す「市民性教育」という新しい概念が打ち出され、さらにそれは教師だけでなく職員も含む学校教育関係者すべてが関わる活動と位置づけられた。

なお公民科が独立した教科なのに対し、市民性教育は教科ではなく、市民育成という領域全体を覆う教育理念ないし目標である。したがって市民性教育の学習指導要領は存在しない。市民性教育の活動計画および内容は、各学校が独自に設定する学校教育計画の中で定められる。わかりやすく日本と比較すると、市民性教育は公民、道徳、特別活動という教科にまたがっていると言える[13]。

そして全学年で、「人権と市民性の教育」、「責任感や市民的義務を身につける教育」、「判断力を養う教育」という目標が追求された。これら三つの目標のもと、市民性教育は主に以下の三つの柱より構成されることとなった。

第一の柱が教科としての公民科である。一九九八年七月七日付通達で小学校と中学校に「公民・道徳（éducation civique et morale）」科、また高校では一九九九年に「公民・法律・社会（éducation civique, juridique et sociale）」科が導入された。どの教育段階でも学習方法として討論を取り入れている点が特徴である。

具体的には、二〇〇二年の学習指導要領では小学校の低学年で「ともに生きる」という名称の討論の時間、高学年では討論形式の「共同生活」が設置された。

例えば、筆者が訪問したフランス東部に位置するナンシー市のA小学校の「ともに生きる」の時間では、「良いこと」「悪いこと」「好きなこと」に仕切られた意見箱に入れられた意見書の中から一つ議題を挙げて、司会の学級担任と児童たちの間で問題解決に向けた話し合い（débat réglé）が週一回三〇分行われていた[14]。また同市のB小学校では、低学年のクラスでは「子どもの権利：世界のすべての子どもは意見を言う権利がある」というテーマで、高学年のクラスでは「相違と寛容」に関する映画をもとに「自分と違う人を好きになることはできるか」をめぐって討論が行われていた[15]。いずれの学校でも、教師は生徒の意見をスムーズに出させる司会の役割に徹し、生徒たちが主体となって話し合うことを通して問題を解決していくことが目標とされていた。学習指導要領は、かなりの程度に実行されたようである。

なお、二〇〇八年の学習指導要領改訂により、小学校では「公民・道徳（instruction civique et morale）」科という名称に改められたが、内容にほとんど変化は見られない。ただ二〇一一年に「小学校における道徳教育」という通達（八月二五日）が出され、高学年では格言などを用いた道徳的判断の練習や、政治と宗教の領域における中立性と世俗性の原則の徹底といった内容が示された。特に後者にはスカーフ禁止法の影響が見られ、サルコジ政権による共和主義的道徳の強化策が表れている。他方、同じく二〇〇八年に改訂された中学校学習指導要領は全学年に公民科の時間を設置し、第一学年では「中学生、子ども、住民」という集団生活の様々な面における規則、第二学年では「多様性と平等」、第三学年では国家やEUにおける「自由、法、司法」について、第四学年では共和国の価値と市民権、民主的生活、防衛と平和を学び「民主的な市民性」を学習するとした。

市民性教育の第二の柱は、教科横断的に行われる公民教育である。

一例を挙げれば、ストラスブール市のC中学校では、（公民科も担当する）地理・歴史の教員と音楽とフランス語の教員が一緒になって「学級生活の時間（heures de vie de classe）」という枠で演劇ワークショップを行うといった活動が見られた。筆者が訪問したときには中学校第一～第三学年の四クラスから二三名の生徒が参加しており[16]、彼らは出席確認後、歌、台詞、ダンスの三つのグループに分かれ、歌グループは音楽、台詞グループはフランス語、ダンスグループは歴史・地理の先生に指導を受けていた。

生徒たちが考えた演劇のストーリーは、アフリカの小さな村の女の子がいじめられるというものである。脚本を書くことはフランス語教育の課題に対応し、アフリカの楽器とともに歌を歌うことは音楽の授業目的に適っている。しかし、このワークショップの中心に位置するのは、「悪い待遇を受けているように」や「老人のように」といった指示に従って身体で表現することで、他者を理解することである。このように公民教育のテーマを軸に各教科の学習目標が配置されている形で、教科横断的な学習が展開されているのである。

第三の柱は、「ともに生きることを学ぶための学校での市民的イニシアティブ」（一九九七年一〇月一六日付官報）という教育活動である。この目標は、生徒に市民道徳を自覚させ、暴力や非市民的振舞いを予防することにある。市民性、道徳、公民教育、暴力、ともに生きる、という五つのテーマが掲げられ、その中から選んだテーマによるキャンペーン週間を設け、そこで教員と生徒が討論したり、裁判所や消防署などを訪問したりといった活動を行う。この活動では、単に専門家の話を聞くだけでなく、質問をして報告書を作成するといった作業を通して、生徒自身が、共同生活の規則を内在化したプロジェクトを練り上げる経験を持つことになる。

これらの市民性教育の活動内容を策定するにあたって、学校は、市や警察や、生徒の勉強を見てあげる補習活動や文化活動などを行っているＮＰＯ（アソシエーション）などの地域社会と共に自らも所属する「健康・市民性協議会（le comité d'éducation à la santé et à la citoyenneté, CESC）」が作成した市民性育成のためのプログラムを、その教育計画に取り入れて実践することもある。[17]

このほか、一九六八年以来、生徒自治の力を信頼し、公立中学校の管理・運営に生徒を参加させる仕組みが制度化されてきたが、一九八九年教育基本法ではそれをさらに発展させ、生徒の教育に寄与しているすべての人々によって「教育共同体」が構成されるとし（第一条五項）、生徒の義務とともに情報の自由、表現の自由といった権利を生徒が享受すること（第一〇条）を規定している。この生徒の義務・権利の行使は、成人になるために必然的に求められる「市民性の学習」として位置づけられ（付属報告書）、さらに学校生活および教育活動に関する問題について諮問機関として、学級の生徒代表で構成される「生徒代表委員会」が制度化された（第一〇条三項）。[18] このような三〇年以上の経験は今日の市民性教育の活動にも生かされている。

この生徒代表（délégué）は、もともと高校で始まった制度だが、現在では小学校にも存在する。その選出方法は各学級において投票により、児童委員会（小学校）・学級評議会（中学・高校）へ出席する生徒代表が二名選ばれる。誰もが最初から代表としての心得があるわけではないので、選ばれた者は生徒代表の養成プログラムを受ける。特に中学以上では、生徒指導主任専門員（ＣＰＥ）という教師ではなく生徒指導を専門とする職員から、代表としての心得や態度、具体的な役割について教えられる。[19] こうして、全学年の生徒代表が集まる生徒代表会議に出席し、校長や副校長や生徒指導主任専門員といった大人に対して生徒の声を代表して述べる。また、学校と父兄代表との会議（小学校は父兄代表会議、中学校は学校管理評議会）にも出席する。さらに中学では第三・四学年の代表は、学級ごとの生徒の成績評価に関する学級評議会に教科教員の中に生徒代表として出席してクラスの意見を述べたり、懲戒処分を受ける生徒に対する懲戒評議会にも校長・教員、親代表と共に生徒代表として出席する。こうした生徒代表をはじめとする生徒自治・参加は、生徒を学校という共同体の一成員として、権利と義務、責任感を学ぶ、市民性教育の実践の場となっている。

このような生活体験を重視した市民性教育の姿は、ヨーロッパ・レベルでの議論と基本的なところで一致している。

一九九六年の通達の後、一九九九年に国立教育研究所から出された報告書『市民性教育』は、権利と義務について教える際に、知識や概念を実践の中で獲得させることを提唱しているが、[20] 著者のジュネーヴ大学教授オディジエ（François Audigier）は、一九九七年に欧州評議会で始まった民主的市民性教育（ＥＤＣ）のプロジェクトにも参加していた。そして、そのＥＤＣの報告書でも、現代社会が必要としているアクティブで、知識のある、責任をもった市民を育てるため、それまでの知識の重視から人権と民主的市民性を守ろうとする態度や行為を促すような実践が探求されるべきこと、また学校という場に限らず共同体での生活を意識して市民性とその教育が育てられるべきことが述べられている[21]。

前節で確認したフランスにおける公民教育から市民性教育へという展開は、単なる国内の教育方針の変化なのではなく、ヨーロッパ全体における市民性を重視する教育の潮流の中に位置づくものと理解される。また、「積極的で、知識のある、責任をもった市民」を育てるという方向性も、フランスの市民性教育の活動が目指しているものと一致していると言える。

4　市民性教育の評価

導入から一五年あまりが経過した市民性教育は、今日どのように評価されるだろうか。それは独立した教科ではないことから、評価は極めて難しい。そこで本節では、第一の柱である公民科に注目し、その教師が考える目標とその指導、そして授業を受けた生徒による理解を手がかりとしたい。

まず、中学の公民科を教えている歴史・地理科の教師に、どのような指導上の目標をたてているかについて、国民教育省評価・予測・成果局（MEN-DEPP）が二〇〇五〜〇六年度にフランス本土および海外県にある公立中学五一七校の一一一三人に尋ねた調査結果を見ると、最も多かったのは「市民性を学ぶ」（六〇・六％）であり、「社会で生きることを学ぶ」（五九・一％）、「批判的精神を発展させる」（四七・三％）が続いた（表5-1参照）。この結果は、学習指導要領に示された目標、すなわち「人権教育と市民性教育」、「個人・集団の責任を意識化させる」、「判断する力を養う」という内容に概ね沿った回答と言える。見方を変えれば、包括的な目標が意識されやすく、反対に、「制度や法を勉強する」（一五％）や「人権宣言を勉強する」（一四・六％）のような限定されたテーマは目標と

表 5-1　中学の公民科の目標

	(%)
市民性を学ぶ	60.6
社会で生きることを学ぶ	59.1
批判的精神を発展させる	47.3
様々な価値観を伝える	42.9
時事問題を勉強し理解する	30.2
社会的・文化的統合の方法を与える	22.4
制度や法を勉強する	15.0
人権宣言を勉強する	14.6
国の文化遺産の問題への関心を高める	3.3
中学校での生活を分析する	2.1

出典）MEN-DEPP, *Les dossiers*, No. 183, p. 51, Tableau II-7 より筆者作成。

して敬遠されていると言えよう。

次に、教師が指導する際に最も重要なものとして使う用語（キーワード）について尋ねたところ、[22]「民主主義」（四二・八%）、「市民性」（三九・八%）、「責任」（二六・三%）、「人権」（二三・五%）、「公民精神（civisme）」（二〇・二%）という回答が多かった。反対に少なかったのは、「フランス共和国」（七・一%）、「法」（五・五%）、「制度」（四・一%）、「正義」（三・一%）、「政治」（二・二%）、「選挙」（〇・九%）、「税金」（〇・四%）であった。

この結果からは、教師は、いわゆる共和国の価値をよく反映する用語を強調していることがわかる。反対に、教師があまり重視していない用語は、主に制度や法律に関連しており、知識に関する具体的な用語を避ける傾向が見てとれる。つまり教師の意識の中で、実際に知識よりも実践性が重視され、旧来の公民教育から市民性教育への移行が行われているのである。学習指導要領の目標は、かなりよく理解されていると言ってよいだろう。

一方、生徒たちの公民科の授業に対する反応を知るため、評価・予測・成果局が上記調査と同じ中学校の第二～第四学年の生徒三〇〇〇人を対象に同時に行った調査のうち、中学最終学年の第四学年の生徒に公民科で何を学んだかを尋ねた結果を見ると、最も多い回答は「法律をよく読んで調べ、法律を守ること」（七一・六%）、「民主主義の働き」（六一・四%）、「地球規模での人権」（五六・三%）であった（表5-2参照）。反対に少なかったのは、「責任ある生徒になること」（四九・三%）、「世界が連帯すべきこと」（五二・四%）である。

つまり、過半数の生徒が「よく学習した」と回答している内容は、制度に関する知識なのである。これを学習目

表 5-2　中学生（最終学年）の公民教育の受けとめ方

（%）

あなたが公民教育で学習したことは？	とてもよく学習した＋よく学習した	全く学習していない
法律をよく読んで調べ，法律を守ることを学ぶ	71.6	7.1
民主主義の働きを理解する	61.4	10.2
地球規模での人権を勉強する	56.3	14.8
現代の世界の大きな問題を勉強する	55.4	13.0
人間がどのように統治されるかを理解する	53.0	13.1
世界が連帯すべきことを理解する	52.4	15.2
責任ある生徒になることを学ぶ	49.3	15.6

出典）MEN-DEPP, *Les dossiers*, No. 183, p. 53, Tableau II-9 より筆者作成。

標として挙げた教師は一五％しかいなかったにもかかわらず、こうした結果になったことは、教師の意図が生徒によって理解されていないことを示している。また、生徒の答えは現代政治への関心が強いことを表しているが、実際には現代政治の学習は高校の教育内容であり、ここにも意図された教育内容との乖離が見られる。

以上は、学習指導要領や教師の公民教育観が、知識から実践重視へ転換しているにもかかわらず、生徒たちは従来通りに知識を重視し、それを学習したと受けとめている実態を示している。さらに一五・六％の生徒は、「責任ある生徒になること」は「全く学習していない」と答えていた。公民科の主要目標さえ、多くの生徒たちに学習されていない可能性が高いと言えよう。

こうした教師の目標と生徒の受けとめ方のあいだに違いをもたらす原因の一つは、公民科が教科であることに求められる。すなわち生徒のあいだでは、教科＝知識獲得というイメージが強いものと推測されるのである。

しかし、そうした面を差し引いても、市民性教育の目標が多くの生徒によって理解されていないことは問題と言えよう。このことは、世俗性をめぐる緊張などの今日の社会問題への対応において、市民性教育は本来期待されていた成果をあげていないのではないかという推測を導く。確かに、共和国の価値は一定程度に伝達されているが、それは既存の制度として理解され、多様性を抱えた今日の社会の統合要因として機能しているとは考えにくいのである。

いた。

おわりに――体制としての世俗的共和主義の限界

一九世紀後半のフランスでは、宗教をめぐる考え方の違いを越えて共和国市民を育て、国民を統合するために、世俗的な公教育、とりわけ公民教育を行うことが重要とされた。政教分離法もそれを補強する重要な役割を持っていた。

では、なぜ今日、それがムスリムを主とした異なる存在を排除することになるのか。

それは、世俗的共和制の主流化が一つの原因と考えられる。かつては政治、社会、そして人心まで深くカトリック教会が支配していたところに共和主義勢力が入り込み、公的制度を整備することによってカトリック勢力を駆逐し、自ら主流化したのだった。それに対して、今では共和制が社会の基礎を形成しており、その体制に対してムスリムが異議申し立てを行っている。そうしたなか、共和主義者は、かつてのカトリックのように非主流の地位へと転落しないためには異議申し立てを却下し続けなければならないと感じている。二〇〇四年のスカーフ禁止法はこのような姿勢を象徴するものであり、その傾向は保守政権のもとでさらに強まることになった。

宗教をめぐり公私の厳格な区別を要求する共和制と、公私一体を強行に主張するイスラームとのあいだで妥協点を見出すのは容易でないと推測される。それゆえ、人権や他者の尊重という緊張に満ちた価値を、生活体験という曖昧な学習の場を通して同時に習得させることで社会的な摩擦を緩和させようとする市民性教育というアイディアに白羽の矢が立つことになる。本章で確認してきたように、その取り組みは学校の中はもちろん、その外との連携も含めて、すでに相当のレベルに到達していると言ってよい。

ところが、肝心の生徒たちは、こうした教育の意図を受け入れていない。特にマジョリティの生徒にとって共和主義の価値は確かなものであり、異質なものとのコンフリクトの中でゼロから形成していくべきものではないのである。

市民性教育が始まって一五年が経つが、その開始時と同じ社会問題がいまだに繰り返されている。一八世紀から一九世紀にかけて共和国の理念を軸に統合された社会を作るのに一〇〇年ほどの時を要したように、今また共和国を新しい社会へと再編するのには長い時間を必要とするのだろうか。

第6章　オーストリアにおける政治教育の導入

近藤 孝弘

はじめに——後発国としての位置から

オーストリアの学校は、政治教育が適切に行われるときにのみ、その包括的な課題を達成することができる。政治教育は個人の発達と社会全体のさらなる発展のための前提なのである。……それが目指すのは、民主主義に基づくオーストリア意識の教育、ヨーロッパ全体を考えることへの教育、そして人類の諸問題を考える世界に開かれた姿勢の教育である。[1]

今日のオーストリアにおける政治教育は、この一九七八年に教育省が発した「政治教育の基本原則」の上で行われている。政治教育と訳されるドイツ語の politische Bildung は、英語の citizenship education にほぼ相当すると考えてよいだろう。[2] しかし、市民性教育が、あたかも新たな教育課題であるかのように語られがちな日本や、その言葉が世紀転換期に一般化したイギリスとはやや異なる状況が、オーストリアには存在している。

もっとも、ドイツ語を共有する西ドイツないし統一ドイツを視野に含めるとき、ウィーンの政府はもちろん教育関係者も、長らく北の隣国において政治教育とその学が先行して発展するのを眺める位置にあった。そこに観察した内容を実践することには、むしろ消極的だったと言わなければならない。上記の基本原則に、「民主主義に基づく」という限定つきであっても「オーストリア意識」という言葉が書き込まれているところに、こうした状況がよく表れている。ドイツの政府機関が同じような言葉づかいをしたなら、内外から厳しい不信の目を向けられることだろう。

このような姿勢の違いには、オーストリア第二共和国すなわち戦後オーストリア国家と、戦後ドイツが置かれた国際環境の違いが影響している。ともにナチズムの過去が影を落とす中で国家建設が進められたにもかかわらず、冷戦体制は両国の教育政策に異なる課題を用意していた。

オーストリアの政治教育がドイツの後を追うという構図は、二一世紀の今も基本的には変わらない。とはいえ、世紀転換期以来、彼らはより積極的に学び、さらにそれを実践するようになりつつある。また政治教育を支える問題意識にも微妙な変化が認められる。

本章はこうした歴史的展開を踏まえた上で、オーストリアにおける新しい状況を描き出すと同時に、その変化の要因を問うことにより、それが第二共和国にとって意味するところを考察するものである。

1　オーストリア政治教育の歴史

（1）第二次世界大戦前の政治教育の展開

政治教育の開始時期は、それをどう定義するかによって変わらざるを得ないが、本章では、オーストリアの政治教育史を描いたヴォルフ（Andrea Wolf）の研究に従い、その出発点を一八世紀後半に求めたい。すなわち、その頃の啓蒙主義と産業化が、教会を中心とする宗教的かつ封建的な社会秩序を揺るがす中で、それでも社会に対する肯定的な意識を育てあげようとする問題意識をもってそれは開始されたと考えられる。(3)

こうした教育政策は具体的には二つの方向をとることになった。一つは一九世紀半ばに自由派政権が進めた、学校を教会の影響圏から切り離す方向であり、もう一つはその後の保守派による揺り戻しの中で取られた、改めて宗教（教育）の力を借りて国家への忠誠心を高める方向である。そして特に後者において、国家制度に関する知識の教育の強化が促されたことは興味深い。ハプスブルク帝国が人々の信頼を失っていく中で、学校教育には、生徒と教員の社会意識が現実の政治問題に向かうのを予防することが期待されたのだった。

宗教の位置をめぐる対立は第一次世界大戦後も続くことになる。第一共和国の初期には、社会民主主義者とカトリック勢力の連立政権のもと、特に前者が支持する形でグレッケル（Otto Glöckel）の労作教育に代表される、知識の伝達中心ではない、生徒の実態に応じた活動的な教育が追求されたが、まもなく、こうした教育政策は連立の崩壊により挫折する。その後は一九三三年のコンコルダートが象徴するように、再び宗教による社会統合を目指す教育方針が採用されることとなった。なおグレッケルらの考え方においては、確かに民主主義が追求されてはいたが、それは同時に郷土や祖国といった概念と結びついていたことを忘れてはならない。帝室と信仰を中心に構築された帝国が崩壊したあとで、民主主義は民族主義と結びつかざるを得なかった。二〇世紀前半のオーストリアは、国民運動の世紀の流れを受け継いでいたと言える。

しかし、コンコルダート後のオーストリア・ファシズムは民主化という目標を軽々と踏み越え、教育面でもナチ体制への道を開くことになった。宗教を重視したオーストリア・ファシズムと、それを冷遇したナチズムとのあいだに思想上の違いがあることは無視できないが、議会主義を否定し、郷土への奉仕を強く求める点で両者は共通している。事実、オーストリア・ファシズムを支持した教員の多くが、ナチズムを積極的に受け入れたのだった。

（2）第二共和国における政治教育

戦後初期の教育政策は、ナチ期以前への回帰を特徴としていたと言われる。こうした傾向は、一九四九年に教育省が公布した「公民教育に関する布告」によく表れている。

オーストリア国民とその文化の結びつきは、公民教育に対して二つの不可分な課題を課す。第一は、オーストリアの郷土と文化に対する意識を覚醒し、育むことである。第二は、共和国に忠実かつ有能な市民を育てることである。……民主的・文化的な深い自覚に到達するため、小学校の郷土科だけでなく、他の学校の関係する教科のなかでも、オーストリアが達成した過去と現在における精神的・経済的な業績が教えられるべきである(4)。

この布告には人種主義の痕跡はもはや見られず、他方、教育目標として民主主義が明記されている。しかし、オーストリアを郷土と捉える文化的なナショナリズムが民主主義という政治的価値に勝っており、それは二五年ぶりに再建された社会民主主義者とカトリック勢力による連立政権の特徴を示していると言わなければならない。

このような学校像は、第二共和国の建設という当時の政治課題を反映するものでもあった。この点については、そもそもオーストリアという国家の存在は必ずしも自明ではないという事情を確認する必要がある。このことは他の国家にも一般的に妥当するとはいえ、その問題が顕在化してくるところにオーストリア近代史の一つの特徴がある。

言うまでもなく、一八四八年のフランクフルト国民議会ではいわゆる大ドイツ主義と小ドイツ主義の対立が見られたのであり、より根本的には、ベルリンのホーエンツォレルンとウィーンのハプスブルクの対立がなければ、またハプスブルク帝国が非ドイツ人住民が多数を占める広大な領土を治めていなかったなら、ドイツとオーストリアは統一されたとしても不思議ではなかった。またハプスブルク帝国崩壊後もオーストリア人意識は未発達で、ナチスは、オーストリアの人々のあいだに見られたドイツ人意識を利用して一九三八年にアンシュルス――ドイツによるオーストリア併合――を実現することになる。第二次大戦末期には、戦禍が一般住民に及ぶに従って反ドイツ感情が強まったが、こうした中で樹立された戦後の連立政府が、戦前の失敗すなわち保革両陣営の過度な対立が国家崩壊を招いたことへの反省に基づき、陣営を超えたオーストリア国民としての意識の形成を最優先に考えたのは理解できるところであろう。また、以上のような歴史的経緯により、安定した独立国家の建設は、それ自体がナチズムを否定する努力として正当化され、さらに国際的には、ドイツとオーストリアの一体化による大ドイツの再現という近隣諸国にとっての脅威を取り除くという意味も認められた。

国民統合を最優先して政治的観点に欠ける教育がもたらした弊害は、やがて八〇年代にヴァルトハイム事件という形で明らかとなる。しかし逆に言えば、冷戦のもとでオーストリアは、その美術や音楽に象徴される文化国家の衣装をまといつつ、ドイツとは対照的にナチズムの過去を長く追及されずに済んだのだった。また東西両陣営はともに、過去を厳しく問うことで、中立国となったオーストリアを相手陣営へと追いやる危険を冒す必要はないという点で意見を同じくしていた。

もっとも、冷戦体制下にあってオーストリアの政治教育は全く動きを見せなかったというわけではない。特に六〇～七〇年代の学生運動に代表される社会の変化は、隣国から国境を越えてオーストリアにも影響を与えた。そして一九七〇年にクライスキー（Bruno Kreisky）のもとで社会党単独政権ができると、一九七三年には、後に彼を継いで首相となるジノヴァッツ（Fred Sinowatz）が率いる教育省内に政治教育課が設立され、この小さな部局が中心となって、冒頭に記した「政治教育の基本原則」が一九七八年にまとめられることとなった。

なおドイツでは、その二年前にいわゆるボイテルスバッハ・コンセンサスが確認されていた。(5) 反ナチ・反共政策のために早くから政治教育に力が入れられていたドイツでは、六〇年代後半に教育内容をめぐる保革の対立が先鋭化したため、こうした党派を超えたコンセンサスが必要とされたのだった。一方、オーストリアでは、それまで意図的な政治教育は行われておらず、したがって上記の原則をめぐっては、そもそも政治教育を行うべきか否かが争点となったという違いがある。具体的には、省内でも社会党系の政治教育課が政治教育の導入を主張したのに対して、保守の国民党系の他部局がそれに抵抗した。また、そうしてまとめられた教育省案は、さらに政治の場で保守的な教育観への妥協を迫られることとなった。

しかし、このように経緯に違いがあるとはいえ、両国の議論ではともに「批判」や「解放」という共通のタームの適否がその焦点に位置していた。オーストリア第二共和国の政治教育は、その形式において、やはりドイツからの影響が大きいと言ってよいだろう。

ここで「形式」と述べる理由は二つある。

第一に、政治教育という言葉を広い意味で捉え、民主主義の能力の育成を目指さない教育まで含めて理解するなら、七〇年代後半以前にもそれは行われていた。既述のように、それは少なくとも一八世紀後半に遡ることができるのであり、特に一九四九年の布告に見られるように、歴史や文化に依拠しつつ国民統合を追求する非政治的な政治教育が戦後一貫して行われてきたのである。

そして第二に、一九七八年の原則は、発表当時は現実の教育にあまり影響力を持たなかったと考えられるということである。原則はあくまでも原則であり、努力目標を示したものにすぎない。その原則により政治科といった教科が導入されることはなかった(6)。さらに、たとえばスイスとの国境に位置するフォアールベルクのような保守勢力が強い州では、州政府が「この原則は自分たちの学校には適していない」と公言し、それを拒否する姿勢を明らかにするという事態も生じた。一九九一年に行われたアンケート調査では、全国の教員のうち、この原則を知っている者は全体の三分の一にとどまることも明らかにされている(7)。こうした「原則」は、他にも人権教育やメディア教育に関するものなど、数多く発表されているのであり、関係者の大変な苦労の末にまとめられた政治教育に関する基本原則も、問題意識を共有する教員を支えるだけの意味しか持たなかったと推察される。

オーストリアの政治教育が、反対派とのあいだで軋みをあげながら本格的に動きだしたのは、まさに上記のアンケートが行われた一九九〇年前後のことと考えてよいだろう。具体的には、一九八九年に初めて教育課程の中に「政治教育」という名称が書き込まれた。そのときは、後期中等教育であるギムナジウム上級段階の教科「歴史と社会科」が「歴史と社会科／政治教育」と改められ、この動きは二〇〇八年には前期中等教育の最終学年にも及ぶことになる。

この一九九〇年前後という時期は、ヨーロッパ・レベルで見ても、各地で初めてシティズンシップ教育が大きな注目を集めた時点に当たっている。巨視的には、オーストリアの政治教育における新しい状況も、ヨーロッパ全体の社会の変容、特に冷戦体制終結にともなう新たな課題の成立と結びつけて理解されることになろう。しかし、その結びつきは大雑把な把握を許すものではない。オーストリアの政治教育の出発は、厳密に言えばベルリンの壁が崩れる前に求められるのである。

2　歴史教育を通じた第二共和国の再構築

冷戦体制の崩壊は、バルト諸国のように新たに独立を達成した諸国の教育には国家建設への貢献という課題をもたらしたほか、以前からの独立国——たとえばワルシャワやブダペスト——でも体制転換を確実なものとする政治教育あるいはシティズンシップ教育の必要性が認識されることとなった。しかしながら、以上の条件はオーストリアにはあてはまらない。またドイツは統合した旧東ドイツ地域の民主化のために、あらためて政治教育に力を入れるに至ったが、こうした要請もオーストリアには無縁なのは言うまでもない[8]。

オーストリアにおいて政治教育と冷戦体制が結びつくとすれば、それは後者の終焉ではなく、言わばその弛緩によって歴史問題への対処が求められるようになったという経緯に認められる。具体的には、第二共和国の本格的な政治教育、言い換えれば民主主義体制の維持・発展を明確に意図した政治教育は、八〇年代の歴史政策から始まったと考えられるのである。

東西関係が極度に緊張していた五〇年代を振り返ると、当時の学校教科書におけるアンシュルスの記述は、ヒトラー（Adolf Hitler）に対してできるかぎりの抵抗をしたにもかかわらず、力およばずに併合されてしまったとする理解に基づいていた[9]。これは、戦争中に連合国がオーストリアの人々にナチス・ドイツへの抵抗を呼びかけたモスクワ宣言を逆手にとって[10]、戦後の新政権が戦勝国から勝ち取った外交上の地位——ナチスの侵略政策の最初の犠牲者——を反映すると同時に、冷戦体制下における東西の大国の利益にもかなうものだったことは、すでに述べた通りである。この、いわゆる犠牲者神話の下でも、ナチズムの人種主義による犯罪が完全に無視されていたわけではないが、自らの加害者としての側面を無視ないし軽視する傾向が顕著であったことは否定できない。

同じことは学校外の教育活動にもあてはまる。

アンシュルス直後に建設されたマウトハウゼン強制収容所は、いまでこそナチズムに対する反省的な姿勢を内外に示す代表的な追悼・教育施設となっている。しかし、戦後初期には違っていた。ソ連軍が管理していた同収容所は、一九四七年に返還されると、管轄する内務省によりオーストリア人による自由のための戦いを象徴する場所へと変えられた。実際には、解放前の収容所では、オーストリア人は四人よりも看守の方に多かったと言われるにもかかわらずである。戦後初期の社会では、そもそも収容者よりも訴追された看守の方に同情が集まっていたのだった。[11] 他方、国際的には、フランス、ソ連、東ドイツなどの諸国が、その地に反ファシズム闘争で命を落とした人々のための追悼碑を次々と設置し、一九五七年に同施設は国際的な追悼公園として整備されるにいたる。マウトハウゼンでいま見ることができる数多くの追悼碑は、犠牲者神話がかつて国際的に認められていたことを証明している。一九七〇年にクライスキー政権下で、ようやく強制収容所の終戦前の歴史を語る常設展示が開始されたが、その時点でもまだ神話は色濃く残っていた。

こうした状況に変化をもたらしたのが、ヴァルトハイム事件である。彼が、違法な作戦が行われていた南東ヨーロッパ戦線にナチ将校として配属された過去を隠して大統領選にのぞみ、またその疑惑を知りながら有権者が彼を選出してしまったことは、ヴァルトハイム（Kurt Waldheim）個人だけでなくオーストリア国家そのものを国際的孤立へと導いたのだった。

この事件は、問題の大統領選挙が行われた一九八六年には、すでに世界は五〇年代のように寛大ではなくなっていたことを示している。しばしばベルリンの壁が建設された一九六一年が冷戦の頂点として語られるが、それが意味するのは、逆に壁の建設によって東西関係は安定し、緊張が弛緩し始めたということである。その後デタントが既存の国境線と勢力図を確定した結果、西側にも東側にも中立国オーストリアを特別扱いする必要がなくなっていった。こうして一九八九年を待たずに、遅くとも八〇年代前半までには、歴史政策の転換——あるいは意図的な歴史への取り組み——が求められる状況が形成されていたのである。

事件を機に遅ればせながらこのことに気づいたオーストリア政府は、アンシュルス五〇周年に当たる一九八八年を「祈念の年（Gedenk- und Bedenkjahr）」と定め、国民に過去を批判的に振り返るよう促す歴史教育キャンペーンを大規模に進めた。こうしたなか、教育省政治教育課は内外の現代史研究者の協力を得て、犠牲者神話で隠されてきた歴史的事実と、第二共和国において犠牲者神話が「生きるための嘘」として機能してきた政治的・社会的事実を教える教材を作成・配布し、またマウトハウゼン追悼施設を管理する内務省も、同施設を政治教育の場として積極的に活用する方針を定めている[12]。

図 6-1　マウトハウゼン・メモリアル　旧収容所の正門（筆者撮影）　今日では年間約20万人の訪問者がある。そのうち学校等での教育活動として訪問する若者が6万人を占める。

このような政治教育への需要は一時的なものに終わることはなかった。

大統領をめぐる議論が鎮静化した後も、外国人排斥運動を中心とする右翼急進主義がドイツ統一の影響を受けて国内でも高まり見せるという新たな事態が生じた。特に一九九九年の国民議会選挙で、かねてから外国人の管理強化を主張していた自由党が大きく議席を伸ばし、翌年、国民党との連立により政権入りを果たすと、オーストリアは再び国際社会からの退場を余儀なくされることになる。こうした経緯は、一九七〇年代後半に社会党が主導した政治教育の導入・強化の方針にブレーキをかけた国民党はもちろん、保守層のあいだでヴァルトハイム事件の後も歴史認識が持つ政治的重要性への理解が不十分なレベルにとどまっていたことを示していると言えよう。

そして、このような事態への対応として教育省政治教育課が新たにとった施策の一つが、ナチズムに関する研究と教育のための国際的なフォーラムである社団法人「ナチズムとホロコースト：記憶と現在（Nationalsozialismus und Holocaust : Gedächtnis und Gegenwart e. V.）」の設立であった。このフォーラムは今日に至るまで、オーストリアにおける歴史学習を通じた政治教育に中心的役割を果たしている。

　ナチズムとホロコーストについて学ぶことは、私たちの人間的・民主的な原則がいかに脆いものであるかについての認識をもたらします。それは……私たちに注意を怠らないよう警告すると同時に、民主主義への参加を呼びかけるのです。[13]

二〇一〇年にその設立一〇年を記念してまとめられた報告書の冒頭に教育相シュミート（Claudia Schmied）が記した言葉は、今日の政治教育においてナチズムの教育が持つ意味をよく表している。

一般に教育活動の効果について客観的に語ることは極めて困難である。そのこともあり、倫理的にはもちろん現実的にも、すでにベルリンの壁が建設された時点で政治教育が必要とされていたにもかかわらず、対応が遅れてしまった。その結果が、オーストリアの二度にわたる国際社会における孤立だったのである。

3　二一世紀初頭の政治教育

（1）テーマと実施主体の拡大

オーストリアの政治教育は現代史教育から始まり、それは今も重要な柱の一つをなしている。他方、世紀転換期以降の政治教育の展開には目を見はるものがあり、具体的には、政治教育のもう一つの柱であるヨーロッパ学習の分野で、上記フォーラムが設置される前年の一九九九年に「ヨーロッパのシュプール（EUROPASPUREN）」という教育プロジェクトが政治教育課の手で開始された。この背後に一九九五年のEU加盟が作用しているのは明らかであろう。

そして二〇〇〇年代半ば以降、オーストリアの政治教育は更なる発展を迎えることになる。政治教育課は二〇〇六年、ウィーン大学やドイツの連邦政治教育センターの協力を得て、学校での政治教育を支援する組織として「ツェントルム・ポリス（Zentrum Polis）」を設立した。その活動範囲は、もはや現代史教育やヨーロッパ教育といった特定のテーマに限られない。様々な出版物は、ジェンダーやマスメディア、人種主義などの、今日の社会が現実に抱える諸課題やオーストリアの政治システムのほか、世界各地の紛争など、将来の有権者が政治的判断を行う際に必要となる広範な情報と、教員がそれを教えるためのアドバイスを提供している。こうして、現代史教育とヨーロッパ教育、そして部分的にそれらも含む広範な民主主義教育という三つの柱からなる今日のオーストリアの政治教育の基本構造ができあがった。

また既述のように、二〇〇八年から前期中等教育でも歴史科の最終学年に政治教育が導入されている。それは戦後史の記述を拡充する形で、今日のオーストリアと世界における主要な政治的論点を扱い、具体的には政治制度の

図 6-2　2009 年に刊行された前期中等教育段階最終学年用の教科書 Ebenhoch, U. u. a., *Zeitbilder 4. Vom Ende des ersten Weltkriegs bis zur Gegenwart*, öbv, 2009. 右下に「新版・政治教育つき（NEU MIT POLITISCHER BILDUNG)」と記されている。

概観のほか、移民・難民とその排斥運動、市民運動、メディアの役割、記憶の政治的機能、家族形態の変化、グローバル化、貧困、宗教原理主義、テロリズムといったそれぞれのテーマについて考え、自分の意見を持つことを求めている。また、以前からあった後期中等教育の最終学年での政治教育では、ほぼ同様のテーマが「オーストリア国家の建設」「オーストリアの法と政治制度」「欧州統合」「メディア政治」「グローバル政治」の五つの観点に分類され、そこでは文字資料や図像資料の活用やプレゼンテーションのような高度な課題とともにあらためて学習される。

　ほぼ同じ時期に、学校や教育省以外の機関による政治教育活動も大きく発展した。ウィーン市のような自治体や民間団体が積極的に政治教育に乗り出し、[14]そうした中で特に注目を集めているのが、国民議会の教育プログラム「民主主義工房（Demokratiewerkstatt）」である。

　これは二〇〇七年以来、議事堂に通りをはさんで隣接するパレス・エプシュタインと呼ばれる歴史的な建物に小中学生（八～一四歳）を招いて、原則として月曜日から金曜日まで毎日実施されている。以前より国民議会は議事堂の見学ツアーを政治教育の一環として行っていたが、事務局長の説明によると、議会での自分の仕事が国民から理解されていないことを嘆いた議員の発案で、より積極的に、まずは子どもに議会と民主主義の意義を伝えることを目的として、このプログラムは開始されたということである。

　民主主義工房のプログラムが重視しているのは、政治制度や歴史についての知識を伝達するよりも、まずは子どもが楽しい時間を過ごすことである。会場には、おやつや飲み物が置かれ、子どもはいつでもそれを手にとることができる。

こうした考え方の背後には、これまで述べてきた戦前以来の歴史のために、政治教育という言葉が、イデオロギー教育か、さもなければ——あるいは同時に——政治制度に関する詳細な知識の教育として受け止められがちな現実がある。そのような状況を打破し、子どもたちにまずは政治への関心を持ってもらうことを目的に、事務局はドイツの政治教育センターの支援のもと、以下の六つのテーマについて、それぞれ八〜一〇歳用、一一〜一二歳用、一三〜一四歳用の三種類の学習コースを開発した。

(1) 政治工房——国会を探検する。法律ができるまで
(2) メディア工房——情報による操作
(3) 国会議員とともに——法律はみんなのためにある？
(4) 参加工房——わたしの意見にも意味がある
(5) 現代史工房——共和国の過去への旅。議会で共和国を探求する
(6) ヨーロッパ工房——ＥＵに親しむ

それぞれのコースで実際に行われる活動は、子どもの学習への準備状況により、日々柔軟に考えざるを得ないということだが、次のような実際の活動内容を見ると、確かに右の目的を踏まえた構成となっていることがわかる。

二〇〇九年五月二〇日にウィーン郊外のある中学校の最終学年のクラ

図6-3　パレス・エプシュタインの入り口（筆者撮影）　左右にDEMOKRATIE WERKSTATT（民主主義工房）と書かれた垂れ幕が下がっている。

スが参加した「国会議員とともに」のコースは、まず一五人の生徒を四つの班に分けることから始められた。そのうちの三つの班には、会場に備えられている書籍やインターネットを利用して「三権分立」の三つの権力についてそれぞれ調べて報告することが求められ、残る一班には、隣の議事堂の前で、道を行き交う市民に「あなたは三権分立という言葉を知っていますか」というアンケート調査をして、結果を報告するという課題が課せられた。

約二時間の作業のあと、各班は、彼らのために時間を割いてやってきた国会議員の前で調査結果を報告し、議論を交わした。生徒たちにとって本物の国会議員と話すのは初めての経験である。最後の班は、一〇〇人中七四人の市民が「三権分立を知っている」と答えたという結果を報告した上で、その数字を議員はどう思うかと尋ねた。この質問に議員は「それほど多くの人が知っているとは嬉しい驚きだ」と答えている。このあと生徒たちは、教育大学に通う学生ボランティアの助けも借りて、ＰＣで最終報告書をまとめ、それを印刷したものを受け取って、約四時間のワークショップは終了した[15]。

三権分立については、教師が説明すれば二〇分もかからないであろう。しかし、このテーマに一〇倍以上の時間をかける民主主義工房が目指すのは、知識の獲得よりも、政治的な内容をめぐって生徒が楽しく学習活動を展開することそのものである。この経験を通じて生徒が政治を身近なものと感じるようになること、そして、そのような活動を組織する教育方法と効果を、生徒を引率してきた教員がまずは自分の目で見ることこそが期待されているのである。

この民主主義工房が近年の様々な政治教育プログラムの中で最高の成功例と言われるのは、その参加者の数はもちろん、特にリピート率の高さによる。二〇〇七年一〇月二五日の開始から二〇一二年五月末までの約四年半のあいだに四万七〇〇〇人の子どもが参加し、うち二七〇〇人は四つ以上のコースに参加していた[16]。こうした数字は、子どもと教員による支持を示していると言えよう。

このように、特に二〇〇〇年代半ばからオーストリアの政治教育は、扱うテーマだけでなく、その実施主体と活動形態においても大きな広がりを見せるに至った。現代史教育とヨーロッパ教育は今も政治教育において欠かせない柱ではあるが、政治への参加をキーワードに、現実の社会に存在する様々な問題群が多様な実施主体によって工夫を凝らして取り上げられている。

（2）選挙年齢の引き下げ

こうした急速な発展の原因は、これまで述べてきた他にも、いろいろ指摘できよう。たとえば世紀転換期以来、欧州評議会が民主的市民性教育（ＥＤＣ）の重要性を大々的に訴えてきたことは、オーストリアにも一定の影響を与えたと推察される。[17]そして、容易に先進的なドイツの政治教育を学ぶことができたことが、急速な発展を可能にしたのは間違いない。しかし、これほど急速に発展したのは、やはりその必要があったからであり、そこにはオーストリア独自の要因が認められる。

なかでも決定的な意味を持ったと考えられるのは選挙年齢の引き下げである。

隣国ドイツでは国政選挙の最低投票年齢は二〇一三年の時点で一八歳である。学生運動の中で一九七〇年にそれまでの二一歳から引き下げられ、それ以降変更されていない。緑の党を中心に更なる引き下げを求める声もあるが、一六歳選挙は州レベルではブレーメン（二〇一一年から）、ブランデンブルク（二〇一二年から）、ハンブルク（二〇一三年から）、シュレスヴィヒ＝ホルシュタイン（二〇一三年から）の四州、また自治体レベルでもこれらを含む九つの州で導入されているだけである。[18]

それに対して戦後のオーストリアでは、ドイツと同じように二一歳からスタートし、一九四九年に二〇歳に、また一九六八年に一九歳、一九九二年に一八歳と段階的に国政選挙の最低投票年齢が引き下げられ、二〇〇七年には一六歳と定められた。これは、以前から社会（民主）党の青年部を中心としながらも、緑の党など党派を超えて存在していた要求が認められた結果だが、国会内外での検討の過程では、一六歳で果たして政治的判断ができるのかという批判を受けている。

他方、世代間の不公平の是正という観点から、市町村レベルではすでに二〇〇二年のブルゲンラント州や二〇〇三年のグラーツ市の選挙で一六～一七歳の有権者が投票した実績があり、また州議会レベルでも二〇〇五年には一六歳選挙が実施されていた。さらに研究者のあいだからは、ビーレフェルト大学のフレルマン（Klaus Hurrelmann）のように、「ほぼ一二歳で基本的な社会的・道徳的判断能力は備わっており……選挙に参加することも可能」とする主張も聞かれた[19]。そこで教育相と研究相の委託により、選挙年齢の引き下げに関する全国調査を行ったところ、一六歳以上一八歳未満の年齢層の政治意識は一八歳の有権者とほとんど違いがないことが明らかになったことから、反対・慎重派との妥協点として、政治教育の充実を条件に一六歳選挙を実施することとなったのである[20]。

これは、事実上、主要政党から政治教育ないしそれを管轄する政治教育課に対し、若い有権者を右翼急進主義政党から「守る」という使命が課せられたことを意味する。特に移民排斥やユーロからの脱退を主張する自由党は、かつての党首ハイダー（Jörg Haider）なきあとも若者とりわけ低学力者層のあいだで高い支持を集めている[21]。一般に、政治に関する知識が乏しく、そこから距離を感じるほど右翼政党を選ぶ傾向があると考えられており、政治教育強化とセットになった選挙年齢の引き下げは、過激化しやすい若年層の政治参加を制限する消極策から、教育によってその問題そのものに取り組む積極策へと転換が図られたと言ってよいだろう。

この政策転換は少なくとも短期的には意図された結果をもたらしていないが、それが教育システムに対して持つ意味は大きかった。一八歳選挙であれば、政治教育は後期中等教育段階で行えば少なくとも形式的には間に合う。それが一六歳に引き下げられると、前期中等教育に中心を移さざるを得なくなる。既述の前期中等教育のカリキュラム改革――前期中等教育の最終学年に政治教育を追加――は、こうした必要に応じるための措置であった。民主主義工房が一四歳までの子どもを対象にしているのも同じ理由による。さらに重要なのは、民主主義工房を開始するにあたって事務局がそのプログラムのモデルやアイディアをドイツに求めたように、政治教育学そのものの意図的な輸入が進められるに至ったということである。それまでのオーストリアには、少なくとも一四歳以下の子どもに政治を教えるための確立された教育学は存在しなかった。

細かく見ていけば、確かに二〇〇六年よりウィーン郊外のクレムスの大学院大学などで政治教育学の講義も提供されていたが、二〇〇九年に教育省がウィーン大学に初めて政治教育学講座を設置したときには、主任教授をドイツから招聘せざるを得なかった。ここには専門的な人材の不足という問題を見ることができる。

選挙年齢の引き下げに象徴される社会の民主化の進み具合においては、オーストリアは確かにドイツに先行している。しかし、まさにその先進性から生じる課題に対応するために、あらためて戦後ドイツの知を熱心に学んでいるのが現状と言ってよいだろう。

おわりに――国家理解の転換

戦後初期の保革連立政府によるナチス以前への回帰の姿勢は、オーストリアの政治教育の出発をドイツに比べて若干遅らせたが、七〇年代にまず革新系の人々のあいだでその重要性が認められ、二一世紀に入ると支援者が大きく広がった。こうしたプロセスは、第二共和国がその安定のためにオーストリアの文化や歴史というナショナルな物語を必要とする段階を脱し、人権と民主主義を中心とする、いわゆる普遍的な政治的価値に基づく社会へと移行し始めたことを意味していよう。それは、人々が文化のイメージを介して国家という枠をはめられた状況から、国家を自分たちの意思の下に置こうとしていること、言い換えれば政治的市民としての国民が立ち上がりつつあることを示唆するものでもある。

ヴァルトハイム事件や自由党の政権参加により、わずか二〇年足らずのあいだに二度にわたって国際的孤立を余儀なくされた事実は、こうした政治的市民の成長が世界の期待に比べて遅れた結果に他ならないが、その遅れを取り戻す努力がいままさに全速力で続けられている。

以上のような展開が、ヨーロッパ統合への参加と並行して進行した点も注目に値する。特に確認されるべきは、政治教育の観点に立つとき、統合はヨーロッパ機関や他の加盟国についての知識の普及、ならびにヨーロッパ人意識の育成といった課題をもたらすだけではないということである。本当に重要なのは、上記のような国家理解そのものの転換であろう。国家を民族の定められた運命ではなく市民の政治的意思の反映と捉えることが、超国家的な統合に向けて思考・行動する前提として重要なのである。

これまで見てきたオーストリアの政治教育は、西欧諸国を中心に各地で進められている市民性教育と比較するとき、既存の国際秩序に適合的な形で国家を運営することを隠れた目標としている点に、一つの特徴を認められよう。それは、その国の人々が現代世界の枠組みを作った側ではなく、事実上の敗戦後に、そこへの参入を許された側に位置するという歴史的経緯を反映するものと考えられる。戦勝国にとって、ヨーロッパないし世界の中に自国が存在することは自明だが、オーストリアにとっては必ずしもそうではない。

以上のような国際関係の現実とそれに自律的に対応しようとする市民性教育としての政治教育のあり方は、今日の拡大するヨーロッパにおいて無視できない意味を持っている。多くの東欧諸国が旧ソ連の勢力圏から解放されて以来、国家建設と欧州統合への参加という二つの緊張に満ちた課題に直面しているが、歴史的経緯が違うとはいえ、この困難な課題に一足先に取り組んできたのが戦後オーストリアなのである。

国際関係は中長期的な変化の中で、ある民族が国家を形成することを可能にするが、次の瞬間には、その国家に変容を迫る。ここで市民性教育にも転換が求められることになるが、東欧諸国の人々はそれを実行できるだろうか。(22)彼らのオーストリアに対する理解は、各国のみならずヨーロッパの未来とも連動している。

第7章　スロヴェニアの市民性教育

J・ユスティン
M・Č・ヴォグリンチッチ
E・クレメンチッチ
（近藤孝弘訳）

はじめに

今日のスロヴェニアにおける市民性教育をめぐる議論の背景には、三〇年に及んだ旧社会主義時代による政治的遺産がある。特に重要な出来事が二つあり、第一は自主管理社会主義から自由民主主義への移行、第二はユーゴスラヴィア連邦からの独立である。このうち前者は、主として一九九〇年代後半に――これは学校制度改革が実施された時期にあたる――市民性教育に大きな影響を与えたのに対して、後者にともなう国家意識ないし愛国心への関心は二〇〇〇年代後半に高まりを見せたのだった。

本章は以上の二つの視点に基づき、まず第1節において一九八〇年代以降の市民性教育（と社会科学の教育）に関する初等教育課程の展開と、それと結びついた今日も続くイデオロギー対立に注目する。また第2節では特に歴史教科書を取り上げ、国家発祥の神話に関係する歴史的事象についてのナショナリスティックな表現の問題に焦点をあてる。

以上のプロセスを通じて、上記の二つの出来事がスロヴェニアの市民性教育にもたらした変化を明らかにしていきたい。

1　市民性教育の変遷——一九八〇年代から現在まで

初めに旧ユーゴスラヴィアの教育制度について若干の説明が必要であろう。ユーゴスラヴィア連邦では、六つの共和国がそれぞれ独立した教育制度をすべてのレベルで有していた。そのため、一九九一年に連邦が解体しても、学校や大学の機能は一部を除いてほとんど影響を受けなかった。なお、影響を受けた一部とは社会科学系教科のカリキュラムであり、そこではユーゴスラヴィアに関するトピックがほぼすべて姿を消すこととなった。他方、以上のことは、旧ユーゴスラヴィア時代にはその歴史教育も、連邦の視点よりも各共和国の視点を優先していたことを示している。スロヴェニアの教育制度はすでに確立されており、政治的独立によってもたらされた変化は穏やかなものであった。独立後に市民性教育を構想する際にも、このいわゆる「漸進主義」[1]が適用されることとなる。

(1)　社会主義下の「社会・道徳教育」

ここでは社会主義共和国時代の最後の小学校教育課程に焦点をあてる。

まず、社会主義国家における市民性教育というのはそもそも語義矛盾である。それは、社会主義または共産主義の本来的な思想あるいは目標が、国家の廃絶にあるためである。忠誠心の対象は国家ではなく階級に向けられ、市民性ではなく階級意識が重視された。そこで目指されたのは社会主義あるいは共産主義の国家建設ではなく、共産主義社会の樹立である。それゆえ、後に市民性教育に取って代わられることになる教科が、社会主義のスロヴェニアでは「社会・道徳教育」[2]という名前だったのも驚くにはあたらない。一九八三年の教育課程を詳細に読めば、この教科が、文字通り、国家ではなく社会に焦点をあてていたのは明らかである。一つの政治体としてのユーゴスラヴィアやその中のスロヴェニアを指す言葉として使用されたのは、社会、社会共同体、国（country）、国土（land）、祖国（home country）あるいは時に民族（nationality）であって、国家（state）という言葉が使われることはなかった。外国を指すときにも国土あるいは民族（nation）が使用された。このような社会主義国における国家の不在は、市民性を排し、市民性教育が教育課題となることもなかった。ちなみに社会・道徳教育は小学校の高学年（第七～八学年、一三～一四歳）を対象として、年に六八時間（一時間は四五分）を配当されていた。

この社会・道徳教育にも、社会主義政府のイデオロギーに対応した政治教育の要素が数多く存在していたが、この教科は広範な内容を扱っており、政治教育（あるいは市民性教育）というよりも、より一般的な社会科学ないし人文学の教科だったと言ってよいだろう。

そこで扱われているテーマは、いくつかのカテゴリーに分けることができる。具体的には家族、成長、心理的・社会的側面での性教育（生理学的側面は生物学が扱う）、家族計画、人格形成などは、基本的に心理学の内容と言えよう。また様々な社会集団についての授業は社会学のカテゴリーに属し、そこでは特にユーゴスラヴィア連邦の各共和国間の関係が重視されていた。そのほか経済学の領域にはキャリア教育があり、また宗教に関する授業も行われていた。道徳教育については「自主管理社会主義の社会における人間の価値」という項目が設けられ、そこには人権に関するトピックも見られた。さらに「自主管理――私たちの政治システム」という項目では政治と政治制度に関するテーマが教えられ、特に「私たちの社会主義の自主管理社会に対する内外の」敵との闘争に重点が置かれていた。[3]最後に、この教科には国際関係についての項目も存在した。

たのは六八時間のうち二八時間にすぎなかった。

このように多様な領域が扱われていたため、結局、政治教育あるいは市民性教育と見なされるテーマにあてられていなかったのである。もちろん、その教科の特性として評価が難しかったということもある。そこでは測定可能な知識の伝達よりも価値観の獲得が重視されていた。そして評価を行わないということは、個々の教員がそれぞれ適切と考える方法で授業を行うことができたことを意味し、実際に特定のテーマを重視したり、全く教えないということもあった。

また、この社会・道徳教育では成績評価がなされなかった。つまり、この教科は特に緊急性や重要性を認められていなかったのである。

他方、一九八三年の教育課程の実施状況については、教育研究所が一連の研究の中で観察を続けていた。たとえば一九八七年の調査結果では、「教員は広範な社会学のテーマ（たとえば『社会共同体』や『社会主義社会建設』）が生徒の発達段階に対応していないと考えている一方、性教育や一般的なエチケット、そして環境問題といったテーマはとても適切だと考えている」ことが明らかにされている。つまりこうした認識に基づいて、教員は独自に教育課程を組み換えていた。心理的・社会的内容が比較的教えられる一方で、政治教育はもともと教育課程の中で軽視されていた上に、教育実践の場面でさらに希釈されていたのである。(4)

社会・道徳教育の役割の一つに、小学校の社会科学カリキュラムにあった隙間を埋めるということもあったようである。その隙間の原因は教育課程と教員養成にあった。(5)

小学校の高学年（かつての第七学年と八学年、現在の第七～八学年(6)）の教育課程は教科別に編成されている。すなわち、理科や自然といった大きな括りではなく、物理学や化学、生物学といった教科が置かれ、多くの場合、その教員は大学で専門の学問分野を専攻し、その上で教員養成課程を修めている。他方、教員養成課程を専攻した教員は低学年を担当するケースが多い。社会科学ないし人文学の場合は事情がさらに複雑である。その決定的な理由として、そこではディシプリンが錯綜していることと、理論上のシフトないし闘争が続いていることがある。さらに自然科学に比べて、社会科学や人文学は経済成長や社会の発展にとって相対的に重要性が低いと考えられているという問題がある。実際に、小学校教育課程の中で理科系教科に匹敵する地位を持つ人文学系教科は歴史だけと言ってよい。(7) このように社会科学分野が十分にカバーされず、さらに心理学、社会学、政治学等の教科が存在しないため、それらのテーマは（必修の）社会・道徳教育の中で扱われなければならなかったのである。しかし、週にわずか一時間では、生徒は市民性教育だけでなく、上記の社会科学系の諸学の面でも十分な指導を受けられなかったと言わなければならない。

（2）「倫理と社会」への移行

一九九一年の独立、そして社会主義から自由民主主義体制への移行（第二次世界大戦後初の複数政党による選挙は一九九〇年に実施された）は、社会・道徳教育の領域に変化をもたらした。また新国家樹立に伴い、教育制度改革も開始された。具体的には初等教育が八年から九年に延長され、教員の自由裁量が広げられ、教育課程編成の原則も変わった。改革法が一九九六年に可決され、一九九九年までに新しい小学校教育課程がまとめられた。移行期間は二〇〇七年に終了し、すべての小学生が新しい教育課程のもとで学ぶことになった。

こうした変化を背景に、一九九〇年代前半に社会・道徳教育は「倫理と社会」という新教科によって置き換えられた。この名称がすでに、ここに変化と連続性の両面があることを示唆している。すなわち、新しい教科は一般的な社会テーマないし価値の領域にとどまりつつも、道徳性の伝達から一歩進んで道徳論や倫理学の教授に踏み込んでいる。また、この倫理と社会は先に確認した「教育（vzgoja）」の概念を排し、知識の領域へと関心をシフトしている。新教育課程の内容も明らかに変わった。かつて社会主義イデオロギーの基礎であり、社会・道徳教育の根底にあった自主管理主義によるマルクス主義理解は、より多元的な心理学と社会学の理論に取って代わられた。そして社会主義の政治体制の位置に自由民主主義の根本原則と制度がつくことになる。この新教科の中心をなすのは国家の概念であり、市民性が中核的な政治的アイデンティティとされた。政治は、もはや社会ではなく国家の問題であり、人権の教育が重要な教育内容の一つとなった。

他方、教育課程編成の原則に変化は見られない。すなわち、倫理と社会は一般的な社会科学の教科として位置づけられ、同じ学年で同じ時間数をもって教えられている。また人間の成長に関する問題、家族関係、性教育、キャリア教育などの内容が、相変わらずカリキュラムの重要な部分をなしている。そのほか、生徒たちは以前と同様、この教科の成績評価を受けない。

この最後の事実は、一部の教員のあいだに、倫理と社会は他の成績評価を行う教科と同等の価値があると考えてよいのかという疑念を呼び起こしている。そして研究結果が示しているのは、生徒にこの教科を真剣に学ばせるためには成績評価が必要と考えている教員が少なくないということである(8)。

問題はそれだけではない。倫理と社会には週に一時間しか配当されていないことから、実際には他の教科を専門とする教員によって教えられてきた。多くの場合、それは歴史や地理の教員だが、体育の教員が教えている場合もあった。歴史や地理の教員には一定の社会科学の知識を期待できるものの、体育の教員については資質に欠ける部分がある（あるいは完全に欠けている）と言わなければならない。この問題が深刻なのは、倫理と社会の中のいくつかの用語が、社会主義体制から自由民主主義体制への移行によって初めて意味を持つに至ったものだからである。これは例えば既述の「国家」のような言葉にあてはまる。また、権力の分割といった政治的概念も、かつては知られていなかったか、あるいは自主管理社会主義のもとで曲解されていた。そのほか、スロヴェニアの教師教育や教育課程編成の問題もある。基本的に小学校の高学年を担当する教員は、歴史のような学問的なディシプリンを教えることを前提に養成されており、倫理と社会のようなハイブリッドな教科は彼らにとって二次的な意味しか持っていない。さらに、その教科を教える教員に対する教育は主として現職教育として提供されており、そのための専門的な教員養成はいまだ大学では行われていない。

他方、成績をつけないという方針は、教員がより大きな自由を持っていることをも意味する。彼らは自分が重要と考えるテーマに重点を置いて教えることができるのである。また、この教科では、対話形式の授業が強く要請されており、それぞれの学校やクラスに関することがらについて議論をすることが多かった。しかし、その結果として、教育課程の一部は教えられずじまいになりがちだった。

（3）市民性教育と宗教

社会主義体制の崩壊は、スロヴェニアの教育における一つの重大なイデオロギー的対立を明らかにした[9]。それは特に社会科と市民性教育の分野で顕著であり、要するに（公立）学校における宗教教育――特にカトリックの教理教育――のステイタスの問題である。この対立は、二つのラディカルかつ対立する要求から生じている。すなわち一方に小学校の必修科目としてカトリックの教理教育を求める人々がおり、他方に、教会と国家の厳格な区別を要求し、学校でのあらゆる宗教的活動を禁止する声がある。後者の中には、いかなる場合にも聖職者が学校の建物に入ることすら禁止するよう求める者もいる。この両極のあいだで盛んに議論が行われたが、いまだ合意は得られていない[10]。

公教育への（カトリック）教会の関与を支持する人々は、次のような四つの議論に基づいている。すなわち第一に、カトリックはスロヴェニアのマジョリティが信仰するところであり[11]、（国際人権規約により）親には子どもを自らの価値観に従って教育する権利がある以上、国家はそのような教育を提供すべきである。第二に、カトリック教会やその他の宗教団体は、旧社会主義政権下で公的・政治的なことがらへの関与を厳格に禁止されていた犠牲者なのであり、それゆえ宗派教育は一種の補償として理解される。第三に、カトリシズムがスロヴェニア社会において伝統的に担ってきた役割は非常に大きい。そして最後に、キリスト教の教義はあらゆる普遍的な人間的価値を包含しており、したがってすでに普遍的な倫理を意味している。

カトリック教理教育は第二次世界大戦前の初等・中等教育では必修教科であり、当時は教会が社会の中で強い政治力を持っていた。教会と国家の分離について語ることは事実上不可能だった。しかし、第二次世界大戦中（ユーゴスラヴィアでは一九四一年から四五年）に始まった社会主義革命は、この権力を教会から取り上げた。それでも教理教育は一九五三年まで学校で行われていたのだが[12]。

他方、学校での宗教指導に反対する考え方の基礎には、「発展した民主主義」に共通の政治規範としての、教会と国家の分離という考え方がある。この発展した民主主義とは、普通は西ヨーロッパ[13]を念頭において使われる言葉だが、アメリカ合衆国も含まれる。そして国家と教会の分離はスロヴェニア憲法にも書かれている。また彼らはカトリックがマジョリティの宗教であるという点についても、スロヴェニアには様々な宗教があり、特定の宗教を全員に強要することは宗教的マイノリティや信仰を持たない人々の権利を侵害することになると反論する。さらに彼らのあいだには、教理教育の導入は、単に社会主義イデオロギーのヘゲモニーがカトリシズムに置き換えられるだけのことになるのではないかという危惧もある[14]。

公立学校における宗教教育をめぐる議論は現在進行中だが、その主張には多少の変化が確認できる[15]。教育課程のなかに宗教教育を入れるというのではないにしても、よりキリスト教的価値を要求すべきだというのが、カトリックの高位聖職者のあいだで一般的な意見である。公立学校での教会と国家の厳密な分離を求める声はほとんどない。しかし、すでに一九九〇年代の初頭には、カトリックの教理教育は公立学校のカリキュラムの一部にはなり得ないことが明らかとなった（私立学校については、こうした制約は存在しない）。公立学校では、宗教（キリスト教）は必修教科か選択教科かを問わず社会的・人文的現象として教えること、すなわちその教義を教えるのではなく社会科学の見地から扱うことと、スロヴェニア社会が持つ宗教的多元性に配慮すべきことが定められたのだった。

もう一つの問題として、教会の高位聖職者が公立学校で宗教について教えることは認められるかという問題があったが、今日では大学の神学部の卒業生であれば許されている。

（4）教育改革と市民性教育

スロヴェニアの教育改革は一九九一年の独立達成直後に開始された。教育白書が一九九五年に刊行されると大きな教育論議が巻き起こり、翌年には初等・中等教育基本法が成立した。それにより義務制初等教育は八年から九年に延長され、従来より一年早く六歳入学となった。そのほか教員の自由裁量が広げられた。これが最も目につく改革である。社会主義時代の教育課程が内容指向で詳細にわたってそれを規定していたのに対し、新教育課程は全般的に到達目標指向であり、教員にはその目標達成のために教育方法や内容を選択する自由が認められた[16]。特に市民性教育にとって重要なのは、教育白書が示すように、「民主主義についての教育と政治参加」が、教育改革の八大原則の一つとされたことである[17]。

一九九九年までに小学校の各教科の新しいシラバスが作成された。この教育改革により、第七学年から九学年に選択科目が導入された。それにともなって教科は必修、義務選択――ここでいう義務とは学校が必ずその科目を提供しなければならないことを意味する――、選択――学校は必ずしもこの科目を提供する必要はない――の三つのグループに分けられた。選択教科は義務であるか否かにかかわらず、最低五名以上の児童がその科目を選択する場合に開講される。他方、児童は二つないし三つの選択教科を選択しなければならない[18]。また、この学校改革により、成績評価における教科間の不平等が是正され、すべての教科において成績評価がなされ、またすべての評価が最終成績に算入されることとなった。また選択教科を設けたことは、社会科学の領域の教科に若干の影響を与えた。すなわち、それまでスロヴェニアの小学校で軽視されがちだった社会科学や人文学の教科の授業時間数が増えたのである。特に本章が関連する選択教科に、哲学、宗教と倫理、市民性文化、メディア教育の四教科がある。

他方、市民性教育に関係する必修教科には、一九九〇年代初頭の過渡期と比較して大きな変化は見られない。教育課程改革の結果、「市民性教育と倫理」という新しい名前の教科が生まれたが、その授業時間数は、以前の「倫理と社会」と同じで二年間に七〇時間である。なお、教員にとって最大の変化であり、また課題となったのは、その教科が九年制小学校の第七学年と八学年に設けられたことである。それはつまり、一三～一四歳ではなく一二～一三歳の児童にその教科を教えなければならなくなったことを意味する。一部の教員は、その教科が扱う抽象的な内容を教えるには、その学年では早すぎると不満を述べた。

教科が扱うテーマそのものにはあまり変化がなかった。社会主義時代の社会・道徳教育にあったものが引き継がれている。たとえば、家族や成長といった心理学的問題、思春期や青年期の問題、キャリア教育などは、小集団や世代間対立についての社会学などとともにすべて残っている。他方、公的な議論の重要性という観点から「コミュニケーション」というテーマに注目が集まり、特に公的（マス）メディアの果たす役割が重視されるに至った。また宗教についての教育とともに、グローバリゼーションの問題が取り上げられている。

なお、厳密な意味で市民性教育と定義されるテーマには、比較的少ない時間しか与えられていない。具体的には第七学年の五つの必修の項目のうち、狭い意味で市民性に関係するのはわずか一つにすぎない。それは「共同体、国民、国家」というもので、独立を達成したスロヴェニアに重点を置きつつ、ヨーロッパ統合に関する情報を扱っている。この項目は、政治体制の構成要素について理解させることを目的としてはいない。それは第八学年の課題とされ、「共通の問題をどうマネージするか――民主主義の問題」という少し長い名前の項目で扱われることになる。そこでは、地域から国家までの様々な社会的コンテクストにおける民主主義の基本的なルールのほか、権力の分立や人権や自由が教えられる。大きく見ると、この教科の中で政治的な知識を扱っている部分は二〇%以下と言わなければならない[19]。

市民性教育と倫理は、それまでの教科と同様、社会科学ならびに人文学の教科としての特徴を維持している。その原因は、以前から続く教育課程作成上の問題、すなわち、(すでに述べたように) 小学校の教育課程が各教科から構成されるという状況がそのまま維持されたことにある。こうした継続性は、多くの児童が日常生活から比較的離れた複雑な政治問題を理解できないのではないかという不安を持つ教員が、厳密な意味での市民性教育に取り組むのを避けていることとも関係している。それにもかかわらず、市民性教育に関する二つの大規模な国際調査――一九九九年の公民教育調査 (CIVED)[20] と二〇〇九年の国際公民・市民性教育調査 (ＩＣＣＳ)[21]――の結果を見る限り、スロヴェニアの生徒は政治問題についての知識を改善させていた。このことは、参加国の多くに知識の減少傾向が見られただけに、いっそう大きな意味を持っている。上の二つの調査が行われた間の期間は、「市民性教育と倫理」のカリキュラムが施行された時期にあたっている。したがって、この成績向上は、教員がこの教科に多くの力を注いだ結果であると解釈されよう。また、教員の現職教育にも力が入れられていた。なお選択の社会科学系教科は、この点であまり意味がなかったと考えられる。たとえば市民性文化という教科は、二〇〇五／〇六年度に、スロヴェニア全土の (四五〇の小学校のうち) わずか二〇校でしか提供されず、しかも児童の関心が非常に低かったことから、結局どこでも実際の授業はほとんど行われなかったのである[22]。

(5) 愛国心は教えられるべきか?

二〇〇六年にスロヴェニア教育省は一九九九年の小学校教育課程の改訂作業に着手した。この改訂の主たる理由は、教員からの批判にあった。教員によれば、あまりに教育内容が多く、難しすぎる内容もあった。また反対に、別の学年では易しすぎる内容もあるとされた。

もう一つの批判は、教育課程の中に統一性が欠けているというものである。たとえば、個々の教育目標のあいだに不協和音が見られた。すなわち全体目標や特別目標、作業目標などの様々な言葉が明確な定義なしに使われていたのである。さらに教科によってスタンダード(生徒が到達すべき知識レベル)を明記しているものもあれば、明記していないものもあった。

他方、市民性教育においては、別のイデオロギー的な問題が発生した。それは(価値観の獲得(vzgoja)を意味する)愛国心教育を含めるか否かという対立である。ここで若干の説明が必要だろう。すなわち、この対立はスロヴェニア国内の政治的な左右対立に対応している。[23] このときの学校改革は、左派のスロヴェニア自由民主党が率いる連立政権(一九九二〜二〇〇四年)によって実施されたものだった。ところが二〇〇四年に右派のスロヴェニア民主党が選挙で勝利した。彼らは、スロヴェニアの学校は生徒の愛国心を育てる努力が足りないと主張し、初等教育法を改正して「市民性と倫理」という教科を「市民性と愛国心教育と倫理」と改めることを提案した。スロヴェニア語から外国語に翻訳する際に失われがちな重要なポイントは、この教科名の中にある愛国心は、国家としてのパトリアに対する感情ではなく、祖国に対する愛情を意味しているということである。スロヴェニア語でいう祖国は、ドイツ語の「故郷・祖国(Heimat)」と同じニュアンスを持っている。

この提案は激しい批判を呼び起こした。[24] 特に教育関係者は、スロヴェニアの教育制度はすでに愛国主義的かつコスモポリタンで、またナショナルな要素を持っていると反論した。このことは実際にシラバスを分析すれば明らかになる。また、すでに言及したCIVEDの一四歳を対象とした調査でも、スロヴェニアの子どもは、他の諸国の子どもと比べて、ナショナル・アイデンティティやパトリア意識が非常に高いことが明らかにされていた(25)。

このように実証的な調査結果からも、スロヴェニアに（愛国心を含む）ナショナル・アイデンティティの欠如は見られないことから、現状では国レベルと国際レベルのバランスをとっていくのが妥当であり、あからさまに愛国心を強調するのは不合理と考えられる。重要なのは国境を超えた民主主義の制度とアイデンティティ、言い換えればコスモポリタンな民主主義を発展させることである。これにより祖国への愛が失われるのではないかという不安には根拠がない。なぜならコスモポリタンな民主主義はナショナルな市民性や愛国心の否定を要求するものではなく、市民性というものを学ぶこと――そこには必然的にナショナルな市民性が含まれる――を前提としているからである。他方、愛国心は排除を意味し、そうしたアイデンティティを過度に強調することへの不安が存在する。今日の個人にとって、ナショナル・アイデンティティや愛国心とは、国境を超えたアイデンティティとコスモポリタンな民主主義とともに形成されるべきものである。

こうした反対にもかかわらず、修正法案は可決され、教育課程の改訂が進められた。なお、新しい教育課程は二〇〇八年までにまとめられたものの、それまでに次の選挙を経て再び左派政権となっていた。しかし、教育省は再度の修正は行わないことを決定。そのため教科の名称は残り、愛国心を扱うトピックがシラバスに残されることになった。

それでも教育省は二〇〇八年の教育課程の改訂を命じ、それは二〇一〇年に完成し、二〇一一年に施行された。愛国心教育について言えば、新教育課程はパトリアや愛国心といった概念について、それを説明するアプローチを採用しており、そのような意識を生徒に注入することは目指していない。さらに重要なのは、新しいシラバスは市民性教育により重点を置いており、その一方で、心理学のテーマであるような、政治教育と関係の薄い多くの内容を削ぎ落としたということである。他方、こうした変更がなされる一方で、スロヴェニアにおける教育課程観が変わっていないことから、この教科は相変わらず総合的な性格の社会科学系科目にとどまっている。また宗教に関する項目も残されたままである。

このようにスロヴェニアの市民性教育は、この間その地歩を確かなものとすることに成功したが、特に他教科まで視野に入れて詳細に検討するならば、その鍵となる概念については未だ多くの誤解があると言わなければならない。以下、小学校教育課程の歴史を例に、シティズンシップという概念が置かれている現状を検討する。

2　歴史教育におけるスロヴェニアの起源

社会主義の崩壊後に初めて重要性を認められた市民性教育の概念とは、多文化主義、寛容、そしてナショナリズム批判である。これらすべてが社会科学系教科のシラバスに確認できるが、実際にこれらの原則が教えられているかどうかを評価するためには、教育政策文書や教材、特に教科書を詳細に分析する必要がある。

一九九五年から二〇一〇年にかけて、(特に社会科学系教科の) 教育課程と教科書に対する一連の調査が行われた。その研究の前提には、多文化主義や人権といった理想は、教育課程でも教科書でも中心的な位置を占めておらず、むしろスロヴェニアの過去と現在についてのナショナリスティックな理解が主流となっているのではないかという疑念があった。

以下、歴史教科書に対してミクロ分析を行った二つの研究の結果を紹介したい。どちらも、スロヴェニアの過去についての理解に共通の問題があることを指摘している。すなわち表面的には、教科書は、たとえば市民性教育のシラバスに書かれた社会科学からの要求に応えている。しかし、その一方で、社会の中に残存する、そうした考え方と正反対の解釈もそこには潜んでいるのである。

二つの研究は、歴史教科書に見られる記述を分析したものである。分析対象とされた教科書にはスロヴェニアの起源についての物語が描かれているが、その記述は、いずれも市民性教育において生徒が獲得すべきものとは正反対の、非常に問題の大きな解釈パターンを示している。

例1　古代のスロヴェニア人

最初に第八学年用の歴史教科書の記述に注目する。しかし、その短いテキストの分析に取りかかる前に、理論的な説明が必要であろう。

一般に、歴史は二つの部分からなると考えられている。歴史の語り（すなわち何か起きたのかの記述）とその解釈である。そして歴史は様々な物語からなると考えるとき、その物語の中には他よりも重要とされるものが存在する。最も重要な物語は、私たちが暮らしている集団の起源に関するものだろう。それは「神話（myth）」と呼ばれる。これはデリケートで危険な物語である。集団的なファンタジーを生み出し、本当は正当性のないものを正当化しかねない。

スロヴェニア社会は個人主義が強いタイプの社会である。とはいえ最低限の社会的結束は求められている。この課題に対し、民族の起源に関する物語（「民族神話」）は重要な役割を果たしうる。スロヴェニアの起源に関する物語（「神話」）の中で中心的なものの一つは、「我々の土地（ドイツ語の Boden とほぼ同じ意味）」の所有に関するものである。

世論は圧倒的に欧州統合プロセスを支持しているが、――他の諸国と同じように――孤立主義を支持する少数派も存在する。彼らは起源の物語を徹底的に利用し、自分たちの国はいつも隣国の欲望の対象であったかのように描き出している。「神話」が歴史教科書に取り入れられたとき、それはイデオロギーとして動き出す。「神話」が生徒の歴史意識にどう働きかけるかは、教科書中の文章を見ればわかる。分析対象とされた歴史教科書には、いまスロヴェニア国家の領土である地域で古代に発生した出来事を扱う章が見られ、その章のタイトルは「ローマ人の支配と我々の領土」である。そこでは、わずか二ページの中に「我々」の領土の上でローマ人が行った一五のことについての記述が見られる。

・紀元一世紀にローマ人は我々の領土を占領した。
・ローマ人は、スロヴェニアの領土の内陸部を征服する前に海岸部を奪った。
・すでに皇帝アウグストゥスの時代には、ローマ人はスロヴェニアの領土全域を支配していた。
・ローマ人の支配下で、我々の領土には先住民がいた。
・他の占領地におけるように、ローマ人は我々の土地に属州を建設した。
・それゆえ多くの軍隊が我々の土地に駐屯していた。
・やがて我々の領土はイタリアへの入り口として重要になった。
・アクイレイアに至る幹線道路が我々の土地を横断していた。
・ローマ化のおかげでスロヴェニアの領土は……に併合された。
・我々の領土に様々な工芸品がもたらされた。
・ローマ人は我々の土地にぶどうの木をもたらした。
・東方の宗教の影響下で、ミトラ教が我々にもたらされた。

・この時代に我々の領土は内戦を経験した。
・文化的には、スロヴェニアの領土はキリスト教化を経験した。
・我々は四世紀にすでに二つの教区を持っていた。

以上の文章には、「我々」という言葉で、ローマ人が征服した領土を古代において所有していた想定上の集団的主体が表されている。実際の我々のスラヴ人の祖先がこの土地にやってくるのは一〇〇〇年ほど後のことであるにもかかわらず、奇妙なことに、「我々」がローマ人時代にその土地に存在したかのように書かれているのである。この自己中心的あるいは自民族中心主義的な観点の採用は、その土地が有史以前においても、「我々」すなわち今日のスロヴェニア民族のためのものであったとする怪しげな解釈を強調する以外のなにものでもない。紀元六〇〇年頃にスラヴ系部族がこの地方にやってきたことは、通常の人間の移動ではなく、この土地をめぐって歴史が我々に行った約束の実現だというのである。生徒が時間と空間を客観的に捉える力を育てることが歴史教育の目的なのだとすれば、この起源の物語は全く正反対の方向を目指していると言えよう。

例2　民主主義に優越する戦争

教科書には、他にも間接的に起源の物語を生徒に伝えている箇所がある。第二の例に進む前に、この分析の理論的な枠組みについて簡単に説明しておきたい。

教科書の文章を批判的に分析する作業は、教員や教科書の著者は、彼らが明確に語っていること以上の内容を生徒に伝えているという仮定から出発する。それらの内容の多くは、暗示的に伝えられているのである。また彼らは生徒に何かを伝えているだけではなく、何かを考えさせてもいる。暗示なしには教育の効果は限られたものとなってしまう。しかし、そこには問題もある。この暗示が、学校や教科書が若い世代に伝えるメッセージを社会的・政治的に支配することが少なくないのである。

暗示的なコミュニケーションがなされるとき、市民性教育の観点から好ましくないと考えられるメッセージを指摘するのは容易ではない。さらに隠されたメッセージは明示されたメッセージよりも「感染力」が強い。生徒にとって、文字となって表現されていない内容に対して批判的な姿勢をとるのは難しいためである。そして、それゆえにまた影響力も強い。それらは生徒たちに、知らず知らずのうちに特定の視点やものの見方を植えつけるのである。

ここでは三社の三冊の歴史教科書を分析対象にとろう。それぞれの教科書にあった以下の三つの文章は、同じ歴史的テーマ、すなわち第一次世界大戦直後のオーストリアとスロヴェニア（当時はユーゴスラヴィア）のあいだの領土の分割に関するものである。いずれも市民性教育の視点からは非常に問題が大きいと言える。また、それぞれの著者は自ら責任をとらずに済むよう、ある種の暗示的なコミュニケーションを利用している。驚くべきは、三人が全く同じ「トリック」を使っているということである。

三つの文章は、今では二つの公用語（ドイツ語とスロヴェニア語）が認められているオーストリアのケルンテン州で第一次大戦直後に起きた出来事を描いている。強調すべきは、典型的なスロヴェニア・ナショナリズムの言説の中で、その地方は民族揺籃の地とされてきたということである。スロヴェニア民族は、そこで一〇〇〇年以上前に誕生したと考えられている。これは起源についてのもう一つの物語と言える。

歴史的経緯を簡単に説明すると、第一次大戦終結時に、ケルンテンをめぐってユーゴスラヴィアとオーストリアの両国がそれを自国の領土であると主張し、両国は軍事行動を取るまでに至った。そしてパリ講和会議の決定に従って住民投票が行われたが、その結果、住民の過半数がオーストリアを選び、ケルンテンはオーストリア領とされたのだった。

実際の教科書中の記述に目を向けると、そこには「市民性と愛国心教育と倫理」の中で生徒に伝えられるべき理念とは明確に矛盾する内容が見られる。

(1) ベオグラード政府はケルンテンに軍隊を派遣した……。しかし遅すぎた。それまでにパリの講和会議がケルンテンの国境線を審議しており、……住民投票によって決定がなされるべきことで合意がなされていた。

(2) セルビア軍がスロヴェニアの北の国境に介入したのは六カ月後のことだった。そして、それは問題解決にはつながらなかった。……それまでにパリ講和会議が住民投票を行うべきことを決定していたのである。

(3) セルビア軍の支援は来るのが遅すぎた。……講和会議を組織した主要国は、それまでに戦後秩序について審議を進めていた。ケルンテン問題は住民投票によって解決することが決定された。

三人の著者は同一の理解に取りつかれている。しかし、それは文字で表されてはいない。これら三つの記述が共通に明示しているのは、なにか——すなわち軍の派遣——が行われたものの遅すぎたという後悔の意識である。他方、ここには欠けているメッセージがある。遅すぎたというのは何にとってなのか。

この疑問に対する答えは書かれていないにもかかわらず、実際には次のようなメッセージが伝えられている。すなわち、対立は住民投票によって解決されるべきだと講和会議が決定するのを阻止するには、軍隊の派遣が遅すぎたのである。

なお、三冊のうちの一冊の教科書は、後のところで、住民投票は不幸なことに「最も民主的な方法」であると述べている。つまり全体として密かに生徒たちに伝えられているのは、「民主的な意思決定がなされるのを阻止するために、もっと早く軍隊を派遣すべきだった」というメッセージである。しかし、このメッセージは政治的に好ましくないことから、明示的には語られていないのである。

　市民性教育が導入されたいま、歴史教育で行われている暗示的なコミュニケーションが持つ、こうした否定的側面について、教員や教科書執筆者は意識をより鋭くすることが求められている。

おわりに

　スロヴェニアにおいて、市民性教育は一九八〇年代後半のユーゴスラヴィア社会主義の崩壊後に、明らかにその重要性を増した。そしてCIVEDやＩＣＳＳのような大規模な国際調査の結果が明らかにしたように、この二〇年のあいだに小学生の政治的知識は、長い民主主義の伝統を持つ諸国と比べても遜色のないレベルにまで到達した。

　しかし、いくつかの問題が残されている。第一に、他のヨーロッパ諸国に比べて、小学校で市民性教育にあてられる授業時間数が少ないということである。第二に、中等教育では、市民性教育に関係する活動に一定の時間数が割かれてはいるものの、その専門の教科は存在していない（市民性教育は教科横断的なテーマの一つとされている）。第三に、市民性教育には系統性が欠けていることも否定できない。最後に、市民性教育は、今後も、社会における宗教の役割や愛国心の問題などをめぐって、イデオロギー闘争の場であり続けると考えられることである。

第8章　ラトヴィアの言語政策と市民性教育

柿内　真紀

はじめに

ラトヴィアの首都リーガ(1)（人口七〇万人、二〇一一年）(2)は、旧市街がユネスコ世界遺産に指定され、ハンザ都市の名残が見られる街並みを持つ。一方で、周辺にはスターリン様式の建築など旧ソ連時代を思わせる建物もそびえ立つ。後に述べるように、フランスやドイツ、イギリスといった西欧諸国とは異なる特殊な多民族の社会構造をもつラトヴィアを象徴するかのような風景がそこにある。そして、この異質性は市民性教育とその論じ方にも濃い影を落としている。

いったいこの国は、これまでどのような歴史をたどってきたのだろうか。

ラトヴィアは一九一八年にロシアから独立して国家を樹立した後、一九四〇年にソ連に編入されるまでの短い独立期間を持つ。その一方で、ラトヴィアとは何かが、国民形成という点で独立以前から問われていた。小森らは、一九世紀のラトヴィアのナショナリズムが抱えていた問題の一つが、一体のものとしてのラトヴィア人という意識よりも、行政区分によるリーフラント人、クールラント人、ラトガレ人という意識のほうが強いということであったと指摘している。それは、「ラトヴィアの民族運動は、自分たちの民族に属するのは誰なのか、民族を代表する権利を持つのは誰かといったことがそもそも問題とならざるをえなかった(3)」ということである。

今日のラトヴィアも多くのロシア語系住民を抱え、民族的（エスニック）なラトヴィア人は過半数を占めるにすぎない。一九九一年に旧ソ連から独立（独立回復宣言は一九九〇年）した後、二〇〇四年にはＮＡＴＯとＥＵへ加盟し、それらを契機にソ連時代の社会体制からの脱却を進めるなど、ラトヴィアはいわば順調に「ヨーロッパ回帰」を進めているように見える。しかし一方で、ソ連時代の人の移動によりさらに複雑化した民族問題は、特にロシア語系住民を中心とした民族と言語をめぐる社会統合問題として、政治と教育を含む様々な面で大きな影響を及ぼしている。ラトヴィアとは何かという問いは、ラトヴィア市民として包摂される人々とはどのような人々なのかという国家的・教育的な問いとなって今も続いているのである。

このようなラトヴィアにおいて市民性教育を考える際には、政治・社会参加の条件ないし資質として言語に注目せざるを得ない。ロシア語を中心とするマイノリティ言語とラトヴィア語との関係に対する言語政策は、この国の市民形成を目指す教育活動において最も基礎的な位置を占めているのである。バルトの隣国であるエストニアの社会状況も類似しており、そこでも言語政策の観点から教育政策や市民形成の研究(4)が数多く行われているのは、同じ理由による。そこで本章も言語に焦点をあてながら、ラトヴィア社会が抱える市民形成をめぐる教育上の問題を検討

図 8-1　ダウガヴァ川（リーガ湾でバルト海につながる）をのぞむリーガ旧市街の街並み（筆者撮影）

することとしたい。

1　ラトヴィアの教育と社会――国家語をめぐって

（1）特殊な多民族社会

人口二二三万人（二〇一一年）のラトヴィアの国家語[5]はラトヴィア語のみである。しかし、エスニシティ別人口構成（二〇一一年）をみると、ラトヴィア系五九・五％、ロシア系二七・四％、ベラルーシ系三・五％、ウクライナ系二・四％、ポーランド系二・三％、リトアニア系一・三％、その他三・六％となっており、ラトヴィア系は六割程度である。ロシア系以外の住民もロシア語を母語として用いていることを勘案すれば、いわゆるロシア語系住民の割合は増える。さらにリーガではラトヴィア系が四二・五％、ロシア系が四〇・七％と拮抗しており、特殊な多民族・多言語の社会状況がそこにある。

たとえば、前章で見たスロヴェニアは人口二〇〇万人余り、二〇〇四年にEU加盟、旧社会主義圏である点において社会的背景がラトヴィアと似ている。また人口も面積も小さいスロヴェニアがスロヴェニアであることは、まずはスロヴェニア語という言語があることだと語られるのと同様、ラトヴィアでもラトヴィア語が社会統合の中心に置かれている。

しかしながら、エスニシティの点でマジョリティが六割程度という極めて低い状況は、マイノリティの社会統合が大きな問題とならないスロヴェニアとは異なり、言語政策を中心に様々な面で軋轢を生む。ロシア系住民とラトヴィア系住民がほぼ同じ割合のリーガでも、実際にはロシア語での会話が多くなされているにもかかわらず、ロシア語に気がつかないほど市街地の街頭表示はラトヴィア語ばかりである。

このようにラトヴィア語のみを国家語とするのは、言うまでもなく一九九一年の独立回復が、ラトヴィアにとってロシアとロシア語の支配からの脱却を意味するからに他ならない。他方、ロシア語系住民の問題はEUへの加盟交渉に際しても、その市民権の付与ならびに言語政策が人権問題として取り上げられた経緯があり、現在も社会統合の大きな課題である。かつてソ連時代には、ロシア語系住民はラトヴィア語を習得することが必要とされていなかった。後述するように、学校はロシア語系とラトヴィア語系の二系統であった。そのため、独立後、かつてラトヴィア語を習得しなかった（習得する必要のなかった）ロシア語系住民にとって、唯一の国家語とされたラトヴィア語の試験がラトヴィア国籍取得の帰化プロセスにおいて課されており、彼らにとっては一つのハードルとなっている。

さて、独立後のラトヴィアでは連立政権が続いている。比較的小規模な政党が多く、さらに政党の分派や新党結成が続き、過半数を制する政党が出ていない。ラトヴィア系のほか少数ながら親ロシア語系住民などの民族主義的政党もあり、そこにも社会統合が困難な状況を見ることができる。

なお、二〇一二年現在の連立政権は中道右派の路線をとり、ラトヴィア語重視の立場を貫いている。二〇一一年九月には大統領による議会（Saeima）解散によって総選挙が実施され、議席数で親ロシア語系住民の政党連合（Saskaņas Centrs）が初の第一党となったが、第二党以下の政党で連立政権が樹立され、前回総選挙（二〇一〇年一〇月）で第一党の政党連合（Vienotība）に所属する首相は続投となったのだった。このように親ロシア語系住民政党との駆け引きは続いている。

こうしたなか二〇一一年一一月には、ロシア語系住民の団体を中心に、ロシア語を国家語に加えることを求める憲法改正の国民投票を実施するよう署名活動が展開され、実際に二〇一二年二月に国民投票が行われた。結果は否決であったが、投票にあたっては、ロシア語の国家語化に危機感を抱く現政権の政党連合が、国民に反対票を投じるようにメディア・キャンペーンを行うなど、国家語をめぐる民族間の軋轢が見られた。仮にロシア語が国家語に加われば、次項で述べる言語教育政策にとっても大きな転換点となるところであった。

なお、この国民投票について、ロシアの放送局ＲＴＲは、市民権を持たないロシア系住民も多く、彼らはこの国民投票に参加できなかったことから、そもそも不平等な国民投票だったと伝えている。(6) ロシアではラトヴィアへの関心が強く、この点は、バルト諸国の研究でよく引き合いに出される、ブルーベイカー（Rogers Brubaker）がかつて提示した、「国外のナショナル・ホームランド」（ロシア）と「国内のナショナル・マイノリティ」（ロシア系住民）、「国民国家化しつつある国家」（ラトヴィア）の三者関係モデルのダイナミクス(7)を思い起こさせる。

（2）学校教育と言語政策

ラトヴィア大学のカングロ（Andris Kangro）らは、一九八〇年代後半からすでに政治変革等の「目覚め」があったとした上で、九〇年代以降の教育制度変革の変遷を三つの時期に区分している。(8) 第一期が独立回復から一九九〇～九五年までの民主化と脱中央集権化の時期。第二期が一九九六～二〇〇一年で、制度の規範的な基盤が作られ、改革が実行に移された時期。そして第三期が二〇〇二年以降のさらなる発展と知識基盤型で民主的、社会的に統合された社会の形成を目指す時期である。なお、この時期区分については、同じくカングロが参加した二〇一一年の別の報告書では、(9) 第二期は二〇〇四年のＥＵ加盟まで、第三期はそれ以降とされ、この第三期については、ＥＵ加盟国としてのラトヴィアを意識した上記の社会形成を促し、住民の競争力や国家経済の競争力を強化する一方で、同時にラトヴィアを特徴づける文化的価値を維持し、発展させる教育制度を目指す時期とされている。

現在のラトヴィアの教育制度では、五～七歳の二年間の就学前教育と七～一六歳の九年間が義務教育であり、その初等教育段階と前期中等教育段階の九年間は一体化した基礎教育となっている。なお就学年齢の一年早期化が現在試行中である。

ソ連時代は、既述のように教授言語によってラトヴィア語学校とロシア語学校の二系統に分けられ、異なるカリキュラムが採用されていた。特に後期中等教育の修業年限は、ロシア語学校が二年なのに対してラトヴィア語学校は三年という違いがあった。このラトヴィア語学校における、ロシア語を習得させる片務的バイリンガリズム[10]にみられるようなロシア語の優位は、ラトヴィアの独立により覆されることになる。一九九九年の基礎学校入学者からロシア語およびその他の非ラトヴィア語学校において、マイノリティ教育プログラムとしてバイリンガル教育が導入され、教授言語に必ずラトヴィア語が含まれることになった。教育科学省は、マイノリティ教育プログラムについて、基礎教育九年間のカリキュラム構成を、どの教科をどの言語（ラトヴィア語、バイリンガル、マイノリティ言語）で何時間ずつ教えるのかを四つのモデルで提示している。[11]

さて、過去約二〇年間における全日制の初等・中等教育段階の教授言語別生徒数（年度初めの入学者数。特別学校等を除く）は図8-2のとおりである。二〇一〇／一一年度の実数では、ラトヴィア語が一三万九九四二人（六七・三二％）、ロシア語が四万六七八二人（二二・五一％）、また一つの学校で二系統（ラトヴィア語とロシア語）の教授言語クラスが分かれているデュアル・ストリームの学校の生徒数が一万九六一四人（九・四四％で、内訳人数ではラトヴィア語が一万一九七〇人、ロシア語が七六四四人）、その他の言語が一五三四人（〇・七四％）となっている。

このデュアル・ストリームの学校に在籍する生徒を、言語別内訳によって、それぞれラトヴィア語とロシア語の集計に組み入れた場合、一九九一／九二年度ではラトヴィア語が五四％、ロシア語が四六％であったところ、ゆるやかにラトヴィア語を教授言語として学ぶ生徒の割合は増加し、二〇〇三／〇四年度に七〇％を超えたあとはほぼ同じ状況が続いている。二〇一〇／一一年度でも七三％である。そして、ロシアやベラルーシと国境を接するラト

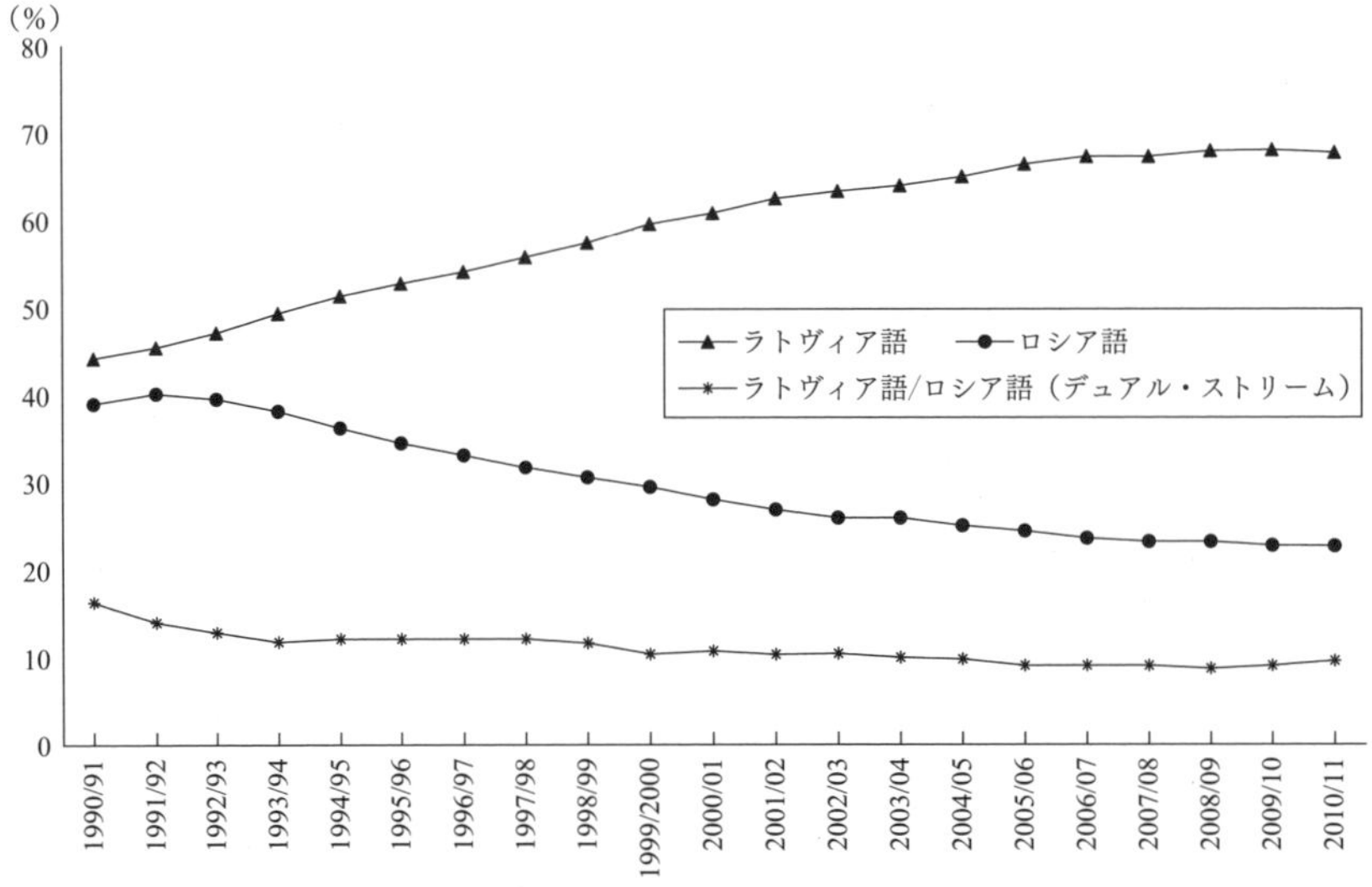

図 8-2　教授言語別生徒数の割合（その他の言語を含まない）

出典）ラトヴィア政府統計 Central Statistical Bureau of Latvia（http://www.csb.gov.lv/, 2011 年 6 月 23 日閲覧）より筆者作成。

ガレ地方など、ロシア語系住民が多い地域があることを考慮に入れれば、この割合はこれ以上増えないことも予想される。実際に同地方にある、ラトヴィア第二の都市ダウガウピルスでは、七割を超える生徒がロシア語学校に通っている。したがって、現状をある程度の政策の到達点と見ることもできようが、現時点での評価は難しいところである。

他方、後期中等教育（一〇～一二年生）では二〇〇四年度から教授言語をすべてラトヴィア語とするように教育法が改正されたが、ロシア語系住民を中心とする大規模なデモ行進を含む激しい反対運動を呼び起こし、それを受けて政府は、ラトヴィア語での授業が六〇%を下回らないように（マイノリティの言語で四〇%、ラトヴィア語で六〇%）修正した。とはいえ、筆者が二〇一〇年一〇月に訪問したバイリンガル教育を実施しているリーガ市内のポーランド人学校では、進学段階での試験を考えると中等教育では結局ほとんどラトヴィア語で教えることにならざるを得ないとのことだった。さらに高等教育は一部の例外を除いて原則的にすべてラトヴィア語で教授されることになっており、教育を通じた社会的上昇にはラトヴィア語が不可欠という構造ができあがっていると言える。

(3) 言語と市民性

ラトヴィアの教育と社会に関する研究を進めてきた比較教育学者のシロヴァ (Iveta Silova) は、教授言語による二系統の学校が、ソ連時代のラトヴィアにおいてソヴィエト・ロシア化 (Russification) を加速化させた反面、ラトヴィア語の維持に有利な面があったことを示している[12]。二系統の学校が存在したことで、中央によりコントロールされたカリキュラムや、ロシア語学習への強固な要求にもかかわらず、ラトヴィア語学校でラトヴィア語での教授が維持され、多くのラトヴィア人教員を確保することができ、そのおかげでラトヴィアの伝統や学校環境を「ナショナルな」内容やメンタリティとともに保持し続けることができたというのである。

その一方でシロヴァが指摘するのは、やはりラトヴィア語はソ連時代のロシア化のなかで奪われた言語でもあったということである。さらに他のマイノリティは、ロシア語学校に行く以外に選択肢がなく、やがてはラトヴィア社会もロシア語を共通言語としてロシア化されていくと考えられていた。ロシア化による個々人の社会化には、ロシア化した市民が求められていたであろう。

こうした記憶がいまラトヴィア語を社会統合の要とし、ロシア語を第二の国家語として認めることを不可能にしている。言わばラトヴィア語の習得が市民性の核とされる事態が生じているのである。これが、シロヴァが述べるところのラトヴィア化 (Latvianization) であり[13]、言語文化的な意味での「ラトヴィア市民」によって「市民」概念が独占されていることを示している。

2　社会統合と市民性教育

（1）社会統合からみた教育改革

教授言語政策は、ラトヴィアの社会統合上の問題として多くの先行研究で取り上げられている。ラトヴィア国内でも民間の研究シンクタンクが継続的に調査報告を積み上げてきた。たとえばバルト社会科学研究所（ＢＩＳＳ）や、ソロス財団による Providus などである。本項では、それらのシンクタンクの調査報告書を中心に、社会統合の観点から教育改革をみることとする。

ＢＩＳＳのディレクターでもあるラトヴィア大学社会科学部のゼパ（Brigita Zepa）は、社会統合の観点から教育政策を分析し、いくつかの論点を提示している[14]。そのうちバイリンガル教育と教育改革に関係する論点として、前者の導入はマイノリティ青年のラトヴィア語のスキルを向上させ、労働市場への統合を促進する一方で、上述の二〇〇四年の教育改革はむしろ言語によるコミュニティの分断を促したことを挙げている。

この論点は、二〇〇四年の後期中等教育の教授言語の改正実施が問題化した時期に実施された調査と、二〇〇八年実施の言語に関する調査[15]がその根拠となっている。いずれの調査もＢＩＳＳによるもので、ゼパも参加している。前者は調査対象をロシア語学校の九～一二年生の生徒とその親、そして同学校の教員とし、量的調査と質的調査を組み合わせて行っている。報告書によれば[16]、特に質的調査（フォーカス・グループによるディスカッション）において、その改革が言語によるコミュニティの分断を促したことが次のように示唆されている。それは、ロシア語やその文化はロシア語系住民のコミュニティにとって、自らのアイデンティティの重要な要素であるが、二〇〇四年の教育改革によって、ロシア語の置かれた現実の地位が浮き彫りにされることとなり、生徒や親はロシア語が攻撃され、また自分も脅かされていると感じ、教育改革への抵抗の態度表明となったのではないかということであった。他方、量的調査からは、彼らのあいだでもラトヴィア系住民に親しみを感じる傾向はかなり大きい（生徒八二%、親九七%）ことが明らかにされている。

これらの分析結果は、社会統合の難しさを示している。特に若い世代のロシア語系住民はラトヴィア語を習得し、日常的なコミュニケーションには不自由せず、普段はラトヴィア系住民と良好な関係を保ち、労働市場への統合も進んでいるにもかかわらず、二〇〇四年教育改革のようにロシア語が脅かされる状況がひとたび成立すると、「わたしたち」と「彼ら」という言語によるラトヴィア社会の分断が表出するのである。

（2）国際調査にみるラトヴィアの市民性教育

独立後のラトヴィアの市民性教育をみると、一九九〇年代前半にEUの高等教育改革支援プログラムであるテンプス（TEMPUS）のプロジェクトの一環として、デンマークの教員養成カレッジとイギリスの大学がラトヴィアの高等教育機関と共同で教師教育における市民性教育のプログラム開発を試みている。[17] 社会変動後の市民性教育をどのように捉えるのかは、まずは教師教育の課題であった。その際にも、ラトヴィアの特殊な多民族の社会構造や言語の問題が市民性教育の前提としてあげられている。

現在のラトヴィアの学校カリキュラムにおいては、市民性教育は四つの教科（倫理、健康教育、入門経済学、公民）を統合した新教科である「社会科（Sociālās Zinības/Social Sciences）」によって主に担われている。この社会科は二〇〇五年に導入され、二〇〇七／〇八年度から一～九学年のすべての学年で実施されたばかりである。教科の指導ガイドラインは国立教育センター（ＶＩＳＣ）によって示されており、同センターは教科書の検定も行っている。たとえば政治的市民としてのトピックスが多く含まれる第九学年の教科書（*Sociālās Zinībās 9. Klasei*, Zvaigzne ABC,

2010）は、「コミュニティの発展」「私——将来のために」「私の果たす責務」「社会秩序と安全」「人権」「社会と政治」「世界の中のラトヴィア」「環境保護」「経済的な思考と行動」「安全入門」の一〇章から構成されている。このほか、ＮＰＯ／ＮＧＯ団体[18]が市民性教育に関係する教材や教員向けプログラムを提供している例もある。また、学校内外で展開される「興味関心に沿った教育（Interešu izglītība）」にも、社会化と関わった市民性教育の要素をみることができる[19]。

社会科における市民性教育の成果はまだ検証されていないため、ここでは国際到達度評価学会（ＩＥＡ）が二〇〇九年に実施した国際公民・市民性教育調査（ＩＣＣＳ）の報告書[20]を手がかりに、ラトヴィアの市民性教育の一端をみることにする。この調査の対象は八年生（およそ一四歳）と彼らを担当する教員である。また参加国・地域数は三八で、うち二六カ国がヨーロッパからの参加となっている。

報告書によれば、この調査の一つの指標である生徒の「市民としての知識（civic knowledge）」について、ラトヴィア（四八二点）はＩＣＣＳの平均値（五〇〇点に換算）をかなり下回っている。また上位得点者が少ないのも特徴である。

この点に関し、ラトヴィア国内の調査結果報告に基づき、学校の地理的位置別（首都リーガ、大規模市部：調査当時の六直轄市、小規模市部、地方）、そして教授言語別（ラトヴィア語、ロシア語、ラトヴィア語とロシア語のデュアル・ストリーム）により詳細に検討すると、次のような結果が得られる[21]。

地理的位置別では、リーガが四九八点、大規模市部が四七一点、小規模市部が四八五点、地方が四六七点で、特に地方は得点が低い。教授言語別では、ラトヴィア語学校が四八五点、ロシア語学校が四七六点、デュアル・ストリーム学校が四六四点であるが、地理的位置と教授言語を組み合わせると、次のように異なる結果も導き出される。すなわち最も得点の高いのはリーガのラトヴィア語学校（五一八点）、反対に最低は地方のロシア語学校（四三〇点）であった。この差異はかなり大きいと言える。

またリーガではラトヴィア語（五一八点）、ロシア語（四八一点）、デュアル・ストリーム（四三三点）となり、言語別の差が最も大きい。他方、大規模市部では、ラトヴィア語（四七四点）、ロシア語（四六七点）、デュアル・ストリーム（四六九点）で、ここでは言語間差異がほとんどない。また小規模市部ではラトヴィア語（四八九点）、ロシア語（四八三点）、デュアル・ストリーム（四三四点）、地方ではラトヴィア語（四六七点）、ロシア語（四三〇点）、デュアル・ストリーム（四八二点）となっている。

以上の結果から、国内調査結果報告書にもあるように、「市民としての知識」について以下の三点が指摘されよう。

第一に、教授言語別の差異はリーガが最も大きい。

第二に、低得点はリーガと小規模市部のデュアル・ストリーム学校と地方のロシア語学校で顕著である。

第三に、大規模市部では言語間差異がほとんど見られない。

カングロをリーダーとする報告書作成グループによれば[22]、こうした結果の要因は現時点では分析できていない。しかし、地理的差異については、他の調査でもリーガを中心とする都市部と地方とのあいだでは得点差が大きく、今回の結果もその一例と考えられるという。地方には社会経済的に低階層の住民が多いことが要因の一つと推測されている[23]。

他方、ＰＩＳＡでは教授言語別の成績の差異が小さくなってきており、この調査結果はむしろ例外的だとされている。このことを考え合わせると、予想の域を出ないとはいえ、大きな差をもたらした要因として、ロシア語学校の生徒については、彼らがロシア語コミュニティの中でラトヴィア系住民とは異なる情報ソースに接していることが考えられるという。ロシア語のメディアや情報ネットワークによって、ロシア語コミュニティに特有の社会関係資本が形成されているのかもしれない。それが生徒の「市民としての知識」に負の影響を与えているとすれば、社会統合の過程にあるラトヴィアでは、この国際調査で測られる「市民としての知識」はロシア語コミュニティよりもラトヴィア語コミュニティと親和性が高い可能性がある。そうであるとすれば、それだけロシア語コミュニティのメンバーを市民社会に統合するのは困難ということになろう。言語コミュニティ間のギャップは、社会科における市民性教育にとっても課題になる。

(3) 分離型学校とアクティブ・シティズンシップの行方

前出のProvidusが参加した二〇〇八〜〇九年実施の国際比較調査[24]では、分離型学校と政治参加への志向の関係が分析されている。調査はマジョリティ学校とマイノリティ学校の教員と第九学年生徒（一五歳相当）を対象とし、アンケート調査とインタビューが実施された。ラトヴィアのサンプル数（教員数、生徒数）は、ラトヴィア語学校がそれぞれ一八三人と四〇二人、ロシア語学校が一二六人と五〇一人である。

その調査では、アーモンド（Gabriel Almond）とヴァーバ（Sidney Verba）による政治文化の三類型（未分化型、臣民型、参加型）を用い、参加型民主的市民性への志向を測る質問項目として、「政府が不公平な法律を採択した場合は、それに抗議するのは正当である」を質問紙調査に入れている。

回答結果は、ロシア語学校では教員の八五・七％、生徒の八三・二％が、またラトヴィア語学校では同じく八五・八％と八七・八％が同意しており、ほとんど差が見られない。

それに対し、「私の参加は政府の政策を何も変えることができない」という質問項目については、同意がラトヴィア語学校では教員の二九・五％、生徒の三二％にとどまる一方、ロシア語学校では教員の五〇・八％、生徒の五〇・五％に及んでいる。つまり、ロシア語学校では、正当はあっても自分の政治参加は意味がないとする意識が相対的に強く見られ、調査報告書は、彼らは自分たちには政治的な力が与えられていないと感じていると述べている。

また、分離型学校があることについて「非常によい」と回答したのはロシア語学校生徒の三八・九％、ラトヴィア語学校生徒の二三・一％であり、同じ傾向は教員にも見られ、ロシア語学校教員の二九・四％、ラトヴィア語学校教員の一四・二％であった。この点に関連して、すべてのマイノリティ生徒がマジョリティ学校へ行くと仮定した場合に「マイノリティ生徒の文化的アイデンティティが喪失する」という質問項目に同意するロシア語学校教員の平均値は、四・〇三（五点スケール）とかなり高い結果が出ている。彼らにとって、ロシア語学校の存在は自らのエスニック・アイデンティティを保持する上で重要な場であると認識されていることが、このことからも指摘できる。

さらに、同調査をもとにラトヴィアの分離型学校における市民性の形成についてまとめた報告は[25]、それぞれの学校の生徒の約九〇％が同じ言語集団内で主な友人関係を持っていることを明らかにしている。このようにラトヴィア語学校とロシア語学校の生徒同士の接触が少ないことが、異なる言語集団への偏見を生み、多文化環境で生活していくことを困難にさせている可能性が指摘されている。

以上から懸念されるのは、分離型学校制度の維持志向が強くなれば言語による社会の分断が助長され、対立するコミュニティの再生産へと連動しかねないことである。そして正当ではあっても自分の政治参加は意味がないとする意識も特にロシア語コミュニティの中で再生産されるとすれば、それは市民性教育の未解決の課題となる。

おわりに――統合ヨーロッパのなかの国家建設

『ヨーロッパの一〇〇年』を書いたオランダ出身のマック（Geert Mak）は、ウクライナにある黒海に面した街オデッサで面会した、現地のヨーロッパ学の教授が語ったことばを、その著書で次のように記している。

東のほうからヨーロッパを見ると、別の観点が生まれます。西欧はいつも自分の存在だけで十分でした。東の境界では人はいつも「われわれはヨーロッパに属しているのか」という疑問を抱えてきたというのに。だから東欧では論議が繰り広げられるのです。ヨーロッパの本質について西欧よりずっと多くの。ヨーロッパとは何か？　何がヨーロッパであらねばならないのか？　ヨーロッパはどうなるべきか？(26)

ヨーロッパの周縁に位置するラトヴィアも、「われわれはヨーロッパに属しているのか」をいつも問うてきた。それは二〇〇四年のEU加盟以降、ラトヴィア社会にとって最大の課題でもある。

ヨーロッパに位置づこうとする現在のラトヴィアは、ラトヴィア語によるラトヴィア化によって市民形成を図ることで、ヨーロッパ回帰を進めている。そして、そのヨーロッパ回帰は、ロシア語に対する不寛容を基盤としている。ロシア語への寛容を認めることは、ロシア語によるロシア化の過去を持つラトヴィアにとっては受け入れられないものであり、またそれではヨーロッパ回帰とはならないからである。しかし、その不寛容さの上に成り立つヨーロッパ志向のナショナリズムは、既述のように、EU加盟交渉の際に市民権の付与ならびに言語政策が人権問題となるなど、ヨーロッパ的価値に抵触することにもなる。

この国家と言語をめぐる矛盾は、市民性教育に一つの問いを投げかけている。民主化という課題は誰もが認めるものであり、既述のようにラトヴィアでも市民性教育は進められてきているが、ロシア語に対する不寛容は、ロシア語系住民をラトヴィア系住民と対等な市民として認めるのか否かという根本的な問いをもたらしているのである。その結論を得ることがまずは求められるであろう。

こうしたラトヴィアの例は、ＥＵの加盟国であるということの要求の高さを示すものでもある。ドイツとフランスの和解に始まるＥＵの制度史を振り返れば、国民統合を達成した諸国が守るべき新たな規範が加盟国には求められており、ＥＵが示すヨーロッパ的価値に基づく規範に、旧体制からの移行期にある新規加盟国をあてはめるとき、上述のような矛盾やディレンマが生じる。もちろんラトヴィアでも多民族・多文化的価値を尊重することは政策文書にも記されているが、一方でラトヴィア語を核としたラトヴィア社会の姿も同時に謳われる状況がある。

西欧諸国で矛盾を解く鍵とされてきた多言語・多文化主義は、ラトヴィアで今後、有効な方法として機能していくであろうか。ラトヴィアの市民性理解はロシア語系住民によってどのように受容されていくのであろうか。市民性教育は市民社会の成熟をもたらすことができるだろうか。

市民性教育が模索されるなか、現在のラトヴィアは、国外への人口流出というもう一つの問題を抱えている。ＥＵ加盟にともなう人とモノの域内の自由な移動に目を向けると、ラトヴィア社会にとって総合的にはプラスであっても、マイナス効果も大きいことがわかる。それは、一時的な出稼ぎ者や留学生であったはずの人々がラトヴィアに戻らない可能性が高いからである。ラトヴィア政府統計によれば、ＥＵ域内への人口流出は大幅な増加傾向にある[27]。二〇〇七年にその数が合計一七二三人であったのが、二〇一〇年には七〇四八人となり、流出数全体でもＥＵ域内が六六%を占めている。つまりラトヴィア語を核にラトヴィア市民を育成しても、多くの人が「ヨーロッパ市民」としてラトヴィアを離れていってしまうという現実があるのである。それはまさに、ラトヴィアのように人の送り出し国となっている小国でみられる、統合ヨーロッパのなかでの国家建設の困難さでもある。

ラトヴィアにとって今後の目指すべき市民像とは何なのか。いくつかの問いを抱えながらＥＵ加盟一〇周年を迎えようとしている。ＥＵが果たす市民社会の成熟に向けた役割のゆくえとともに、ラトヴィアの今後が注目される。

第Ⅲ部　移民の包摂

第9章　フランスにおける移民教育の転換

園山大祐

はじめに

ヨーロッパの市民性教育は、冷戦構造の終結、中・東欧の民主化への対応、さらに一九七〇年代から家族の呼び寄せによる外国人労働者の定住化、なかでもムスリム移民二世に対する人種差別、外国人嫌悪への対応など、多岐にわたる要求に迫られる形で開始された。

また本章が注目するフランスでは、他の移民大国（イギリス、ドイツ、オランダなど）と同様、長期にわたる景気の低迷もそれを後押ししている。経済格差の拡大および長期化する若者の失業、貧困の世代間連鎖などが社会病理として政治・社会的な喫緊の課題とされ、こうした複層的な社会病理の解決への貢献が期待されているのである。すなわち、これまでの同化、統合、挿入（insertion）では社会的な包摂（inclusion）ができなかった移民層、貧困層、新規外国人、ムスリム移民等に社会病理のしわ寄せが来ている事実に目を向け、新自由主義経済のもとで格差を縮小するため、より積極的に市民参加させるためにも、周縁化された人々を中心に戻す（社会参加させる）公共サービスとして、いま市民性教育に注目が集まっている。それは具体的には、フランス語の教育、市民参加に向けた公民教育、共生に向けた人権教育、不寛容や差別との闘いなどの形を取る。ここでは、フランスがEUおよび欧州評議会で中心的な位置を占めることも重要な意味を持つ。また、第2章で述べられているアクティブ・シティズンシップの考え方はフランスでも定着しつつある。

本章では、セグリゲーションからインクルージョンへという移民政策の展開に連動した外国人（移民）教育の変遷に焦点をあて、より具体的には外国人児童生徒の受け入れと定住移民の学力問題をめぐって二〇〇〇年以降に顕著になった問題状況を検討していくことにする。

また、外国人や移民とフランス人の共生を目指す教育実践に向けた政策についても言及したい。定住志向の強い二世以降の移民の教育・社会的課題からは、我が国の同様な問題を考える上での示唆が得られるであろう。このように、本章は、教育環境の整備を通じた公正な社会の実現を目指す活動に注目することにより、フランスの市民性教育の一端を明らかにしようとするものである。

1　外国人受け入れの始まり

フランスにおける教育の義務は、一九世紀以来、すべての子どもを対象として考えられている。いずれの教育法（一九三六年、一九五九年、一九八九年、二〇〇五年）も、国籍に関係なく外国人を含むすべての義務教育年齢の子どもを受け入れることを確認している。(1) もちろん、こうした確認が繰り返しなされてきたということは、裏を返せば、外国人とくに不法滞在者の子どもの受け入れを拒んだ学校、自治体の例があったということだろう。弁護士団体である「移民への支援と情報提供団体（GISTI）」の報告書でもそのような不当な扱いが未だに後を絶たないことが指摘されている。[2] とはいえ、こうしたケースは限られており、万一そのような処置を受けた者は、差別禁止平等推進高等機関（HALDE）などを通じて人種差別問題として法的に訴えることができる。その意味では、日本と比べてフランスをはじめとするヨーロッパでは、子どもの教育を受ける権利は厚く保障されていると言ってよい。

外国人の受入学級は、一九七〇年一月一三日付の通達により入門学級（ＣＬＩＮ）として誕生した。[3] なおパリ大学区では、すでに一九六五年より先導的な試みが開始されてもいた。[4] すなわち教員が複数の学校を掛け持ちして補習授業を行う統合補習学級（ＣＲＩ）と呼ばれていたものが、一九七〇年の通達以降、正式に外国人の特設学級として設置されたのである。

ＣＬＩＮは基本的に一学級一五名まで、対象年齢は七歳から一三歳としている。受け入れ可能年限は原則として一年である。第二言語としてのフランス語（ＦＬＳ）の習得が目的であり、児童生徒のフランス語能力および学校文化への適応状況に応じて、随時、原学級に受け入れられることになっている。一般的には、音楽・美術・体育などの教科から原学級での授業を受け始め、徐々に他の教科に拡大していく方法がとられている。

以上がフランス語の習得を促す措置であったのに対し、出身国の言語の教育をめぐっては、一九七三年以降、「出身言語と文化の教育（ＥＬＣＯ）」の実施のために、ポルトガル、イタリア、チュニジア、スペイン、モロッコ、旧ユーゴスラヴィア、トルコ、アルジェリアとのあいだで順次二国間協定が締結されてきた。これによって教育課程外ではあるが、学校の教室を利用して、出身国から派遣され、報酬を受ける正規教員が授業を担当する形で、大多数の移民の子どもの言語と文化の保持を目的とした教育が施された。なお一九七三年は、オイルショックの影響もあり、単純労働者の受け入れを停止した時期にあたり、家族呼び寄せによる移民の子どもの教育問題が浮上し始めたことが、こうした動きの背景にある。

一二歳から一六歳を対象とした施策としては、一九七三年に中等教育段階に受入学級（ＣＬＡ）が設置された。[5]このＣＬＡはほとんどが中学校に設置されている。

また一九七八年になると、それまでの「非フランス語話者の外国人」という表現が「外国人移民」に改められた。[6]そして一九八六年には「外国人生徒」へとさらに修正され、ニューカマーに限定せずに外国人全般の受け入れと統合が小・中・高校において目指されることとなった。

最後に、一六歳以上の義務教育後の生徒について言えば、上述のＣＬＡが設置されているのは普通・技術高校で約五％、職業高校では一〇％未満にすぎない。そこで、各大学区におけるニート[7]対策として、一六歳以上の若者の職業編入を目的とした部局（MGIEN）においてフランス語教育を行うと同時に、出身国でほとんど学校経験のない外国人に向けて「準特殊職業編入教育課程における識字と外国語としてのフランス語教育（CIPPAFLE-ALPHA）」を用意するなどの対応をとっている。[8]

そのほか、以上のような生徒への対応と並行して、一九七五年のリヨンでの設置をかわきりに、各大学区に、移民の子どもの就学のための教員養成と情報センター（CEFISEM）が設けられ、初等および中等学校の受入学級についての情報交換と教員研修の場が整備されていった。

こうしたフランスの動きは、ヨーロッパの国際機関でも注目を集めるところとなった。[9]当時のＥＣの指令では、人口の流動性の高まりを受けて、受け入れ国の義務として移民の子どもの教育の改善が求められ、具体的には、ホスト国言語の効果的な習得のための環境を整えた上で、可能な限り出身国の言語と文化の教育についても出身国と連携しながら調整することが求められていた。また欧州評議会は、こうした異文化間教育の考え方を以前より強調しており、一九九〇年代以降多くの報告書で異文化間教育の成功例を紹介し、パイロット・プロジェクトを実施してきた。

なお、当初評価の高かった国は、イギリス、スウェーデン、オランダなどであり、フランスは教育制度の整備は早かったものの、その教育理念には疑問符がつけられてもいた。すなわちそのフランス語教育は同化主義的とされ、またＥＬＣＯなどは帰国を前提とした原学級から分離された教育として、欧州評議会が強調した異文化間交流の拠点とはならないとされたのである。

他方ＥＵは一九八九年の文部大臣会議において移民のなかでもロマ人の就学に注目している。(10) この特定のマイノリティに注目が集まったのは、当時ロマ人の成人の識字率が五〇%程度と著しく低く、子どもの三〇～四〇%しか就学していない状況が報告されたことによる。当然、一定数のロマ人を受け入れていた諸国では、就学促進に向けた対策が施されることになった。フランスでは二〇〇二年に旧CEFISEMが、ニューカマーと移動生活者の就学のための大学区センター（CASNAV）へと改組され、その活動対象にロマ人が加えられた。そこでは「ニューカマーと移動生活者の子どもの統合と支援」を目的とすると明言され、特にロマ人を内包する「移動生活者」という表現を加えることで、対象を拡大したのである。(11)

こうした対応の結果、その間に問題とされてきた優先教育地域（ＺＥＰ、一九八一年から）を統括する大学区優先教育網センター（CAREP）と、移民や移動生活者の子どもを対象とするCASNAVの役割、それに郊外を中心とする困難都市地域（ＺＵＳ、一九九六年から）の政策問題とを区別することが必要となった。無論、実態としてはこうした困難地域は優先地域と重なるし、住民の多くは移民でもあるため、その学校は自動的に教育困難校となり、優先地域校にも指定されてＣＬＩＮやＣＬＡが設置されることになる。しかし、対象とされる生徒、教育方法、教育目的には違いもあることが充分に認識されないために、資源（CASNAV, CAREPや優先教育校のコーディネーターなどの人材や情報）が共有されず、充分に機能していないことがしばしば指摘されてきた。教育効果も充分にあらわれず、優先教育をはじめその政策の効果には疑問が残されている。(12)

こうしたなか、二〇〇五年の通達（二〇〇五－六七号）では、外国人児童生徒のフランス語能力の到達目標としてフランス語能力検定（ＤＥＬＦ）の習得を目指すことになった。それまで曖昧とされてきた到達すべき言語能力のレベル、つまり学業の継続や就職において必要なフランス語力が明確化されたのである。

2　外国人受入学級の課題

これまでに見てきた受入学級が直面する課題は、以下の六点にまとめられる。

第一に、外国人なのか、ニューカマーなのか、非フランス語話者なのか、というように受け入れの対象が曖昧なことである。また、受け入れの際の判断基準はフランス語能力だが、ここにも明確な基準がない。フランス国立移民教育研究所（CNDP-migrant）が発行している試験問題集などもあるが、筆者のこれまでのヒアリングでは、こうした問題集が各自治体の担当者や学校教員によって活用されている例はほとんどない。

第二に、統合高等審議会（ＨＣＩ）の報告書[13]以来指摘されている点であるが、受入学級の設置校の問題である。具体的には、まず移民の集住地域や優先教育地域外に、すなわち移民の比率の低い富裕層の学校に設置して社会混交を高めること、また高校への設置、特に普通・技術高校への設置が課題となる。

第三にフランス語の教育方針について、第二言語としてのフランス語（ＦＬＳ）なのか、外国語としてのフランス語（ＦＬＥ）なのかが明確にされていないという問題がある。[14]特にバイリンガル教育が遅れているフランスでは、フランス語を唯一の教授言語とし、重要視し過ぎるきらいがあり、そのことが外国人の出身言語および文化の剥奪となって彼らのアイデンティティ形成に強く影響を与えているとされる。実際に、移民のフランス語における自信のなさが言語一般に対する苦手意識を生み出して出身言語の能力にも影響を与え、さらにそれが社会における移民のイメージを悪化させ、スティグマ化させ、学業不振へと追いやるという悪循環をもたらしているとする考えは少なくない[15]。ＥＬＣＯなどの実践の見直し、分離されたＥＬＣＯではなく、出身言語と文化の教育がその学校計画の中心におかれた異文化間教育の視点の積極的な導入などが待たれる。

オジェ（Nathalie Auger）によると、カナダをはじめとするバイリンガル教育の先進国には多くの研究と蓄積があるということだが、フランスの移民の受入学級はこうした諸外国の実践を充分に評価せず、依然としてモノリンガル主義に固執している。またフランスの学校文化に根深い、書き言葉に対する強いこだわりがみられる。こうしたこだわりが、外国人（移民）にとっては出身言語を失う原因となる。すなわちフランスの学校では、社会適応のためにフランス語の習得が求められるだけでなく、フランス語こそ世界で最も偉大な言語であるという価値観が支配的なために、特に書き言葉を知らないアラビア語話者の移民にとっては、知らず知らずのうちに自分の出身言語の剥奪を受け入れざるを得ない。なお、こうした考え方はフランスに特有であり、同じフランス語圏でも、カナダ、スイス、ベルギーなどでは異なるという[16]。

第四に、カイユ（Jean-Paul Caille）の研究に見られるように[17]、フランスでは学業不振のリスクを最小限に抑える目的で就学前教育の充実が奨励されてきたが、こうした指摘がなされてすでに数十年が経過するにもかかわらず、一向に改善が見られないということである[18]。

第五に受入学級の教員養成の問題がある。教員養成課程に外国人のためのフランス語の教育方法が導入されていないことや、異文化間教育あるいは外国の教育制度などに関する比較教育学の講義がほとんど存在しないことの問題が以前から指摘されてきたが、こうした点も相変わらず改善されていない。教育史の講義でさえも、ほとんどがフランス国内の教育史に限定されている。

最後に、いわゆるエリート型の学校教育に由来する課題とも言えるが、かねてから筆者が疑問に思っていることを指摘したい。

フランスでは、一九七五年以降、中学校までを単線型教育制度に移行する目的で、「統一コレージュ」という名のもと、すべての生徒が同様の教育課程を受けている。しかし実際には、フランスに生まれ、その国籍を持つ児童生徒の多くが外国人学級[19]や普通および職業適応教育学科（SEGPA）、地域圏適応教育施設（EREA）などで学ぶことを求められてきた。こうした背景には一九七五年六月三〇日付の障碍児教育法で、社会・文化的な障碍も障碍児（適応）教育の対象とされたことがある。そして、そもそもSEGPAや障碍児の旧統合教育学科（UPI）の多くが、移民の集住する居住区の中学校等に設置されていること自体に疑問がある。フランス語の能力が遅れている児童生徒がこうした学科や学級に追いやられるにいたる構造的な問題、さらにはこうした現実が自明視されているところに、意識されざる差別が見られるのである[20]。この問題についての実態分析はここでは行わないが[21]、統一コレージュ政策によって、フランス教育制度のエリート主義がかえって平均的な学力に収まりきらない生徒を周縁化し、こうした教育制度の構造が移民の子どもたちに対して非常に不平等に働いてはいないだろうか。これは、我が国においても、同調性・画一性に重きを置く教育を強く求めてきただけに、単にフランスの問題として看過できないと言えよう。

3　新たな移民の受け入れ

表9-1は、フランス国民教育省が公開している外国人児童生徒の概数を示している。概数なのは、新規の外国

表 9-1　2000 年以降の外国人児童生徒数

年　度	2000	2001	2002	2003	2004	2005	2006	2007	2008	2009	2010
生徒数（初等）	11, 820	15, 965	17, 975	18, 614	19, 451	18, 952	17, 586	17, 280	16, 952	17, 346	18, 487
CLIN, CRI 数	804	908	1, 033	995	1, 001	1, 108	1, 176	1, 312	1, 478	n.d.	n.d.
生徒数（中等）	13, 416	15, 786	20, 251	20, 530	20, 634	20, 333	19, 946	17, 627	17, 765	18, 356	19, 604
CLA, Mod 数	627	712	780	778	832	964	960	878	819	n.d.	n.d.

注）n.d.＝データなし。Mod ＝「モジュール」とは言語支援授業のこと。
出典）HCI, Les défis de l'intégration à l'école et Recommandations du Haut Conseil à l'intégration au Premier ministre relatives à l'expression religieuse dans les espaces publics de la République, 2010, p. 20 ならびに MEN, *Repèrs et références statistiques,* DEPP, 2011, p. 29.

人児童生徒の数は年度のどの時点をとるかにより変動が大きく、追跡が難しいためである。とはいえ、ここで確認できるのは、その数値が二一世紀に入ってから二〇〇四年まで増加していること、その後は初等、中等教育とも生徒数で若干増減しているものの、学級数は初等で増えているということである。なお、この表を見る限り、一学級一五名未満という原則は、実際には守られていない可能性がある。

また大学区ごとに受入者の出身地に大きな違いがある。ポワティエ、マルチニック、レンヌ大学区では、外国人児童生徒の三分の二が非フランス語圏出身である。さらにヴェルサイユ、グアドループ、ディジョン、ラ・レユニオンにおいては九五％が、パリ、ルーアン大学区では一〇〇％が非フランス語圏出身者となっている。

また、近年問題となっているのが一六歳から一八歳の入国者への対応である。[22]彼らは未成年であるため出身国に強制送還することができず、したがってフランス国内で職業への参入を促す必要がある。さらに、彼らはこれまでの移民と異なり、歴史・文化的に繋がりの乏しいアフガニスタンなどの様々な国や地域からやって来ており、それゆえ、これまでの経験知を生かした対応が難しいというのも、しばしば教員から聞かされるところである。さらにヴァルヌ・マルヌ県では四一％のニューカマーが一六歳以上という報告もある。[23]早急な職業参入の必要性と同時に、彼らの受け入れを職業資格に限定せずに、普通高校にも開かれたものにすることが求められている。

4　外国人との共生を目指した教育

移民をめぐるもう一つの問題は、彼らが特定の大都市に集住していることである。一九九六年より、社会経済的に困難な地域（ZUS）を指定して支援する都市政策が進められているが、トリバラ（Michele Tribalat）の調査によれば、[24]今日、全国七五一のZUSに四四〇万人が住み、そこでの移民の比率は約四分の一にのぼっている。ZUS外の地域での移民の比率は四％程度であることから、彼らがいかに集住しているかは明らかである。また第三世界出身の移民について見ても、その約四人に一人がZUSに住んでいるという。

このような現象は「ゲットー化」あるいはセグリゲーション問題として以前より懸念をもって見られてきたが、二〇〇五年秋のパリ郊外を発端とする若者の暴動はまだ記憶に新しい。特にイル・ド・フランス圏や、パリ市郊外の北部に位置するセーヌ・サンドニ県、そして特にクリシー・ス・ボア市、オーベルヴィリエ市やラ・クルヌーヴ市などは、マグレブあるいはサブサハラ以南のアフリカ系移民が多く住むことで有名である。これらの地域では外国人住民の割合が四分の三を超えており、共生に向けて課題の多い郊外都市として知られる。そして当然のことながら、こうした地域では学校でも移民の比率が非常に高くなっている。

移民労働者のあいだでは無資格者の比率が高い（三七％）が、ZUSの移民労働者ではさらに数値は悪化し、四六％が無資格者とされている。これは若者層に限っても変わらない。一五～二九歳の年齢層でも無資格労働者は三七％にのぼっている。[25]そのほかマグレブやアフリカ系移民の特徴として、女性労働者が少ないことが指摘されてきたが、このことも世帯収入が低く抑えられる要因となっている。
外国人児童生徒に対する施策をめぐっては、こうした社会背景を直視することが求められる。つまり言葉や文化の違い以上に、彼らのおかれている生活条件、労働条件についても学校や教員は充分考慮する必要がある。すなわち、どのようにして保護者に子どもの教育に関心を示してもらい、学校に足を運んでもらえるようにするのか、また、保護者のうち誰であれば連携が可能なのかといった具体的な対応については、家庭ごとにそれぞれ考える必要がある。
こうした問題意識に基づき、国民教育省は二〇〇九年より、学校・教員と保護者のあいだの信頼形成のために、「統合の成功のために保護者を学校に迎え入れよう」という実験的なプロジェクトを開始した。そこでは、親が教育責任を果たせるよう支援することを目的として学校の開放が進められている。[26] また一二の県（一〇の大学区）では、移民省とも連携してフランス語の学習支援を学校で行うという新しい取り組みも開始された。そのほか一部の大学区では、学年初めの取り組みとして、保護者に二〜三日かけて居住区の様々な学校を訪問してもらい、学校制度への理解を促す試みも進められている。[27]
以上のような教育支援に加えて、就労支援という観点からは、二〇〇六年より国民教育省と機会の平等促進省が連携して「企業研修を目標に」という名前の事業を実施している。[28] これは出自や住所等による研修機会における差別をなくすことが目的である。また同年、雇用省移民局と国民教育省は、外国人生徒の企業研修の促進や初期雇用を支援するキャンペーンを開始した。[29]

5　貧困と教育

これまで見てきたように、外国人と移民の教育課題は同時に都市政策問題でもある。また、貧困対策はフランス国内の優先的な政治課題であると同時に、EUレベルにおいてもニース条約以来、「社会的排除との闘い」として最重要課題の一つと認識されている。そこで雇用・社会的結束・住宅省は、フランス初と言ってよい、子どもを対象とした貧困研究プロジェクトを立ち上げることとなった。

本節では、その雇用・収入・社会的結束委員会の報告書『フランスにおける貧困な子どもたち』[30]をもとに、今日の貧困と教育の関連を検討する。

はじめに、所得分布の中央値の半分以下の収入しかない、いわゆる貧困層の人々について見てみよう。一九九九年の数値では、貧困ラインは一カ月の一人あたりの収入が五五七ユーロとなり、約三七〇万人（全人口の六・五％、一八歳未満に限れば七・八％）がそれ以下のグループに入ることになる。さらに最貧困層とされる四五〇ユーロ以下の生活を余儀なくされている子どもも約三〇万人（一八歳未満の二・二％）にのぼる[31]。ちなみにOECDによる二〇〇〇年の調査によれば、貧困ライン以下の所得で生活する人々が少ない国の上位は、北欧諸国（デンマーク、フィンランド、ノルウェー、スウェーデン、それぞれ二・四〜三・六％）によって占められ、他方、日本は全人口の一五・三％、子ども人口の一四・三％（一九九四年）となっている[32]。七・八％というフランスの数値は、日本よりはかなり良いものの、北欧諸国に比べると格差が開いてしまっていると言えよう。

次に、一人親家庭と両親がいる家庭を比較すると、もはや前者もまったく珍しくないにもかかわらず、彼らの経済状況が楽でないことが数字で裏付けられる。すなわち一人親家庭が全体の二三％なのに対し、それが貧困家庭の

表 9-2　移民の世帯主の国籍による貧困率

（%）

		平均	EU 圏国籍者		非 EU 圏国籍者
			EU 圏の出自	非 EU 圏の出自	
全　体		7.8	5.9	11.3	25.9
18 歳未満の子どもの数	1 人	6.8	5.6	11.0	25.8
	2 人	6.4	5.2	9.2	25.4
	3 人	7.8	5.9	10.8	21.3
	4 人以上	17.1	11.9	19.2	31.2
一人親，就業		7.2	6.3	7.0	23.4
一人親，失業		27.8	25.8	35.6	36.5
両親，共働き		1.9	1.7	3.0	7.8
両親，片方		8.3	6.4	10.4	20.3
両親，失業		44.1	40.0	49.6	50.2
無資格		16.7	13.4	18.5	28.6
BEPC，CAP，BEP		5.4	4.8	11.8	17.6
バカロレア以上		3.1	2.0	6.2	20.9

注）BEPC ＝中学校修了証，CAP ＝職業適任証と BEP ＝職業教育修了証は高校段階で取得できる資格。

出典）CERC, *Les enfants pauvres en France,* La documentation française, 2004, p. 47 をもとに筆者作成。

中で占める割合は二七％となっているのである。なお、両親がいる家庭の場合も、子どもの数が四人以上になると、貧困家庭の割合が子どもの数が三人のときの三倍近くになる。

では、そうした一人親家庭の雇用状況はどうなっているのだろうか。

すぐに目につくのは、貧困家庭は失業率が非貧困家庭の三倍近いこと、そして正規雇用者が一三％と極端に少ないということである。職業階層についても、従業員と労働者が八三％を占めている。学歴上も無資格者が半数以上と多い。

また国籍別に見ると、非ＥＵ圏国籍者――二〇〇四年時点のＥＵ加盟国の国籍を持たない者――の一二・八％が貧困家庭であり、その多くがアフリカの旧植民地からの外国人労働者家庭である。また表９-２に示すように、ＥＵ圏国籍者もＥＵ圏に出自を持つ人々とそれ以外の人々に分けられる。これは、フランスで出生した者には、出自を問わずフランス国籍が認められるためである。

まず全体的に、右の列に移るに従って貧困率が上昇する傾向にあることがわかる。特に全体平均と一番右の列の

表 9-3　社会階層と学力テストの結果（100 点満点）

	CE2（小学３年生）		第６級（中学１年生）	
	仏語	数学	仏語	数学
上級管理職，自営業	79.8	73.8	78.0	74.9
中間業者	77.4	71.7	73.4	70.5
事務職員	73.0	69.5	69.5	64.9
職人，商人	74.3	68.5	67.9	66.5
農業者	73.2	69.0	68.7	64.5
労働者	67.5	63.4	63.0	59.1
働いていない人	60.3	54.4	59.2	53.7
平　均	72.0	67.1	68.5	64.6

出典）CERC, *Les enfants pauvres en France*, La documentation française, 2004, p. 95 をもとに筆者作成。

非ＥＵ圏国籍者との格差については、ほぼすべての項目で全体平均の約二倍から四倍で推移している。なかでも最終資格の点から言えば、バカロレア以上を持つ世帯主の場合、全国平均では貧困状況にある者は三・一％にすぎないが、非ＥＵ圏国籍者では二〇・九％と、六倍以上になっている。このように非ＥＵ国籍者は高い学歴を持っていても、経済状態がなかなか良くならないところには、雇用差別を含む社会的な差別が歴然たる数字となって表れていると言えよう。

以下、続いて貧困層の子どもの教育の実態に注目したい。

最初に、親の職業階層（職業カテゴリー）ごとの子どもの学力についてだが、表9-3からわかるように、職業階層が下に行くにしたがい、子どもの学力も明らかに下がっている。

次に、留年を手がかりに児童・生徒の学習の遅れについて見てみると、中学校への入学が遅れている比率は、貧困家庭で平均の倍近いこと、特に最貧困層の下位二〇％と最富裕層の上位二〇％とのあいだの差は歴然としている。これは、労働者と管理職という職業階層においても同様の結果となっている。

さらに、表9-4が示唆するように、貧困状況にある子どもは、非貧困の子どもに比べて留年率が高いだけでなく、学年の進行とともに深刻化しており、留年の年数も長くなっている。こうして彼らは結果的に無資格で離学するか、低い資格で卒業することになる。

これまで見てきた雇用・収入・社会的結束委員会の報告書が結論す

表 9-4　貧困状況にある子どもの学業達成

（%）

	貧困	非貧困
11 歳（中学 1 年まで）の留年率	44	23
15 歳（中学 4 年まで）の留年率（1 年）	56	36
〃　（2 年）	41	32
〃　（3 年以上）	15	4
17 歳の不就学率（無資格）	12	3
〃　（高 2 までに取得可能な資格 BEPC，CAP，BEP）	5	1.5
17 歳の就学率（CAP，BEP，職業訓練学科における留年）	41	30
〃　（バカロレアコースにおける留年）	17	24
〃　（中学校あるいは SEGPA）	6	2.5
〃　（最終学年あるいは高等教育機関に進学）	18	38

出典）CERC, *Les enfants pauvres en France*, La documentation française, 2004, p. 106 をもとに筆者作成。

るのは、一七歳で無資格の者は同年齢層の約四%を占め、そのうち三〇%が最貧困層にあたる等価可処分所得の中央値の一〇分の一以下の収入層に属するということである。反対に、最貧困層の子どもは一七歳で無資格となる可能性が平均よりも三倍高い。さらに一七歳の無資格者の半数は、貧困層といわれる収入層の下位二〇%に位置している。

ここで重要なのは、この貧困家庭の多くが移民出身者であるということである。これらの数値は、移民出身者のフランス社会への統合が極めて難しいことを表している。就職や住宅探しなどにおける差別は親（大人）の生活状況を不安定なものとし、さらにその差別を見ながら子どもは育つ。こうして多くの子どもたちが社会に失望し、学業不振そして不登校へという悪循環に落ち込んでいく。

この負の連鎖を断ち切るためにも、まずは差別をなくす必要がある。彼らの社会権がすべての子ども、教員、保護者によって共有される状況を目指す市民性教育が、こうした地域の学校でもっと重視されなければならないだろう。

また当然のことながら、子どもの貧困との闘いは社会的結束（cohésion sociale）のためにも重要である。貧困家庭に生まれることが、社会から排除される危険や経済的に貧困な大人になる可能性を拡大している現状は、社会正義の観点からも許容できない。現在、二歳児を対象とした教育や、小学校から始まる放課後等を利用した無償の学習支援といった試みが展開されているが、それらはこうした現状に取り組もうとするものである。

おわりに

最後に障碍児教育に目を転じると、フランスでもようやく二〇〇五年に分離教育からインクルーシブ教育への移行が行われた。同年二月一一日施行の法律「障碍者の権利および機会の平等、ならびに参加および市民権のための法律」（以下「障碍者法」）は教育界に大きな影響を与え、教育実践と理念の変更を迫った。すなわち障碍者教育の発祥の地であるフランスは、その教育の充実度と質の高さを誇り、これまで一般学級での障碍者の受け入れを拒んできた。その意味で、二〇〇五年の障碍者法が、保護者に、最寄りの通常学校の通常学級に対してわが子の受け入れを求める権利を与え、かつそれを奨励したことは画期的であった。

これは世界の趨勢からすれば当然の流れと言えるが、フランスの教員文化ならびに学校文化に対して、教育方法および生徒との接し方の点で大きな転換をもたらした。つまり、「健常者」のみを対象とし、フランス語（特に筆記）のみを唯一の教授言語としてきた学校文化が変革を迫られたのである。

この施策は充分な準備なくして開始されたが、実施から八年が経ち、変化の兆しが徐々に見られるようになってきた。概ね教員および学校は様々な障碍への対応を用意しようと努力している。こうした結果、障碍者への拒絶反応が減少しただけでなく、インクルージョンという言葉も市民権を獲得しつつある。

この教員と学校の変化は、移民の受け入れにも転移する可能性を秘めている。これまでの統合の原則からインクルージョンに転換することが期待されるのである。つまり統合の時代は、移民など社会的弱者の教育の機会は認めつつも、彼らの文化的差異に歩み寄り、違いを認め、自らの教育文化の変容を促すようエンパワーする力が弱かった。それに対してインクルージョンでは彼らの能動的な参加を促し、新しい教育方法や、教育理念の創造が見られ、こうした教育補償は、すべての学習困難層の教育革新に繋がっていくことが求められている。

移民、障碍者、貧困層といった社会的弱者を包摂した教育こそが、今日のヨーロッパ社会の「多様性の中の統一」において必要とされる市民性教育である。いずれの障害にも対応した市民の参加が求められている。それは日々の生活に密着したものであり、社会の持続可能性を高めることに貢献する。フランスの教育界にもマイノリティに目を向け始めた気配が感じられるだけに、市民性教育における社会的弱者の扱いに注目していきたい。

第10章　オランダにおけるムスリム移民と市民性教育

見原 礼子

はじめに

オランダが一九七九年に初めて移民政策を打ち出してから三〇年あまりが経過した。その間、オランダ政府は西欧諸国のなかでも最も急激な移民政策の変革を余儀なくされた。ヨーロッパにおける移民の社会統合をめぐる議論において、長年、一つのモデルとして挙げられることが多かったオランダであるが、実際には様々な課題を抱えていた。その結果、とりわけ二〇〇一年以降はその反動がきわめて深刻なかたちで表面化してしまうのである。

本章が扱う教育分野においても同様のことが言える。オランダ政府は一九七〇年代から移民系生徒に対する様々な支援策を施してきただけでなく、移民系生徒とオランダ人生徒の間の相互理解の推進を目的とした異文化間教育(intercultureel onderwijs)の重要性をも早々と認識し、初等教育段階では一九八五年に導入された。

だが、様々な制約要因から実際の学校現場における異文化間教育の導入は限定的であり、そこから顕在化する課題に対してムスリム移民自らが教育運動を起こす動きも現れる。二〇〇一年以降はとりわけイスラームに対する反感が強まるなかで、教育の場でもムスリム移民系の生徒の社会統合をどのように進めていくかが深刻な課題として再浮上することとなる。

二〇〇六年に義務化された市民性教育（burgerschapsonderwijs / burgerschapsvorming）は、このような状況下で導入されたのであった。異文化間教育についての記載がある教育法の条項に付け足されるかたちで、「能動的な市民性と社会統合の促進」に関する条文が追記されたことがその根拠である。それは実質的に、オランダの異文化間教育は市民性教育の中に包摂され、教育政策の重点が異文化間教育からより広い概念である市民性教育へと変容したことを意味していた。オランダの市民性教育の背景と特徴は、市民性教育をめぐるヨーロッパや国際社会の潮流の影響のみならず、こうしたオランダ社会の変革期の流れのなかで理解する必要もあるだろう。

本章では、オランダにおける異文化間教育の導入から市民性教育の導入にいたるまでの二〇年間の大まかな流れを、特にムスリム移民と彼らの教育空間およびそれに対するオランダ社会の対応に着目して概観する。そこから移民政策との関連から見た市民性教育導入の意味合いを検討することが本章の目的である。

1　外国人労働者の定住化と移民政策

オランダに渡ってきた移民には、かつてのオランダ植民地であるスリナムやインドネシア（旧オランダ領東インド）出身の人々に加えて、第二次世界大戦後の高度経済成長を支える労働者としてやってきたトルコやモロッコ出身の人々とその家族や子孫がいる。当時、労働力の不足が深刻化していたオランダでは、近隣のドイツ、ベルギー、フランスなどと同様、政府がこれら地中海沿岸諸国と雇用双務協定を結び、多くの労働者を受け入れたためである。

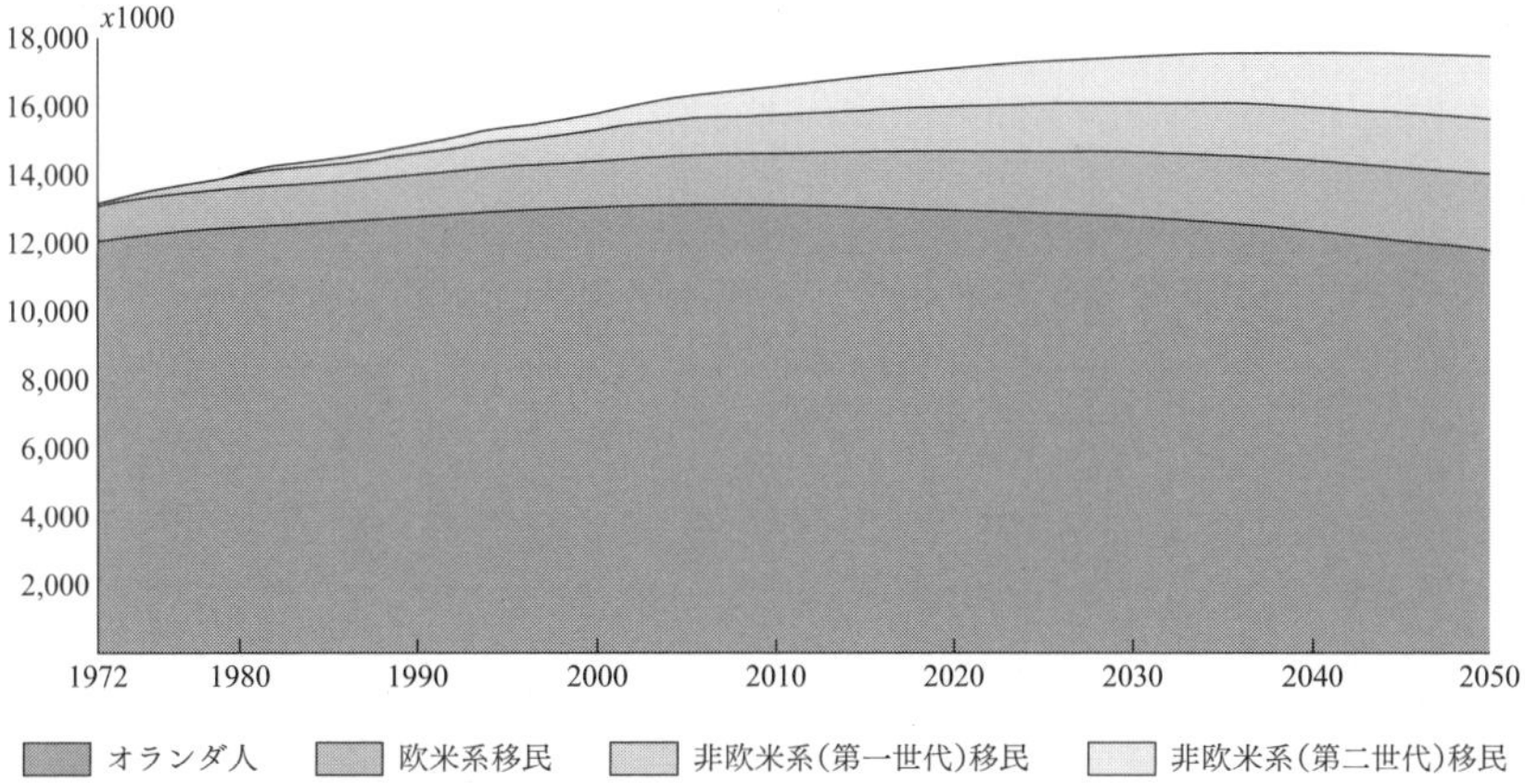

図 10-1　オランダにおける移民の割合の推移と予測

出典）Centraal Bureau voor de Statistiek, *Allochtonen in Nederland 2003*, CBS, 2003, p. 20.

外国人労働者たちは当初からオランダに定住することを考えていたわけではない。しかし、母国の政治・経済が安定しない状況で帰国しても生活の確実な保障が見込めないなどの理由から、徐々にオランダでの生活基盤を固めていったのである。

一九七三年に始まった第一次石油危機に伴い、西欧諸国全体の経済が悪化するなかで、オランダ政府は周辺諸国と同様、外国人労働者の新規募集を停止するにいたる。だがそれ以降も、今度は母国にいる労働者の家族の呼び寄せが進み、結果的に移民の人口は増加していくことになる。オランダの中央統計局によれば、外国に起源を持つ人口[1]は一九七二年には一二〇万人程度であったが、その大半は欧米系移民であり、地中海沿岸諸国出身の非欧米系移民は一六万人程度にとどまっていた。しかし図10-1のとおり、非欧米系移民の数は増加の一途をたどり、二〇〇三年にはその一〇倍の一六〇万人程度にまで達するのである。

また移民の多数を占めるムスリムの人口に着目すると、一九七一年に約五万人であったムスリム人口は、四年後の一九七五年には約一〇万人と倍になった。その後も一九九二年にはオランダ全人口の約二・七%にあたる四一万人以上となった。最新の統計によれば、二〇一〇年には全人口の約六%にあたる九〇万七〇〇〇人程度のムスリムが居住していたとされている。[2]

いずれ母国へ帰国すると見込んでいた外国人労働者たちが、オランダにとどまる傾向を見せていることが認識されたとき、政府は移民を短期的な滞在者としてではなく、社会の構成員として生活できるようにするための対策に乗り出した。オランダが初の移民政策を打ち出したのは一九七〇年代末のことであった。政府に委託された政策科学審議会が提出した調査報告書『エスニック・マイノリティ』において、外国人労働者たちもまた、今後オランダに永住する社会の一構成員であることが認識されたのである。これを受けて政府は、今後到達すべき目標を明らかにし、本格的な移民政策に取り組んでいく。掲げられた政策目標は、「社会・経済的地位の改善」「人種差別の撤廃と法的地位の改善」そして「独自の文化的アイデンティティの保持」の三つの柱からなっていた。[3]

移民政策があらゆる分野で展開されるなか、教育分野においても様々な試みが始まることとなる。移民系生徒に対する教育支援のための予算を組むにあたっては、「文化的マイノリティ生徒（cumi-leerlingen）」（cumi とは culturele minderheden＝文化的マイノリティの略）という定義が生み出された。この文化的マイノリティ生徒とは、生来のオランダ人に対して社会的または文化的にマイノリティであり、またオランダ語と母語の間での言語的近似性がない親または保護者を持つ子どものことである。[4] そのなかでも数のうえで圧倒的に多いのは、トルコとモロッコ出身のムスリム移民系の生徒であった。

初等・中等学校では、文化的マイノリティ生徒が在籍する学校に対し、生徒一人あたりに組む通常予算の一定倍額の追加予算が計上されて支給された。国はこうした生徒たちに対して予算配分上の優遇措置をとることで、生徒の通う学校が言語習得などあらゆる「遅れ」に対応できる態勢を作るよう促したのである。これにより、例えばオランダ語習得のための特別クラスを設ける、教室内にアシスタントを導入するなどといった措置が可能になった。

2　異文化間教育の導入

異文化間教育の導入は、このような教育支援政策の延長線上に位置づけられるものであるといえる。すなわち、単に移民系生徒の学びを助け促すのではなく、オランダ人生徒との交流のなかで、互いの文化を理解しあうための教育の重要性もまた認識されたのである。一九八〇年代初頭から関心が高まっていた異文化間教育が初等教育段階で法的に導入されたのは一九八五年のことであった。初等教育法の第八条三項に、「教育は、生徒が多文化社会(multiculturele samenleving)で成長することを前提とする」という条項が追加されたことがその根拠である。一九八九年には同様の一項が中等教育法第一七条に追加され、中等教育段階でも法的に導入された。

初等教育法が改定される前年の一九八四年、すでに教育文化科学省は初等教育法への条文追記を念頭に置いて「異文化間教育の方針」をまとめ、カリキュラム開発専門機関に対してカリキュラムの作成を要請していた。そこで提案された異文化間教育は、独立した一科目としてではなく、すべての教科や学校活動そのものにその要素を盛り込むことが期待されていた。ドリエッセン(Geert Driessen)によれば、当時のオランダ政府の異文化間教育に対する認識は、「相互的変容への影響を与える重要な手段、すなわち互いを理解するための双方向および多面的な過程で、互いを受け入れ尊重し合い、互いの文化やそれらの文化要素を受け入れる」[5]ことであったという。

異文化間教育のカリキュラム開発はとりわけ社会と言語の二領域で活発に進められたとされるが[6]、学校現場での導入は限定的であった。例えば、ファセ(Willem Fase)らが一九九〇年に刊行した報告書においては、導入後から数年経た時点で、調査した初等・中等学校のうち異文化間教育を実施していた学校はわずか一〇%程度にとどまっていたことが明らかにされている[7]。一九九〇年に提出された政策科学審議会による二度目の報告書『移民政策』においても、「現在のところ、異文化間教育を定着させるという点に関してはほとんど成功していない。この教育形態の導入については十分考慮されていなかったようだ」[8]と指摘され、その有効性が疑問視されたのであった。

異文化間教育が浸透しなかった要因はいくつかあるが、そのなかの重要な一つとして、オランダ人と移民系生徒の分離の問題がある。オランダでは「黒い学校（Zwarte Scholen）」と「白い学校（Witte Scholen）」という差別的なニュアンスを含む言葉で表され、長く問題視されてきた。定義は明確に設けられていないものの、一般的には上述の「文化的マイノリティ生徒」が、ある学校に半数以上または七〇％以上在籍している場合を「黒い学校」とよぶことが多い。また、その割合が半数以下である場合は「白い学校」とよばれてきた。

分離現象は、文化的マイノリティ生徒が学校に通い始めた一九七〇年代半ばから、移民系住民とオランダ人住民が混在する地域で現れるようになり、増加の一途をたどってきた[9]。分離は文化的マイノリティ生徒による居住地域の集中のみに起因するものではない。ほかにも、オランダの教育制度が親の学校選択の自由を保障していることが関係している。「白人の逃避（witte vlucht）」と呼ばれる現象であり、具体的にはオランダ人が移民系生徒の多い学校に子どもを通わせることを嫌がり、自分と同じ文化環境を持つ人びとが多数を占める学校に子どもを入学・転入させることをさす。「逃避」行動は問題があるとされながらも、それに規制をかけることは親の学校選択の自由と抵触するため、実質的には長く容認されてきたのであった。

さらに、オランダの教育制度が私立（宗派）学校の方針・信条の自由を保障していることも、分離の一つの要因と関係している。というのも、この自由が保障されていることにより、キリスト教系の学校が大半を占める私立（宗派）学校では、一定数以上の非キリスト教徒に対する入学を拒否するという手段を取ることが可能なのである。非キリスト教徒の制限割合は学校の方針によって異なるが、おおよそ一五～三〇％未満とされていることが多く、実際、「白い学校」の割合は入学制限のない公立学校よりも私立（宗派）学校のほうが高くなっている。ただし、すべてのキリスト教系の学校が入学制限を設けているわけではなく、親の宗教にかかわらず生徒を受け入れている学校もあれば、移民が多く住む地域にある学校では多くの文化的マイノリティ生徒を受け入れてきたところもある。

　こうしたオランダの教育制度の特質もあって、分離の問題は解決しにくいものとなっていた。その結果、移民の多い都市部で特に異文化間教育の実践が期待される地域においても、各学校の生徒構成は民族的にかたよりのある場合も多く、異なる文化背景を有する生徒同士が共に学ぶ場として機能する学校は限られていた。移民系生徒とオランダ人生徒との間で「互いを理解するための双方向および多面的な過程」を生み出すための環境をつくることが困難な学校が少なからず存在していたのである。とりわけ移民系生徒が少ない学校においては、異文化間教育の現実的な必要性の認識が広がりにくく、教育実践に移されない傾向があった。

3　ムスリム移民の教育運動

（1）運動の背景

　異文化間教育の実施をめぐる限界が明らかになるなかで、とりわけ分離や「黒い学校」に関する問題は、移民自身にも大きな影響を及ぼすことになった。自らの出自や文化・宗教的背景が理由となって、オランダ人が「逃避」したり、入学を歓迎されないケースに直面したことに対して、疎外された感情を抱く移民たちが出てきたのである。そこには、否定的意味合いを付与されてきた「黒い学校」の主要な構成者であったムスリム移民らも多く含まれていた。そこから発生するのが、ムスリム移民が主体となって進められたイスラーム学校の設立運動であった。以下、この教育運動の概略を述べるが、その前にまずオランダの公教育史を概説しておく必要がある。

オランダの国民国家の諸制度が完成する一九世紀後半、この国では当時西欧諸国に大きな影響を与えていた自由主義的な思想を有する政治勢力が中心となって国づくりを進めていた。自由主義勢力にとって最も緊要な課題の一つが政教分離政策であった。それは、ヴァチカンとの外交断絶のほか、既存の政教和約の破棄や教会機能の削減、家族関係に対する教会介入の排除などあらゆる領域にわたっていたが、そのなかで最も重視されたのが、教育の非宗教化政策であった。

この政策により、公立学校の中立性がより強く意識されるようになり、宗教教育はカリキュラムの外に置かれた。また私立（宗派）学校の設立は認められたものの、公的な財政補助はなされなかった。こうした措置に対抗したのが、一方では厳格なカルヴィニストとそれに連なる運動体であり、他方では長い間不利な社会的地位に置かれていたカトリック教徒の運動体であった。当初は対立していた両者であったが、やがて宗派の違いを乗り越えて連携し、一八八八年の選挙においては両者の間で過半数を獲得して自由主義勢力に勝利し、連立政権として発足するにいたる。

その結果、憲法改定により私立（宗派）学校に対して公立学校と同等の国庫補助の支出が保障され、さらにその具体的内容を定めた教育法が制定された。それ以降、カトリック系およびカルヴァン派の学校数は一気に増加した。両宗派は各々の大学も設置し、各宗派の教育における領域はすべての段階の教育機関において確保されることになった。さらに、政権におけるカトリックとカルヴァン派の優勢は、公教育のみならず、新聞やラジオ放送局、また労働組合や病院など、宗派を基盤とした様々な社会組織の編成を促した。このことが、多様な宗教や思想が公的領域で共存するオランダ的文化多元主義の原点となったのである。

二〇世紀後半にムスリム移民が抱えた上述のような問題意識のなかで、自らが積極的にオランダの学校教育に参画しうる方法とは何かを模索したとき、オランダの公教育制度に基づきながらも、自らの文化的背景が肯定的に捉えられるような学校の設立が目指されるようになった。その運動は、当初、トルコやモロッコといった移民の出身国別の運動として展開された。だが、その運動の目的はトルコやモロッコという限定された国民や民族のみを対象にせざるを得なかったために、オランダの公教育制度の中には位置づけられなかった。(10)

そこで生まれたのが、オランダで活動するイスラーム組織を中心とした運動体であった。イスラーム組織は、移民が外国人労働者として西欧諸国に派遣され始めた頃から西欧各地に設立され、モスクの建設と運営のみならず、衣食住にかかわる移民の生活全般を宗教的見地から支えてきた。労働者家族の呼び寄せが進行して以来、イスラーム組織にとっても、子どもの教育に関する問題は大きな関心事の一つであった。一九七〇年代後半から、モスクに併設されているクルアーン教室の運営や青少年の社会活動参加促進などにも熱心に取り組んできた。

そのイスラーム組織が運動体の中心となったのには理由がある。上述のとおり、オランダでは宗教を基盤とした私立学校に対しては、設立の自由が保障されているのみならず、公立学校と同等の国庫補助を受けることができる。ムスリム移民は、このオランダの公教育制度の特質に着目したのである。実際、イスラーム学校新設の要請書が自治体に提出されたとき、その是非をめぐって自治体および国のレベルで様々な議論が巻き起こったが、カトリックやプロテスタントに対して認められている権利がイスラームに認められない根拠はいかなる法律にも存在しなかった。

そのために、決して歓迎されることはなかったものの、オランダの公教育制度に基づく初のイスラーム学校が、ついに一九八九年にオランダ第二の都市であるロッテルダムに設立されるにいたったのである。その後、設立運動はオランダ全国に広がりを見せ、二〇〇一年には三一校、二〇〇六年には四七校を数えるまでにいたった。その大半が初等学校であるが、二〇〇〇年と二〇〇一年に設立された二校の中等学校も含まれている。全額の国庫補助を受けたイスラーム学校の数としては、西欧諸国のなかでも最大規模である。

一連の運動史において重要なのは、当初、国民ごとにまとまりを見せていた運動体が、結果的にイスラームという宗教的共通性のもとで異なる民族や出身国間の連携へと次第に変容していったという事実である。つまり、イスラームという宗教的な要素は、ムスリム移民が主体となった学校づくりを実現するために、オランダ的教育の自由の原理のもとでより積極的に意識化された。なぜなら、それによって初めて、ムスリム移民が主体的に教育に関与しうる学校を設立することが可能となったためである。このようにして、イスラームはオランダの学校教育における一つの柱として位置づくこととなった。

(2) イスラーム学校の教育内容

オランダの公教育制度に基づき国庫補助を受けているイスラーム学校のカリキュラム[11]は、オランダ語の読み書きや算数などの科目を中心に組み立てられており、授業はすべてオランダ語で行われる。年間の総授業時間や卒業時の学習到達目標などの規定は、オランダにおけるその他の学校と全く同様である。一方、イスラーム学校に特徴的なカリキュラムとしては、週一～二時間実施されるイスラーム教育と、毎日一五分程度実施されている礼拝が挙げられる。これは、私立（宗派）学校では平均して週三時間までの宗教教育を実施することが可能とされているオランダの教育法に基づいた措置である。

また、学校文化にも様々な工夫がなされている。例えば、教室の入り口にモスクのタペストリーを飾ったり、教室内にクルアーンの言葉を額に入れて掲げたりといった光景がみられるほか、校舎内ではイスラーム式の挨拶が交わされている。加えて、思春期にさしかかる高学年の場合には、教室の編成に際して、男女が隣同士にならないなどの一定の配慮がなされていることもある。また、女生徒のスカーフ着用に対して、きわめて肯定的な意味合いが付与されていることも、他の学校と比較したときに重要な点といえる。

図 10-2　イスラーム学校の授業風景（筆者撮影）

図 10-3　イスラーム学校での礼拝の様子（筆者撮影）

このような独自の機能を有するイスラーム学校であったが、その設立に対するオランダ社会全体の反応は冷ややかであった。イスラーム学校の設立は、ムスリム移民の側からの分離を促す行為として受け止められたのである。そのため、イスラーム学校設立後も、政治やメディアの場ではその是非をめぐって様々な論争が繰り広げられることとなる。

とはいえ、一九九〇年代半ばになると、一時的にイスラーム学校への批判は下火になっていく。というのも、オランダの公教育制度の枠組みで運営されているイスラーム学校は、他の学校と同様、教育監査局という国の機関により二年に一度程度の訪問調査を受けている。そこでの監査基準は、学校の質、教材や教育時間の妥当性、学習プロセス、学校の雰囲気、生活指導の配慮などとなっており、その監査結果はウェブサイトを通じて一般に公開される。教育監査局によるイスラーム学校の教育に関する包括的な報告書が公開され、またオランダの研究者らによる量的・質的分析結果も明らかになるにつれ、イスラーム学校に一定の教育的・社会的機能が認められていったのである[12]。

イスラーム学校側も、生徒が将来オランダ社会で活躍する場の可能性を多く担保するために、生徒のオランダ語力や学力の向上に努めた。さらに、近隣の学校や住民との交流にも力を入れた。それには、ラマダーン明けの祭や犠牲祭といった重要なイスラームの行事の折に交流会を催したり、キリスト教系の学校と教会やモスクに出かけたりといった、宗教文化に関する学びも含まれていた。また、地域の様々な分野で活躍する人々をゲストスピーカーとして招いて講演会を開催する、地域の清掃活動に参加する、スポーツクラブや図書館といった地域の様々な活動に生徒の積極的な参加を促す、などといったことも進めていった。

こうしてイスラーム学校がゆっくりとオランダ社会に根付こうとしていた矢先、二〇〇一年のアメリカ同時多発テロ事件が起きた。それ以降、イスラーム学校は再び政治やメディアによる批判の対象となるのである。

4　転換点としての九・一一

(1) イスラーム学校をめぐる論争

アメリカ同時多発テロ事件が起こった直後、アメリカや他のヨーロッパ諸国と同様、オランダでも反イスラーム感情の高まりがみられ、モスクやイスラーム組織のみならず、複数のイスラーム学校でもまた放火や脅迫電話、校舎へのいたずら書きなどの被害が報告された。なかには必ずしも差別的な動機をともなわない愉快犯によるものもあったが、いずれにせよイスラーム学校は緊張の続く不安定な教育環境が続くことになった。

だが、イスラーム学校はこのように差別の被害者として扱われるだけではなかった。事件後、隣国ドイツでは、事件の実行犯とされる人物やそのコミュニティが拠点を置いていたという事実が浮上して大きな話題となったが、オランダでもこれに関係する人物が少なからず行き来していたことなどが明らかにされつつあった。そのようななか、イスラーム学校にも「イスラーム過激派」の影響があるのではないか、反民主的な教育内容が展開されているのではないか、といった懸念をする報道も多くなされたのである。

こうしてイスラーム学校は、オランダで急務とされた移民政策の見直しにおいて、重要な対象に位置づけられることとなった。そこでとりわけ焦点となったのが、イスラーム学校で実施されているイスラーム教育の性質についての懸念であった。上述のとおり、イスラーム学校も例外なく教育監査局の訪問調査を受けてはいる。だが、私立(宗派)学校の宗教教育や学校活動の宗教的側面については、教育監査局による調査の直接的な対象ではない。というのも、宗教教育の実施は認められてはいるものの、いわゆる必修の単元としては設定されておらず、あくまでも各学校の自発的な取り組みとみなされているためである。したがって、これまでイスラーム学校におけるイスラーム教育の内容的な調査もなされていなかった。

それにもかかわらず、イスラーム教育の中身にまで踏み込んだ視察が必要であるという声が高まったことを受けて、当時の国家警備局は、全イスラーム学校を対象として特別監査を実施するにいたった。具体的な監査項目は、外国の政治組織や「過激な」イスラーム組織がイスラーム学校に対して有する影響の有無や、学校内部で反民主的な教育が実施されているか否かなどであった。その報告書は二〇〇二年二月に提出された[13]。続いて再度、今度は教育監査局によって学校環境や運営の方法などについての特別視察が全イスラーム学校を対象として実施され、その報告書が二〇〇二年一〇月に完成した[14]。

いずれの報告書においても、結論としては、大半のイスラーム学校の運営や教育内容には何ら問題なく、「イスラーム学校の存在は統合を妨げない」という結論が導き出された。ただし、国家警備局による報告書では、サウディアラビアなど外国のイスラーム組織による資金援助や支援がなされていたことなどが指摘された。オランダの公教育制度に基づく学校がこのような状況にあることは望ましくないとして、早急な解決の必要性が唱えられた。

こうした調査結果や報道によってイスラームと民主主義の関係性がたびたび疑問視されるなか、この問題をきわめて鋭いかたちで浮き彫りにするような論争や事件も相次いだ。ここではそのなかでも最も象徴的な出来事を示しておきたい。

（2）高まるイスラーム批判と政治への影響

それは、二〇〇四年夏に公共テレビ番組VPROで放映されたある短編映画をめぐって起きた。短編映画の原作者はソマリア出身の政治家アヤーン・ヒルシ・アリ（Ayaan Hirsi Ali）という人物で、当時自由民主人民党（VVD）所属の国会議員であった。監督はテオ・ファン・ゴッホ（Theo van Gogh）というオランダ人ジャーナリストが担当した。映画はクルアーンの章句である神アッラーの言葉に服従することが、あたかもムスリム男性の女性に対する暴力や差別につながるかのような解釈を誘う、挑発的なイスラーム批判を目的としたものであった。そのために、映画の放映の是非をめぐる論争がオランダ社会で繰り広げられたのであるが、騒動はそれにとどまらなかった。映画の放映から二カ月あまり経った同年秋、監督者のゴッホが、突然オランダ国籍を有するモロッコ系ムスリムに殺害されたのである。それまで挑発的な映画に疑問を呈していたメディアなども、批判の矛先を一気に「イスラーム過激派」へと向けていった。その結果、反イスラーム感情は再度高まり、モスクやイスラーム学校などが相次いで放火される事件も起こった。

モロッコ系の移民第二世代としてオランダで生まれ育ったその犯人は、法廷において、自らの犯行を信仰に基づく動機によって行ったと自白した。そのため判決では、前年に施行されたばかりであった「テロリスト犯罪法」が適用され、被告の無期懲役が確定した。また、彼が急進的な思想のもとに活動を展開した際に交流を深めていたとされるグループは、後に検察庁によってテロリスト集団として公表され、他の交流メンバーの多くも別件容疑によって逮捕された。

こうした事件が続き、緊迫した状況下で存在感を増していったのが、政治家のヘィト・ウィルダース（Geert Wilders）という人物である。彼は一九八九年から二〇〇四年までVVDに所属して市議会議員や国会議員を務めた後、同党を脱退して自らの政党をつくり、党首となった。政党を結成した後の二〇〇五年三月に作成されたマニフェスト『独立宣言』の基本柱に置かれていたのが、オランダ国内において着実に顕現化するイスラーム文化に対する嫌悪感であった。彼はその中で、「この〔オランダ〕社会がイスラーム文化の規範や価値に適応せねばならないという意見に対して、私の身体にあるすべて〔の感覚〕が抵抗を示している。なぜならそれは、我々の規範や価値とは相容れないものであるからだ」[15]（〔 〕内引用者、以下同）と述べ、反イスラーム感情をむき出しにしたのである。

そうした彼の態度にもかかわらず、二〇〇六年一一月に自由党（PVV）という新政党として臨んだ初のオランダ下院選挙においては、いきなり躍進して一五〇議席中九議席を獲得した。党首として国政に携わるなかでも、彼は次々に派手なイスラーム批判を展開していく。例えば二〇〇七年八月には、オランダの主要紙の一つである *De Volkskrant* に寄稿し、クルアーンを「ファシストの書物である」と述べ、ヒトラーの『わが闘争』と同列に置いたうえで、オランダ社会に必要ないものであると主張した[16]。さらに二〇〇八年には、上述のヒルシ・アリらの試みと同じように、クルアーンの教えがテロ、反ユダヤ主義、女性差別などにつながっていると主張する反イスラーム的なドキュメンタリー映画の原作を執筆し、映像化させた。この映画はオランダ国内のみならず、近隣諸国や国際社会からも激しい抗議を受けた。

しかしそのようななかでも、二〇一〇年六月に開催された下院選挙において、ウィルダース率いるPVVは議席数を九議席からさらに増やして二四議席を獲得し、全議席の一五％を占めるにいたる。PVVに対して距離を置いてきた既存の主要政党も、二〇一〇年の選挙においてPVVが第三党にまで躍進したことで、この勢いを看過することはできなくなった。最終的にPVVは、一定の政治政策項目については与党に協力するという「許容合意」を与党側と結ぶにいたるまで影響力を増していったのである。

深刻なユーロ危機の中で行われた二〇一二年九月の下院選挙においては、現実的な経済政策を支持する有権者の動向もあり、PVVの獲得議席は一五にとどまった。しかし、それでもPVVは引き続き第三党の地位にあり、一定のプレゼンスを確保している。

このように、近年、大きな関心を集めてきたPVVであるが、教育政策においてはどういった主張を行ってきたのであろうか。その原型となっているのが、二〇〇六年に発表されたPVVの教育分野におけるマニフェスト『教育プラン』である。[17] 以下、これを手がかりにその一部を確認していきたい。

そこでは、「教員不足の解消」「教育の質向上」「校舎内の安全確保」など、教育改善に向けた九つの具体的な提案が示されているのであるが、その一つに「新しいイスラーム学校の〔設立〕停止」が掲げられている。ウィルダースはVVD所属時代から、イスラーム学校はムスリム生徒のオランダ社会への統合や同化のために望ましくないとして激しい批判を展開し、これらの学校は閉鎖されるべきであると主張してきた。『教育プラン』においては当面の対策として、イスラーム学校の新設を五年間停止するべきと主張されていた。二〇一〇年の選挙に向けたPVVのマニフェストではさらに厳しく、「すべてのイスラーム学校は閉鎖すべき」との主張を展開している。

これに対して、『教育プラン』の提案のなかで歓迎の意を表明していたのが、後述するように以前から検討されていた若者の市民性教育プログラムの導入であった。その教育の実践を通じて期待されているのは、「若者の生活環境や社会への関わりあいを増やす」こととされている。具体的には、ボランティア活動や研修の重要性に加えて、「ナショナル・アイデンティティに力点を置いた母国の歴史や政治システムの知識の獲得」を挙げていた。以下、その市民性教育の導入経緯と導入後の動向を確認する。

5　市民性教育の導入

オランダにおける市民性教育の導入背景には、もちろん欧州評議会による市民性教育の推進、あるいはフランスやイギリスといった近隣諸国による市民性教育の導入が影響したことも事実である。また、教育運営の自由が広く認められているオランダの学校では、すでに市民性の育成を教育目標の一つに掲げて、独自に様々な試みを行ってきたところもあった。[18] ところが二〇〇一年以降は移民系生徒の統合の問題が改めて重視されるようになったこともあって、市民性教育は移民政策との連関においても政治的な関心を引き起こし、緊要な教育政策課題の一つとして扱われるようになる。

こうしたなかで、国や自治体の教育分野における立法や政策にかかわる勧告を行う独立諮問機関である教育審議会は、市民性教育の導入にかかる調査を二〇〇二年に開始することとなる。その結果として二〇〇三年秋に発行された勧告『教育と市民性』では、初等教育段階から大学段階にいたるすべての教育課程において市民性教育を導入する必要があることを認め、政府に対してその基本原則を法に盛り込むべきであると勧告したのである。[19]

同勧告において教育審議会はまた、市民性とは単に学校内での対人関係にかかわるものではなく、社会に対する能動的貢献をなしうるような子どもの能力をも含めるとして、学校外活動やノンフォーマル教育の重要性を指摘した。具体的には、コミュニティ事業やボランティア活動を通じた貢献が想定されていた。市民性教育の必要性を法的に根拠づけることにより、地方自治体の教育担当部署が指導的役割を発揮し、学校組織のみならず、社会や文化、そしてスポーツに関連する様々な組織との協議を通じて、市民性教育のためのカリキュラムを設計することが目指されていたのである。

この勧告をもとに、政府は教育法の改定に向けて準備を進めた。最終的に、二〇〇五年一二月に改定された法律が発効し、翌年の二〇〇六年に施行された。これをもって市民性教育はオランダの初等・中等教育段階において実施が義務づけられることとなった。

具体的には、先に見た一九八五年の法改正の折に導入されていた初等教育法第八条三項および中等教育法第一七条の条文に以下が追記された[20]。「教育は、能動的な市民性と社会統合の促進を目指す。教育は、生徒たちが同年代の他の子どもたちの異なる背景や文化についての知識を得るとともに、それとの出会いを経験することを目指す」。この法令化の過程のなかで、「能動的な市民性」とは「コミュニティの構成者たる意思と能力を有し、またコミュニティに対して積極的な貢献をすること」と定義づけられた[21]。こうして異文化間教育の導入から二〇年後、異文化間教育は市民性教育の中に包摂され、教育政策の重点はより広い概念である市民性教育へと変容したのであった。

市民性教育のカリキュラムや具体的なプログラムは、基本的に各学校や学校組織が生徒の関心や必要性等に応じて自由に発展させることとなっているが、重要なのは、教育監査局がオランダのすべての初等・中等学校において「能動的な市民性および社会統合の促進」が実際に行われているかを調査する義務を負ったという点である。これにより、教育監査局による通常の訪問調査の折に、市民性教育に関する調査の項目が追加されることとなった。具体的には、学校が①社会的コンピテンシーの向上に貢献しているか、②生徒に社会や多様性との出会いをさせているか、③基本的な価値［の習得］を促進しているかといった点を最低限確保しているか否かを見ることとしている。

教育監査局による二〇〇八〜〇九年度の市民性教育の実施状況に関する包括的な報告書では、初等学校で調査対象となった三三二校のうち八一％が、「昨年度、市民性教育の発展に力を注いだ」という結果が出ている[22]。ただし、その教育の質についてはさらなる向上が必要であるとも結論づけている。

市民性教育の調査はもちろんイスラーム学校も対象となるわけだが、教育監査局がウェブサイトで公開している二〇一〇～一一年度に訪問調査の対象となった一一校について見ると、すべての学校が上記の点を満たしているという結果が出ている。「能動的な市民性および社会統合の促進」は、イスラーム学校でも確かに進められていることが確認されたのである。

では具体的に、イスラーム学校はどのような活動を行っているのだろうか。学校で一般的に用いられているパッケージ化されたカリキュラムを用いているほか[23]、特筆すべきはすでに実施していた学校外活動を重視しているという点であろう。いくつかの学校では、例えば上述した近隣住民や学校を招いての交流会のように、以前から実施されてきたものを市民性教育の枠組みのなかで再解釈し、発展させていく動きもみられる[24]。これを言い換えれば、市民性教育の義務化以前から、イスラーム学校にもすでに市民性教育と見なされる取り組みは存在していたのである[25]。市民性教育の義務化によって、図らずも、イスラーム学校がコミュニティに開かれた交流の場となりうるのだというこれまで訴えてきた事実を、オランダ社会に対して証明する機会が生まれているのかもしれない。

とはいえ、ウィルダースの立場からすれば、イスラーム学校のこうした取り組みの意義は理解されるはずもないだろう。実は上述した二〇〇五年三月のマニフェスト『独立宣言』において、彼は学校教育の場で「良い市民性(Goed burgerschap)」を獲得する必要性を訴えるなかで次のように述べている。「……そのために、文化、ナショナル・アイデンティティ、歴史に関する十分な知識を生徒が有しているかについて、より包括的な評価がなされるべきである。なぜなら、それらの知識は個々の人格形成に寄与するものだからである[26]」。

では彼にとっての「ナショナル・アイデンティティ」とはいかなるものであるのか。二〇一〇年選挙の際のマニフェストによると、彼にとってオランダとは「ユダヤ＝キリスト教およびヒューマニズムのルーツを有する土地[27]」であり、それらこそが支配的文化になるべきなのだと言う。すなわち、こうした支配的文化を基盤としたナショナル・アイデンティティを獲得することこそが、「良い市民性」を育むことにつながるというのが彼の主張なのである。他方、イスラームに対しては「闘い」を挑む必要があるとの立場は一貫している。

このように見ると、イスラーム学校が取り組む市民性教育とウィルダースが目指す市民性教育の間には、実のところ大きな隔たりがあることが確認されるのである。そしてまた、今後も両者の市民性教育像のギャップが埋まる可能性は皆無に近いであろう。

おわりに

市民性教育を義務化した二〇〇六年とその翌年の二〇〇七年に、オランダは成人移民の「市民化」にかかわる新たな二つの法律も施行している。一つは、結婚や宗教活動を目的としてこれからオランダに移民する人々（欧米地域や日本・韓国の出身者以外）を対象にするものである。その内容とは、滞在許可を得るにあたって、出身国のオランダ大使館や領事館などで基礎的なオランダ語の知識やオランダ社会の一般常識を問う試験を受けることを義務づけるものである。西欧諸国においては国籍取得のために必要とされる語学試験は存在するが、滞在許可を得る条件として試験を課す措置を採ったのはオランダが初であり、その意味でこれは西欧諸国のなかでも最も厳格な移民政策の例と言えよう。

そしてもう一つは、すでにオランダに在住する外国籍の者のうち、欧州域内出身者や一時滞在者である企業駐在員を除く成人移民に対して、オランダ語とオランダ社会に関する知識の習得を義務づけるものである。これは以前から存在していた法律を補強・強化することによって実施されている。オランダ語学習の後、シティズンシップ・テストあるいはオランダ語試験（ＮＴ２）などのいずれかの合格書もしくは修了書を取得できれば合格となり、

「市民化」が達成されたことになる。また、オランダ入国前に基礎的試験を受けてきた移民たちも、オランダ入国後に再度「市民化」のためのプログラムを受ける必要がある。

ここでこれらの「市民化」プログラムに関する詳しい検討とその是非を述べる紙幅の余裕はないが、本章との関連で指摘すべき点は、オランダの学校教育における市民性教育は、移民政策の厳格化の流れの中で、このような「市民化」プログラムと並行して導入されたという事実である。「市民化」プログラムを通じて成人移民に対して強制的にオランダ語とオランダ文化を習得させると同時に、学齢期の子どもに対しては市民性教育を通じて市民化のための基礎を学ばせる。そこには一方で社会統合という共通の目的はあるが、他方で市民性教育は「市民化」プログラムのような移民側の一方的な学習ではない。先に見たように、多様性との出会いを通じて、移民の背景を有さないオランダ人も文化的他者との共存について学ばなければならないとされている。しかし、その多様性に何を含み、どのような共存の姿を描いていくべきかという問いに対しては、未だコンセンサスが形成されていない。

オランダにとっての今後の試練は、イスラーム文化もオランダにおける市民性の重要な要素の一部であると認め、その認識のもとで市民性教育を発展させることができるかどうかである。もちろんこのことは、オランダだけでなく、他のヨーロッパ諸国も突きつけられている課題である。市民性教育を推し進めてきた欧州評議会は、欧州安全保障協力機構およびユネスコと共同で、『ムスリムに対する不寛容と差別に対抗するための教育者向けガイドライン』を二〇一一年に刊行している[28]。そこでは、近年のイスラームフォビアの高まりを受け、市民性教育の枠組みにおいてもイスラームに対する差別をなくし、ムスリムとの共存を進めていくためのカリキュラムを構築していく必要性が唱えられている。ヨーロッパにおける市民性教育のありようを検討するにあたっては、こうした点も注意深く見ていくことが重要である。

第11章　ドイツにおける参加を通じた移民の統合

伊藤　亜希子

はじめに

二〇〇九年現在、ドイツの総人口約八二〇〇万人のうち、約一九%が「移民としての背景を持つ(1)」とされている。実に人口の約五分の一が文化的に多様な背景を持った住民になっているのである。例えばドイツの移民の多くを占めるトルコ系移民、第二次世界大戦前の旧ドイツ領からの帰還移住者、一九九〇年代に勃発した紛争から逃れてきた難民、EU域内の移動の自由により流入してくる人々などがドイツ社会の多文化性を高めている。その一方で、右翼急進主義者による外国人排斥、反ユダヤ主義、あるいはイスラームフォビアなど、異なる文化的背景を持つ他者に対する差別や排斥の動きが後を絶たない。この問題は、ヨーロッパ社会を支えてきた民主主義や人権といった理念が現実の危機に直面していることを示している。

こうした状況に対する危機感もあり、一九九〇年代後半から「市民性」の涵養を目指す市民性教育について盛んに議論されるようになった。多様性の高まった社会、つまり、そこに暮らす人々の価値もまた多様化した社会において、いかにして民主主義や人権といった理念を共有し、民主的な社会を構築するかが課題となったのである。[2]特に移民の側に注目するとき、市民としての社会参加という課題が二〇〇〇年頃を境に盛んに論じられるようになっている。[3]これは、ドイツで論じられる市民性が社会への参加を強く意識しており、移民に対してもそれが求められるに至ったのだと理解することができる。ムスリムのあいだの反ユダヤ主義など、異文化を否定するのはマジョリティだけではない。

さらにこうした課題と密接な関係にあると考えられる教育と社会的格差という側面に着目するなら、とりわけ子どもを持つ移民の親に対して、こうしたドイツ社会への参加や協働が求められている。第1章において示された通り、EUでは教育のあらゆる部門で平等な機会の促進が目指され、その多くを移民が占める早期離学者を減らすことが具体的課題として掲げられている。この課題解決のためには、ホスト社会において教育達成がいかに重要な意味を持つのかを移民の親に早くから理解させ、とりわけ様々な要因から弱い立場に置かれがちな母親に教育に関する情報を提供し、積極的関与を求めていくことが有意義であり、またこうした施策は同時に母親自身のエンパワメントにも寄与すると考えられている。

確かに移民の社会参加はそもそもたやすいことではない。しかし、その分だけ強力に、周辺化されがちな移民を包摂し、いわゆる並行社会（Paralellgesellschaft）の形成を防ぐための努力がドイツでは進められてきた。本章では、こうした認識に基づき、移民が積極的にドイツ社会に関わる一つとして、教育をめぐる移民の親の参加と協働に焦点化し、そのための支援はドイツの市民社会にとって何を意味するのかを考えたい。

一般的に参加について語るとき、その対象は学校や地域、様々な協会、文化的組織、宗教組織、政治的活動に至るまで広範なレベルが考えられるが、ここでは移民の教育に関する研究に限定し、そのなかで彼らの参加がどのように語られてきたのかを確認したい。

1　移民に関する教育研究に見る「参加」

まず移民の子どもの教育に関する限り、いわゆる「外国人教育」から「異文化間教育」へと議論が展開していく際に、彼らの参加や経験に注目する「コミュニティ教育」というコンセプトが形成された。このコミュニティ教育は、一九八〇年代の教育改革の一つである学校開放の議論とも結びついていた。それは、学校や地域といった生活世界への学びの還元や、参加と機会の平等を重視するものである。これが異文化間教育に影響を与えたのは、多文化社会においてまさにそれらが求められたことに原因がある。ペトリー（Christian Petry）は、「多文化的に構成されている地域におけるコミュニティ教育は、共に生きている人々が学び、相互尊重に基づき、共に関わり合うという重要な目的を持つ」[4]とする。こうした考え方は、後述する地域移民支援機関である「移民家庭出身の子どもと青少年の支援のための地域活動機関（ＲＡＡ）」[5]の実践にも影響を与えている。

このように、異文化間教育学の中では、移民の社会参加はすでに一九八〇年代から注目されていた。重要なのは、そこで考えられていたのが、主として移民とドイツ人との関係だったということである。しかし市民一人ひとりの孤立を防ぐためには、移民とドイツ人の関係に加えて移民同士の関係構築も必要である。この点で、教育という場は、子どもを持つ移民の親にとって、そうした関係を形成するための一つの契機となる。

こうした問題意識に基づき、例えばゴモラ（Mechthild Gomolla）は、学校、親、地域の協働に関する従来の議論を踏まえ、移民の子どもの成績向上や、移民の親同士あるいはドイツ人保護者、学校との関係構築については、その三者の相互理解と協働が重要であると述べている。[6] そのほか特に就学前教育をめぐっては、カラカショギュルとコルトフェルダー（Yasemin Karakaşoğlu und Angelika Kordfelder）が、スタッフを多文化的な構成にすることで移民の親に参加を促す取り組みについて、[7] またシュレッサー（Elke Schlösser）は移民の親との協働の進め方について実践的な研究[8]を発表している。

なおフート（Susanne Huth）によれば、実際の教育現場でこうしたことに大きな関心が寄せられるようになったのは一九九〇年代後半のことだという。移民は、それまでもっぱらボランティア等によるサービスの受け手として見なされていた。[9] それに対してフートは、移民にとって社会参加は学習の場であり、文化的、構造的、社会的、情緒的の四側面で統合に寄与すると指摘する。

文化的側面：必要な日常の知識や文化的慣習、ルール、技能、言語に関する能力を獲得する機会を提供する。

構造的側面：参加の中で求められる能力は、職業生活に転移する可能性がある。参加は職業訓練や継続教育、職業的地位に影響をもたらす。

社会的側面：参加は、移民としての背景を持たない人々との社会的接触や相互作用の機会を提供する。

情緒的側面：参加活動は承認や責任を引き受けることにより、社会に対する所属感を引き起こす。[10]

これらの四側面はそれぞれ固有の意味を持つだけでなく、相乗的な効果も期待される。そして本章にとって重要なのは、こうした期待は単に学術的なものではなく、参加や協働を強く求める社会の実態として存在しているということである。

2　連邦政府による移民に対する教育政策――親の参加への焦点化

既述のように、移民の親の参加が強調されるようになったのは一九九〇年代後半のことだが、その政策への反映という点ではいわゆるＰＩＳＡショックが大きな転機となった。すなわち、移民の子どもの低い学力達成、とりわけドイツ語能力の欠如が、何らかの教育的施策が必要であることを明らかにしたのである。

独立移民委員会は二〇〇一年の報告書で、就学前教育、学校、家庭、イスラームの四つの観点から、それぞれにおいて推奨される施策を示し、それを受けて各州の教育相からなる常設文部大臣会議（ＫＭＫ）は翌二〇〇二年に具体的な措置を明らかにした。さらに二〇〇六年にはその後の経過や州レベルの状況についての報告書をまとめている。

この二〇〇二年報告書で力を入れるべきことが求められていたのが、「親や学校外施設との連携」の強化である。[11]移民の子どものドイツ語能力を高めるには親との協働が必須だとされ、この協働は親に対する包括的な支援システム、具体的には親に対するアドバイジング等があって初めて可能になるとされた。また二〇〇六年報告書では、より具体的に、親へのドイツ語コースの提供、親の母語による様々な情報提供、学校における「親の夕べ（Eltern-abend）」の際の通訳支援等の必要性が指摘されている。[12]

さらに二〇〇七年、ＫＭＫは連邦政府の「国民統合計画（Der Nationale Integrationsplan）」を受け、「機会としての統合――より多くの機会の平等のための共同[13]」という文書を提出した。これは、国民統合計画が「教育による統合」という目標のもとで示した就学前教育施設の拡充や学校中退者に対する資格取得支援、就学前からのドイツ語教育といった課題を受け、移民組織と共に議論した結果をまとめたものである。[14]

その中では、親のドイツ語学習について、彼らの学校での協働を可能とするような内容であることが望ましいとされている。つまり学校に関する情報を含み、移民の子どもにとってドイツ語が持つ意味や早期ドイツ語教育の効果についての理解を促すような内容が求められているのである。また特に若い移民の母親に対しては、家庭での母親としての役割により意識的になることも期待されている。

こうした教育活動の実施主体としては就学前教育施設や学校が挙げられるが、移民組織もその一つとして注目されている。移民組織が中間的な存在として支援に携わることで、その親が教育や行政の場で自分たちのリソースによる協力可能性を見出すことになるのである。

3　ノルトライン・ヴェストファーレン州における移民の統合政策

前節で示した政策動向は、州レベルでも見られる。外国人労働者を多く受け入れ、これまで移民の統合に積極的に取り組み、支援モデルの発信を行ってきたノルトライン・ヴェストファーレン州（Nordrhein-Westfalen、ＮＲＷ州）に注目してみたい。

ＮＲＷ州では、二〇〇一年に州議会が移民の積極的な統合に関する決議案「ＮＲＷ州における統合に向けた積極策（Integrationsoffensive Nordrhein-Westfalen）」を採択している。そこでは基本方針の一つに「可能な限り早い段階での統合」が掲げられ、その帰結である就学前の子どものドイツ語能力の促進という目標は、親と就学前教育施設との協働を求めている。ここには、一九九九年から州の助成を受けてＲＡＡが進めてきたモデル・プロジェクトの経験も少なからず影響している[15]。

これは「リュックサック」と呼ばれるもので、ドイツ語能力と母語能力の両方を育成する上で母親の役割を重視した言語教育プログラムである。それはまた移民の子どもの多言語能力の促進のみならず、母親の教育力や自尊感情の強化をも目指していた。このＲＡＡの活動については次節で詳述する。

また、州政府は二〇〇二年には、言語促進の基本方針、実施枠組み、異文化間教育のコンセプトなどを定めた「就学前教育における言語促進指針」[16]をまとめているが、その基本コンセプトにも親の参加が明記されており、これが就学前教育において移民の親の参加を位置づける根拠となっている。

こうした親の参加や協働を強調する政策は、二〇〇六年に提出された州の「アクションプラン・統合（Aktionsplan Integration）」に引き継がれた。二〇の行動領域を示したこのアクションプランでは、移民の親が子どもの教育改善に向けて共に取り組むＮＲＷ親ネットワーク（Elternnetzwerk NRW）を州が支援するとしている。このネットワークは様々な機関や親の協会（Elternvereine）を結びつけるものであり、具体的には移民の親を対象としたセミナーや会議を開催し、教育に対する意識を高める取り組みが実施されている。[17]

そして二〇一二年、ＮＲＷ州はＲＡＡをはじめとする移民に対する教育支援のノウハウの蓄積をより積極的に活用することを目的として「社会参加・統合促進法（Gesetz zur Förderung der gesellschaftlichen Teilhabe und Integration in Nordrhein-Westfalen）」を定め、他の組織や多様な取り組みを包合する新たな地域統合センター（kommunale Integrationszentren）の拡充に取り組んでいる。特に、これまでＲＡＡが設置されてこなかった地域への設置が目指されており、教育支援実践のさらなる普及が期待されている。

このように、子どもの教育との関わりの中で親を支援することにより、親の教育力を高めると同時に、ドイツの教育施設に積極的に関与し、協働する素地を作ることを目指す政策は、ＮＲＷ州において着実に発展してきたと言ってよいだろう。

4　RAAの実践

NRW州の統合政策が具体化される中で、今日RAAがその存在感を増している。

図11-1　NRW州に広がるRAA

RAAは外国人労働者とその家族、特に青少年に対する教育の支援を行う組織として一九八〇年にルール地方に設立された。エッセン市に本部を置き、現在、州内三十都市に支部が設置され、各地の地域の現状に応じた教育支援を展開している（図11-1）。それぞれの支部はエッセンの本部が開発するプログラムの普及・活用とともに、地域の実情に見合う独自の支援プログラムを実施しており、移民家庭への教育支援の主体であると同時に、その地域における移民支援に携わる人や組織を仲介する役割や実践に関するリソースセンターとしての役割を担っている。

こうしたRAAによる教育支援の活動で強く焦点化されているのが、既述のように、移民の

図 11-2　「リュックサック」プログラムのロゴの入ったパンフレット

親である。その活動は、就学前教育、初等教育、前期中等教育、学校から職業への移行段階と子どものライフコースに沿って展開されており、それぞれの段階での教育に親を取り込んでいこうとしている。なかでも就学前教育や初等教育で展開されている支援は、完全に親に特化している。こうした例として、RAA本部がプログラム開発を主導し、またNRW州を越えてドイツ全土に普及したプログラム「リュックサック」と、ビーレフェルト市におけるプロジェクト「親と学校の対話」の二つを取り上げてみたい。

(1)「リュックサック」プログラム

「リュックサック」は、就学前教育施設、学校、家庭の三者の協力の下、異文化間の言語能力促進を目指す様々なプロジェクトの枠組みの中で開発が進められた言語教育プログラムである。その開発の過程では、EUのプロジェクトとして欧州委員会の助成を受けることで、ロッテルダムの母親と子どもの遊びを通した教育活動に取り組む財団（Stichting Samenspel op maat）と連携しつつ、そのプログラム内容を確立していった[18]。具体的には、移民の親と就学前教育施設との協働を促すことで、子どもの母語を土台にドイツ語能力の向上を目指すものであり、これは第一言語のよりよい獲得が第二言語習得の基礎になるというバイリンガル教育の理論に基づいている[19]。

すなわち移民の子どもは、就学前教育施設ではドイツ語を学び、家庭では特に母親との触れ合いから母語を学んでいくが、重要なのは、それぞれの場所でそれぞれの言語に触れるだけでなく、ドイツ語と母語の両方の語彙を関連づけて学べるように、就学前教育施設内での言語活動と家庭内で母親と行う言語活動を連動させることであり、それを可能にするために開発されたのが、このプログラムなのである。

しかし、このプログラムの目標は、移民の子どもの言語習得の促進にのみあるのではない。すなわち、①移民の子どもの多言語性の促進のほか、②母親の教育力の強化、③移民の母親と子どもの自尊感情の強化、④教育施設における異文化間教育の強化など、計四つの課題が掲げられ、とりわけ移民の母親のエンパワメントに注目している点にその大きな特色が認められる。

表 11-1　「リュックサック」プログラムの概要

	モデル I	モデル II
指導者	母語とドイツ語の両言語を十分に使いこなせる母親	保育者としての教育を受けた移民女性
対　象	子どもを保育所に通わせる母親グループ（理想は 7 人から 10 人程度）	
期　間	9 カ月間（週に一度の学習会）	
教授言語	母親グループの母語（言語的背景の異なる母親が集まる場合はドイツ語）	
活動内容（教授法）	各学習会で，その週に子どもと家庭内で取り組む活動を行う（絵カード，読み聞かせ，運動，テレビ視聴，遊びなど）	
テーマ	身体，洋服，幼稚園，外での遊びと運動，家，食事，家族，動物など	
プロジェクト・テーマ	各プロジェクト期間に別途設定される 例：自然の中で生きる，祭りを祝うなど	

出典）RAA Hauptstelle, 2005 およびプログラム指導書より筆者作成。

表11-1はプログラムの概要を示している。施設の保育者と移民の母親との連携の下、前者が施設内でドイツ語を用いて行う言語活動を後者が家庭内で母語により行うことができるように、週に一度、九カ月間にわたって継続的に移民の母親が集まって講習を受ける。具体的には、それから一週間の間に家庭で行う教育活動について学ぶのである。

この定例会で母親たちを指導するのは、母語もドイツ語も堪能な移民の母親か、母親であるか否かにかかわらず保育者としての教育を受けた移民女性のどちらかである。指導の際の教授言語は、集まる母親グループの構成次第であり、必ずしもドイツ語とは限らない。

週に一度の定例会で学ぶ内容は、それほど難しいものではない。たとえば、自分の子どもが就学前教育施設で様々な活動を通してどのように言葉や道具の使い方を身につけるのかを、移民の母親自身も体験するのである。そのほか母親たちは絵本や歌、遊戯、絵描きなどが子どもの発達を促すのに有効であることを学び、それらを通して子どもの言語能力が促進されるということを知る。

また、家庭内での教育活動の助けとなる手引書なども用意されている。それらを通して、移民の母親は、子どもとの関わりそのものが発達を促すということを理解する。そして同時に、母親という自分自身の役割を自覚することで自尊感情を高めていく効果も期待されている。

こうした効果が実際に見られることは、ＲＡＡエッセンが行った調査結果が示している。[20] それによれば、言語発達や親子の関係づくりにおける効用は明らかであり、加えて母親と保育者の関係性の構築といった効果も挙げられている。さらに、参加した母親らの中には、この活動の指導者養成コースに参加し、今度は自身が母親グループを率いることに意欲を見せている者もいる。

様々な成果の中で、特に強調されるべきは母親たちの自尊感情の向上である。とりわけムスリム移民に関して、このことは重要である。すなわち家庭による違いはあるものの、彼女たちは一般に家庭に閉じ込められ、孤立しがちである。また、子どもの教育についても父親が強い影響力を持っており、彼女たちは立場が弱いことが多い。そのことが彼女たちを子どもの教育から遠ざけてきたのであり、家庭内での教育を機能させるためには、まずは母親としての自覚と自信を持ってもらうことが大きな意味を持つのである。

（2）「親と学校の対話」プロジェクト——ＲＡＡビーレフェルトの活動

ビーレフェルト市はＮＲＷ州北東部に位置する人口約三二万の都市である。二〇〇九年現在、人口の約三分の一にあたる一〇万人が移民としての背景を持ち、トルコ系移民やロシア系の帰還移住者が多く暮らしている。ＲＡＡビーレフェルトは一九九五年に設立され、設立当初は移民の子どもの学校から職業への移行における支援に重点を置いていたが、前期中等教育ならびに初等教育へと支援の範囲を広げ、今日では就学前教育にも関与している。(21) 支援の形態も多様だが、ここでは移民の親に焦点化した例として「親と学校の対話（Eltern-Schule-Dialog）」を取り上げてみたい。(22)

このプロジェクトは、移民の親の第一言語を用いてドイツの教育制度や子育てに関する情報提供を行うものである。こうした情報が重視される背景には、基幹学校や特殊学校における移民生徒の割合の高さがある。こうした学校への進学は、そのまま就職が困難になることを意味するため、安易にこれらの学校を選択せず、本当に子どもに適した学校を選択できるよう、ドイツの教育制度についての十分な知識を持つことが親には求められる。しかし、ドイツ語を十分に理解することのできない親にとっては、こうしたドイツ人にとっては常識と言ってよい情報を得ることさえ困難なのであり、そのためＲＡＡビーレフェルトは、特にニーズの多いトルコ語とロシア語を用いてこのプロジェクトを実施しているのである。

表11-2は「親と学校の対話」プロジェクトのテーマ一覧である。子どもの言語発達や学習支援、家庭教育、学校教育といったテーマが挙げられ、ほぼ同じテーマで、年ごとに連携する基礎学校（ドイツの四年制小学校）を変えて実施されてきた。なお連携する基礎学校は移民が集住する地域から選ばれ、学校側は会場として教室を提供する。また学校に関するテーマが取り上げられる際には、教師が話題提供者として参加する。他方、ＲＡＡビーレフェルト側は、テーマに即した話題提供者を大学や移民支援に関わる関連組織などから探して交渉するなど、年間を通して七回から一〇回開催されるこのプロジェクト全体を組織している。なお、これらを担当するのはＲＡＡビーレフェルトのトルコ系とロシア系のスタッフで、当日は彼らが参加者に対してトルコ語とロシア語で通訳する

表 11-2　2004/2005 年度「親と学校の対話」プロジェクト・テーマ

日　時	テーマ	話題提供者
2005 年 2 月 21 日	「親と学校の対話」の紹介 ・学校について ・学校と親の相互の期待 ・規則 ・学校による親へのケア	学校，RAA
2005 年 3 月 7 日	多言語の促進と第 2 言語としてのドイツ語 ・子どもの言語獲得と第 2 言語獲得 ・子どもに対する親のサポート ・子どもと話す言語 ・子どもの生活の中の言語	ビーレフェルト大学「外国語としてのドイツ語」コース講師
2005 年 3 月 14 日	学びの習慣・宿題 ・親による宿題のサポート ・学校外のプログラム	学校心理に関する相談所のアドバイザー
2005 年 4 月 11 日	異文化間教育——すべての子どもにとってチャンスの一つ ・統合のなかで生きる——体験，想像，希望	国際社会福祉協会担当者
2005 年 4 月 25 日	親の役割 ・家族の中での両親の役割 ・家庭教育，しつけ	家族，子ども，青少年のための相談所担当者
2005 年 5 月 9 日	非暴力の教育 ・褒めることと叱ること ・子どもの関心に配慮すること ・男の子の教育，女の子の教育	家族，子ども，青少年のための相談所担当者
2005 年 5 月 23 日	前期中等教育への移行 ・中等教育のための推薦状と進級	学校

出典）RAA ビーレフェルトで配布された案内より筆者作成。

ことになる。

特に進学に関する情報については、各学校で開催される「親の夕べ」でも提供されている。しかし問題となるのは、それが移民の親に十分に伝わらないことである。あるトルコ人の父親は、筆者も参加した「対話」（二〇〇五年五月二三日開催）の場で、学校に行ってもドイツ語がわからないので理解できない、なぜ通訳がいないのかと不満を述べた。

ここで重要なのは、ＲＡＡはそうした要求を受けて、すぐにトルコ語の通訳を手配するのではなく、その父親に、同じ学校の移民の保護者や知人などの中で支援者となる人を自分で探すようにアドバイスをするということである。確かにトルコ語による情報提供は必要だが、同時に移民の親に学校と関わるために自身ができることを考えさせることも重要だとする基本姿勢が、ここからうかがわれよう。

おわりに

本章は、移民の親の社会参加を促す政策とその具体的な実践に注目してきた。最後に、こうした活動がドイツの市民社会にどう寄与するのか、その可能性について考察し、論を結びたい。

先行研究を整理した際に、移民の社会参加は文化的側面、構造的側面、社会的側面、情緒的側面の四側面においてその統合に寄与するとしたフートの論を提示したが、ＲＡＡの活動もこれらの視点から捉えることができる。順に見ていくと、文化的側面については、そのプログラムへの参加によって移民の親は子育てやドイツの学校制度に関する知識を獲得している。構造的側面については、「リュックサック」に参加した母親が、自らも支援する側になろうと養成コースに参加する動機づけを得た点に効果が確認される。社会的側面については、移民の親同士のみならず、ドイツ人保育者や教師、移民支援従事者との関係が構築され、ネットワークが作り上げられたことが重要である。最後に情緒的側面については、自尊感情が生まれ、そこから自分の子どもはもちろんコミュニティへの責任感が形成されたことが指摘される。

このように、移民の子どもに対する教育効果を追求した支援は、その親にも大きな影響を及ぼしている。むしろ子育てを契機として、移民とりわけ母親たちが自分たちだけのコミュニティに留まることなく、積極的にドイツ社会と関わることが目指されているのである。

その一方で、移民の親が参加していく場そのものの変化にも注意しなければならない。当然のことながら彼らの参加は、ドイツ社会への同化を意味しない。移民を受け入れるドイツ人や教育施設は、彼らが持つ文化とそれに対する配慮を学ばなければならない。すなわち、ドイツ社会やそれを体現する教育施設は、もはや不変なものとして移民の前に立つことは考えられないのである。

参加をめぐって、こうした相互性が成立するのは、まさにそれをドイツ社会が求めているためであろう。異文化を前にするとき、市民社会には自らを多文化化する以外の対応はありえないのかもしれない。さらに言えば、「われわれ」と「他者」の別を前提とした相互性を、市民一人ひとりのあいだの相互性へと転換させることによって、市民社会は言わば自己変容を通じた自己保存を図るものと考えられる。

最後に、言うまでもないことだが、このような市民社会としての姿は、今日のドイツ社会のすべてではない。しかし、移民の存在が、しばしば日本でも報道されるような排他的な動きを刺激しただけでないということを私たちはしっかりと確認する必要があろう。市民社会は、異文化と手を携えることによって発展することもできるのである。

第12章　スウェーデン民衆教育における市民性教育

澤野　由紀子

はじめに

北欧では、教育と市民の福祉に関して国家が重要な役割を果たしてきた。北欧型福祉社会は、機会均等、富の均等配分、最低限の水準の生活を享受することのできない人々に対する公共の責任などを国家の主要な原則としている。そして市民には、寛容の精神に基づき自由・平等と連帯といった価値観を獲得することが期待されてきた。

他方、シティズンシップは、こうした権利や責任の次元に関わるだけでなく、アイデンティティ形成にも大きく関係している。第二次世界大戦後の北欧型社会民主主義の黄金期においては、個人と国家の一体化を促し、あるいは個人が他の人々と共有する「国民」としてのアイデンティティが極めて重要視された。良き北欧市民は、国によって教育され、国家の「共通の文化」に裏付けられた道徳性と責任感を持つものと考えられてきた。

しかし、状況は変わりつつある。移民が増加し、国境の内外での人々の交流がより幅広く、また深いものとなるにともない、人々は多元的な帰属意識や忠誠心を持つようになり、アイデンティティのハイブリッド化も進んだとされる。[1] 本章で取り上げるスウェーデンでは、二〇一一年現在で人口九四三万人のうち一九・六%が難民・移民など外国にルーツを持つ。こうした人口構成の変容は、北欧型民主主義の価値観にも揺らぎを生じさせている。[2] 例えばソマリア出身者など自国で基礎教育を受ける機会がなかったイスラーム系難民の既婚女性は、自宅に引きこもりがちで、スウェーデンで女性の社会進出を支えてきた男女平等の考え方を共有する機会がないのが現実である。

スウェーデンの学校教育は当然のことながら民主主義を基盤としており、義務教育用ナショナル・カリキュラムは冒頭に「学校は民主主義に基づく」と記している。[3] 社会科、公民、歴史といった教科教育はもちろん、学校自治や学校評議会などを通した学校運営に生徒を参加させることによっても、民主主義の素養の育成が行われている。

しかし、スウェーデンにおいて、アクティブ・シティズンシップの育成という観点からより注目すべきは、一九世紀末以来の伝統を持つ学校外のノンフォーマル教育である民衆教育（Folkbildning）[4] である。それは、政治や文化に積極的に参加する市民を育成する場となってきたのであり、今日では、外国に背景を持つ人々にスウェーデンの生活様式や民主的価値を伝える場としても機能している。

以下、二一世紀のスウェーデンの市民社会をめぐる状況と、特に民衆教育におけるアクティブ・シティズンシップの育成について見ていきたい。

1　二一世紀スウェーデンの「市民社会」政策

スウェーデン政府は、二〇〇七年九月、保健、医療、社会保障、傷病時の生活保障、高齢者の生活保障、家族と子どもの生活保障などの社会事業分野で活躍するボランティア団体ならびに非営利団体に対し、政府との関係のあり方についての話し合いを呼びかけ、国内の宗教団体、民衆教育団体、患者団体、障害者団体、地方自治体の市民団体プラットホームのほか、赤十字社やSave the Childrenなどの国際NGOを含む約九〇団体との対話を実現した。その趣旨は、スウェーデンの民主主義社会と社会福祉のなかでボランティア団体等が果たす役割を明らかにし、社会事業分野において彼らの活動の幅を広げるための方策を検討することにあった。そして、この対話に基づき、二〇〇八年一〇月にはスウェーデン政府と、社会政策に関わる活動をしている五一の「理念に基づく組織（idéburna organisationer、以下「市民団体」）」、そして地方自治体・郡連合（SKL）の三者で、社会事業における国、地方と市民団体の関係とそれぞれの役割を定める合意文書が作成された[5]。

さらに二〇〇九年一二月、スウェーデン議会は「市民社会のための政策」と名付けられた法案を採択し、教育科学省がその実施を担当することになった。この法律は市民社会に関する政策の目的と方向性を定めたもので、今日の社会が抱える諸問題に総合的に対応しようとするものである。同法はまた、社会的起業、市民社会団体に対する国の支援、その他の市民社会に対する財政支援、会合のための公共の場の使用等に関する諸問題も取り上げている。

なお、これらの政策文書のなかでは「市民社会」「民衆運動」「社会運動」「ボランティア・非営利セクター」「社会的経済」「ボランティア・理念に基づく団体」「ボランティア・理念に基づく活動」などの用語が用いられているが、統一された定義はなく、各団体もそれぞれの文脈に応じて使い分けている。そうした状況を踏まえた上で、「市民社会」については、次のように解説されている。

「市民社会」という言葉は、国家、市場や個々の家庭から離れたアリーナであり、様々な人々、グループや組織が共通の利益のために組織され、共に活動を行う場を指す。市民社会のアクターには、非営利団体、財団、登録された宗教団体のほか、ネットワークやキャンペーンも含まれる。市民社会のアクターは経済活動を行うことができるが、その収益を会員、所有者もしくは他の人々に分配することは認められず、団体の運営にフィードバックしなければならない[6]。

こうした市民社会の現状については、統計等のデータの整備も課題となっているが、スウェーデン政府によれば二〇一〇年一一月現在で次のように把握されている。

・スウェーデン人は、余暇の時間を利用して無償もしくは少額が支給されるボランティア活動を一カ月平均一六時間行っている。これは四〇万人分のフルタイムの仕事量に相当する。一九九二年から継続して行われている調査は、ボランティア活動の規模が増大しつつあることを示している。

・スウェーデンの市民社会には推定二〇万の組織がある。それらのほとんどは非営利団体、財団もしくは登録された宗教団体である。

・一六～八四歳の男女のうち八五％以上が協同組合を含むアソシエーション[7]のメンバーである。

・全人口のうち男性の四三％、女性の三八％がアソシエーションの活動に積極的に関わっている。ただし年齢による差は大きく、若年層よりも高齢層の方がアソシエーションへの加入率は高く、若年層はその他の形態のボランティア活動に関わる傾向がみられる。

・スウェーデンの市民社会における自己資金は、ＥＵ諸国の平均よりも高い水準にある。なお歳入のうち約二九％が公的部門からのものであり、六二％が会費や販売等からの収入、九％が寄付金である[8]。

市民社会のための政策の目的は、「民主主義に統合された部分としての市民社会の条件を改善すること」にあり、市民団体との対話によってこれを実現しようとしている。そのための具体的方策としては、以下の三点が考えられている。

第一は、自らの状況もしくは自分と社会全体との関係をより良いものにしようとする意志に基づいて人々が自由に参加することができる形に、市民社会を発展させること。

第二に、市民社会が社会と福祉の発展により良く貢献できるように、様々な活動や諸集団の声を聞くことを通じて意見を集約していく機関としての基盤を整備すること。

第三に、市民社会に関する情報を充実させ、広報することである(9)。

こうした政策の基礎には、様々な団体等からなる市民社会の力を強めることが、自由で民主的な社会の前提となると同時に、その表現ともなるという考え方がある。スウェーデンの民主主義は一九世紀末の民衆運動に根ざし、社会への参加とその組織化という伝統を有している。市民社会に関わることによって、一人ひとりが集まって重要な社会的問題について議論し、その解決を図ることが可能になると考えられている。

そして、こうした民衆運動のなかから二〇世紀初頭に発展したのが、市民による学習サークルを組織する学習協会とフォークハイスクールに代表されるスウェーデンの民衆教育である。二一世紀に入り、スウェーデンの生涯学習体系を支えているこれらの民衆教育団体には、長年にわたって培ってきた政府や政治家との対話や民主的組織運営、ファシリテーターの養成等のノウハウを、市民社会全体の条件の改善に役立てていくことが期待されている。

2　アクティブ・シティズンシップを育む民衆教育

(1) ヨーロッパにおけるスウェーデンの位置

スウェーデン国内からヨーロッパに目を転じると、ＥＵは二〇〇〇年に「持続的経済成長、より多くのより良い雇用の創出とより強固な社会的結束を伴う持続的な経済成長を可能とする、世界で最も競争力がありダイナミックな知識経済」となることを目指すリスボン戦略を定めるなど、特に近年、人材養成の観点から生涯学習と成人教育を重視している。

上記の目標実現のためには、経済的競争力の強化という目標が要求する人材養成と、社会的結束を高める上で不可欠な市民性教育が重要な意味を持つこととなるが、スウェーデンは、これらの両方に関わる学習機会の提供を実現している国の筆頭として挙げられる。ＥＵは、リスボン戦略の進捗状況を測るベンチマークの一つとして、成人の生涯学習参加率（ＥＵ全体の二五歳から六四歳の成人のうち過去四週間以内に教育もしくは職業訓練を受けたことのある人の割合）を二〇一〇年までに一二・五％以上とし、二〇二〇年までには一五％以上にすると定めたが、スウェーデンは二〇〇七年の時点で三二・四％の参加率をもってＥＵ諸国のなかで第一位であった。また四歳から六五歳までの生涯学習参加率においてもスウェーデンは第一位であり、二位のデンマーク、三位のアイスランド（ＥＵ非加盟だが教育協力事業には参加）とともに、「ゆりかごから墓場まで」のすべての年齢層で大半の市民が生涯学習を実現している国とみなされている。[10]

他方、生涯学習がほとんどの人にとって現実のものとなっているとはいえ、高校中退率が約一二％と高く、若者の大学進学率も伸び悩み、知識経済における競争力という点で問題を抱えていることも事実である。また一九八〇年代はイラン、九〇年代はボスニア・ヘルツェゴヴィナ、最近ではソマリアなどからイスラーム系難民を積極的に受け入れてきたが、二〇〇一年の九・一一後は他の欧米諸国と同じようにイスラーム系移民の排斥運動が生じた。さらに世界的金融危機のもとで人種差別その他の差別意識はますます強まり、二〇一〇年の総選挙では移民排斥を訴える極右政党のスウェーデン民主党が得票率五・七％で二〇議席を獲得するなど、社会的・政治的な亀裂が生じてもいる。

以上のような民主主義の危機に対応した生涯学習を推進する上で重要性が再認識されているのが、フォークハイスクールと学習サークルにおける民衆教育である。スウェーデン語の「民衆教育」は英語にはない概念であるとして、英文の文書のなかでもFolkbildningという原語が用いられることが多い。最近では、それを“Learning for Active Citizenship”と訳す例も見られる。そこでのキーワードは「参加」と「エンパワメント」である。以下、フォークハイスクールと学習サークルの現状に注目したい。

（2）フォークハイスクール

フォークハイスクールは、一九世紀にデンマークの宗教家で教育者でもあったグルントヴィ（Nikolaj Severin Grundtvig）の構想に基づいて創設され、北欧全域に広まった。二〇一二年現在、スウェーデンには、宗教団体や協同組合、地方自治体等が運営する一五〇校が存在し、一八歳以上であれば誰でも自由に無料で参加できる。フォークハイスクールでは、大学進学のために必要な資格を取得できる普通教育コースのほか、音楽、メディア、手工芸、演劇、外国語、スウェーデン語、保健、ツーリズムなどを学ぶコースがある。また、青少年の余暇活動リーダーや演劇教育者、ジャーナリスト、聖歌隊の指揮者などの職業資格を取得できるコースもある。毎学期、二週間から一カ月間ほどの短期コースに約五万七〇〇〇人、一～四年制の長期コースに約二万八〇〇〇人が参加している。ほとんどのフォークハイスクールは寄宿制で、学生と教員が寝食を共にしながら学んでいる。

ここでの教育の成果については、二〇一〇年に行われた調査が示すところによると、フォークハイスクール参加者の七〇～八〇％が、「一般的知識を改善し、社会的問題により強く関わるようになり、余暇活動においてもより活動的となり、文化的問題にもますます関心をもつようになった」と述べているという[11]。

最近のフォークハイスクールの普通教育コース参加者の多くは後期中等教育未修了者であり、約五〇％が二五歳以下である。二〇一〇年には、普通教育コース参加者の三〇％が障害者で、三八％は外国に背景をもつ人々であった。このように、今日では、障害のある人々や難民・移民など外国に背景をもつ人々のために後期中等教育レベルの教養教育と職業訓練を実施することによってその後の就労や進学の機会につなげ、スウェーデン社会に統合することが、フォークハイスクールの重要な任務となっている[12]。

(3) 学習サークル

一方の学習サークルは、今日では一〇の学習協会の下に組織され、すべてのコミューンで活動を行っている。二〇一二年の時点で全国に二八万四〇〇のサークルがあり、約二〇〇万人の学習者が参加し、年間の総学習時間は一〇〇〇万時間に上っている。なお、子どもから高齢者まで誰でも参加でき、一人の学習者が複数のサークルに参加することも多いため、参加者の実数は約六八万三〇〇〇人ほどである。各サークルが地域住民を対象に実施する講演会、討論会、演劇、音楽などの文化プログラムの総数は三三万一八〇〇に上り、のべ一六五〇万人が参加している。これはスウェーデンの総人口の一・八倍に相当する。このほかにも六万一〇〇〇の民衆教育のイベントを実施し、のべ七二万七〇〇〇人（実数三九万二〇〇〇人）が参加している[13]。

サークルを組織する学習協会には、一九世紀末の労働運動から発生した労働者教育協会（ＡＢＦ）や禁酒運動を行うキリスト教の団体が組織している禁酒運動教育協会（NBV）などがある。また二〇〇八年からは、国内の宗派の異なる九つのイスラーム教系の団体がイスラーム教やアラビア語、イスラーム教徒の伝統文化ならびにスウェーデン社会における多文化・多宗教共生に関する学習を行うことを目的として組織した新しい学習協会「イブン・ルーシュド」が加わった。(14) イブン・ルーシュドは、イスラーム系移民の子どものためのアラビア語教室や女性のための伝統手工芸などのサークル活動を支援するほか、多文化共生に関する講演会を実施している。また、一般の青少年のイスラームへの嫌悪感とイスラーム系移民の西洋文化への嫌悪感をなくし、非暴力、人権擁護などのイスラーム本来の平和の文化をスウェーデンの人々に知ってもらうため、一般市民とイスラーム系移民が共に参加するワークショップやイスラーム教国へのスタディーツアーなども行っている。こうした例は、民主主義社会を構築するための基盤として作られたノンフォーマル教育が、社会の変化に柔軟に対応しながら新たな発展を遂げている事例として興味深い。

また最近の学習協会は、スウェーデンの基礎自治体であるコミューンや雇用事業所の委託に基づく活動も行っている。たとえば若年失業者のためのコース、移民のためのスウェーデン語コース、学習障害のある人々のための後期中等教育、実用的民主主義の学習推進等がこれに相当する。なお、この実用的民主主義の学習推進では、学習サークルの組織運営を指導する学習協会のスタッフが、地域や職場において団体を組織したり、ネットワークを構築したりするためのノウハウを指導している。

学習協会が取り入れている教育学や教育方法はきわめて柔軟であり、能力が異なる人々に参加を呼びかけ、それぞれの成長と学びを促進することが可能となっている。特に身体的、認知的もしくは知的な障害や、言葉が不自由といったことに関わりなく、誰にでも積極的に教育機会を提供することが目指されている。さらに、様々な理由により通常の教育制度で学ぶことができなかった人々に対する学習機会の保障が重点的に進められるほか、最近では

図 12–1　ストックホルム市にある民衆教育協議会の受付（2010 年 3 月 23 日，筆者撮影）壁には「民衆教育」「文化」「開発」「民主主義」「知識」「多様性」「連帯」といった単語が見られる。

デジタル・ディバイド解消のための取り組みにも力が入れられている。二〇〇九年には全国で五万四八〇〇人の成人がコンピューターの使い方やデジタル・テクノロジーの活用能力を高めるための学習活動に参加した。

　こうした学習サークルは、参加した人々が、そこで提供される知識やスキルの獲得を通じて社会参加の契機を得られるだけでなく、様々な背景をもつ人々が一堂に会し、その経験と知識を分かち合うことそのものも目的としている。パルメ（Olof Palme）元首相による「学習サークル・デモクラシー（studiecirkeldemokrati）」[15]という表現もあるように、学習サークルの活動はスウェーデンの民主主義に結束をもたらしていると考えられている。

　フォークハイスクールと学習サークルは、ともに「民衆教育に対する政府の補助金に関する法令」（1991：977／二〇〇七年改正）によって、フォークハイスクールと学習協会を統括する民衆教育協議会（Folkbildningsrådet）を通じて公費補助を受けることが可能となっている。同法第二条には、政府の補助金交付の目的として以下の四点があげられている。

(1) 民主主義の強化と発展に貢献する活動への支援
(2) 人々が自らの生活状況に影響を及ぼし、社会の発展に参画することを可能とすることへの貢献
(3) 教育格差をなくし、教育水準の向上と社会における文化的意識を高めることへの貢献

(4) 文化的生活への関心を広げ、参加を促進することへの貢献

こうした目的を達成するため、多文化社会の実現やジェンダー平等などの七点が、政府が重点的に支援する活動領域として指定されている。[16] そしてこの法令に基づき、たとえば二〇一二年度には一〇の学習協会に対して計一六億五九七九万スウェーデン・クローネ（約二〇〇億円）が、また一五〇のフォークハイスクールに対して計一五億九八二一万スウェーデン・クローネ（約一九二億円）がそれぞれ交付されている。[17]

このように着実にその基盤を固めてきたスウェーデンの民衆教育だが、その関係者は今後のあるべき姿についても検討を行い、二〇〇四年にその成果を「民主主義の将来——その役割と目的」という報告書にまとめている。それによれば、これからの民衆教育の使命はスウェーデンの民主主義を発展させることであり、民主主義を生きたものとするために必要な、教養があり能動的な市民を育成するために、フォークハイスクールと学習協会そのものが民主主義のロールモデルとなるような活動を展開していくことが重要だという。政府への抗議行動を行うラディカルな圧力団体としてではなく、多元主義社会の一部である市民社会として、国や地方当局と対話を進めることによって社会を変革していくことが、スウェーデンの民衆教育の究極の目標とされている。[18]

3　民衆教育——アクティブ・シティズンシップ育成のための学習

(1) 三つのミッション

スウェーデンの民衆成人教育の理念を、ＥＵをはじめ国際社会に広めようとする動きが活発になっている。二〇

〇七年一二月、ＮＧＯ立フォークハイスクール協会（ＲＩＯ）と地方自治体立フォークハイスクール校長会が共同で、民衆教育協会に対し、他の北欧諸国のフォークハイスクールと連携しながらＥＵの成人教育の事業や活動により積極的に関わることによって、グローバル社会が直面する諸課題の解決のために影響力を行使するよう提案した。これを受けて二〇〇八年三月にフォークハイスクール校長など八名からなる運営委員会が結成され、国内の一五〇のフォークハイスクールを代表する団体として「民衆教育――アクティブ・シティズンシップ育成のための学習（FOLAC）」が設立された。FOLACはスウェーデンの全フォークハイスクールの「国際部」として機能し、国内外のフォークハイスクールのネットワーク形成や国際機関のプロジェクトへの参加を支援している。[19]

加えて、次の三つのミッションが課せられている。第一に、北欧、ヨーロッパとグローバルな視野からフォークハイスクールの利益を促進すること。第二に、ＥＵとグローバルなレベルでの民衆教育・成人教育プロジェクトにフォークハイスクールの参加を促し支援すること。第三に、国際問題に関するフォークハイスクール間の協力を拡充することである。[20]

このうち第三のミッションの中で言及された国際問題というのは、具体的にはグローバル世界における公正や持続可能な発展といった課題である。FOLACによれば、民衆教育は貧困撲滅、人権、ジェンダー平等、持続可能な発展といった目標を達成するための力強い道具となるのであり、「フォークハイスクールが約一五〇年前に国民国家の枠内で民主主義を求めて闘う民衆運動の一部であったのと同じように、現在の挑戦は、共通のニーズと夢のために必死に努力している国際的社会運動の一部となる」ことを目指しているという。

なおFOLACの前事務局長のレヨン（Britta Lejon）氏が語るところでは、フォークハイスクールは学習サークルに比べると参加者も少なく予算も少ないため、ＥＵ等のプロジェクトの助成金はその活動にとって大きな意味を持つという面もあるとのことである。[21]

（2）FOLAC の実践

二〇一〇年三月二三日、筆者は、ストックホルム市の民衆教育協会本部においてFOLAC事務局が主催するセミナーに参加した。この日のテーマは「外国人排斥と人種差別に関するストラテジー」であった。会場には、近隣の赤十字フォークハイスクールの生徒と教員が一二名ほど参加していた。フォークハイスクールの生徒のほとんどがアジアやアフリカに背景をもつ移民であり、スカーフを巻いたムスリム女性も目に付いた。

セミナーのメイン会場である民衆教育協会本部で行われた講演は、ウェブカメラで一七のフォークハイスクールにリアルタイムで配信され、四〇分の講演の後に各会場で小グループに分かれて約三〇分間のディスカッションを行い、講師への質問やコメントをグループごとにまとめるという方式で行われた。メイン会場以外からの質問とコ

図 12-2　FOLAC 事務局主催のセミナー。ストックホルム市の民衆教育協会にて（上の 2 つの写真は 2010 年 3 月 23 日，筆者撮影。一番下の写真は 2010 年 3 月 23 日，FOLAC 提供）

メントは、ネット上のフォーラムに書き込まれ、講師が再び質問に答える際には、FOLACのスタッフが進行役となり、その様子が再びウェブカメラで各校に配信される。午前と午後に各一名の講師（作家と雑誌編集者）が招かれ、上記の同じ方式で討議と講師との質疑応答が行われた。

このセミナーにおいて重要な役割を果たしていたのが、FOLACのスタッフやフォークハイスクールの教員が示したファシリテーターとしての力量である。彼らは、スウェーデン語が不自由な参加者からも意見を引き出す技術を有している。また、外部会場からの質問にも上手に対応している様子が印象的であった。現代のシティズンシップをめぐる問題に、ITという現代的な技術を活用して取り組むこのセミナーにおいても、一九世紀以来の民衆教育の伝統である人と人との直接の対話の中で思考を深めていく手法が取られていることは興味深い。

おわりに

二〇〇〇年代に国と地方の政府が市民社会との対話を進め、社会事業における連携を図るようになった背景には、EUが二〇〇〇年一二月のニース欧州理事会で採択した社会政策アジェンダのなかで、市民社会との協働の促進を必要不可欠とするEUの新しい統治形態が提案されたことの影響が大きいとみられる。こうしたEUの動きに鋭敏に反応する背景には、今日のスウェーデンが、かつてのような文化的な均一性を前提とした民主主義社会から、他のヨーロッパ諸国と同様の多元的な社会へと変容し、問題意識を共有するにいたったという面と、EUのアジェンダ・セッティングにスウェーデンを初めとする北欧諸国の考え方が影響を与えた面の両方を見ることができるだろう。

事実、スウェーデンは一九九五年にEUに加盟して以来、その方針を取り入れつつ、他方で、中東欧やバルト諸国の民衆教育団体やその指導者とのネットワーク構築を支援するなど、他の北欧諸国との連携のもとに北欧型の生涯学習の理念やノウハウを域内に広めてきた。その手法は、従来からスウェーデンの民衆教育関係者がキリスト教系団体や国際開発協力庁（SIDA）をはじめとする国際協力機関とともに、アフリカ、ラテン・アメリカ、南アジア等の途上国においてノンフォーマル教育を普及させる際に用いてきた手法が基礎となっているとみられる。

二〇〇〇年以降のスウェーデン国内では、社会的格差を増大させることとなった一九七〇〜八〇年代の多文化主義政策への反省に基づき、先述のイブン・ルーシュドの例のように、外国に背景をもつマイノリティ集団に対して公的資金補助などの支援を行うことにより、文化的・社会的活動を行うための団体を組織し、他のマイノリティ集団や、スウェーデンのマジョリティ集団と対話し、影響力を行使する機会を与える政策が取られている。しかし、その一方で旧来のスウェーデン人の間では移民排斥を唱える極右勢力がじわじわと増えており、その支持者の多くは民衆教育の恩恵を受けることが少ない学歴の低い若年失業者とみられる[22]。

多文化・多民族の統合と民主化に応用され発展してきた民衆教育が、実際に社会における差別や偏見の克服にどのようにつながっていくのか、二一世紀のヨーロッパにおける「民主主義のロールモデル」としてのスウェーデンの市民性教育の行方を注視していく必要がある。

補論　日本における外国人と市民性教育の課題

佐久間　孝正

はじめに

本補論の課題は、これまで第Ⅰ部からⅢ部を通して主にヨーロッパを中心に見てきた市民性ないし市民性教育が、日本ではどのように展開されているかを検討することである。

筆者がこれまで注目してきたイギリスの学校で市民性教育をめぐる議論が活発な背景には、大きく言って三つのねらいがある。第一に社会的かつ道徳的な責任感の育成、第二に自分の所属するコミュニティへの積極的な参加、第三に政治へのアクティブなコミットメントの奨励である[1]。

こうした市民性教育の背後には、EUが拡大・発展し、人の移動がますます活発化している現実がある。EUの主要国には、以前からの旧植民地市民や二国間協定による古い移民労働者のみならず、加盟国内の移動者も多く、コミュニティが大きく変化している。隣人の文化や価値、生活習慣に寛容となり、自分の所属するコミュニティに積極的に参加することは、草の根民主主義の育成のために重要である。すなわち、そこでは異質なコミュニティの成員が、市民としての共通の自覚をもち、自らの課題を民主的なルールに基づき公正な討議によって決定していかなければならない。そのためには、国ならびに地域の施策に関心をもち、政治に積極的に参加する姿勢が求められる。

加えて、今日のヨーロッパでことさら「市民」をめぐり右のような課題が語られるのには、加盟国国民がそれぞれ各国の国民であると同時にＥＵ市民として、居住国の国籍の有無にかかわりなく平等な権利と義務の担い手と見られているということもある。すなわちＥＵでは、これまで国籍と結びついていた国民としての権利・義務関係は、一部を除いて域内市民共通のものになっている。ここから市民性というかたちで問われなければならない一群の課題が生じる。これは、外国人「市民」としての統合の問題と置き換えてもよい。

一方、日本に目を転じてみると、アジアを取り巻く状況は、依然として国家の壁が高く、東アジア共同体のようなものも実現にはまだまだ長期を要すると思われる。しかし、現実には一九九〇年の改正入管法施行以後、海外からの外国人の数は着実に増えており、外国人やその子ども含めて、グローバルな市民としての教育や市民性をめぐる議論がその重要度を増している。

1　日本における外国人の動向

イギリスやヨーロッパで市民性教育をめぐる問題が重要性を帯びている背景には、既述のように人の移動に伴う市民としてのメンバーシップをめぐる議論が関わっている。それゆえ、日本についても外国人の動向・特徴から概観しておこう。

半世紀ほど前の一九六一年末の日本の外国人総数は、現在の三分の一にも満たない六四万三九五人であった。そのなかで最多を占めたのは、旧植民地の朝鮮半島出身者の五六万七四五二人であり、外国人全体のほぼ九割に達していた。また総人口における外国人の割合はわずか〇・六七％であった。その後外国人は一貫して増え続け、一九九〇年末に一〇〇万人の大台を超える。この年の外国人総数は一〇七万五三一七人であり、前年比九・二％の増であった。翌九一年はさらに増えて一二一万八八九一人と、一三・四％も増加した。

その理由は、一九八九年一二月に入管法が改正され、翌九〇年六月からの施行に伴い、日系南米人三世までに日本人としての身分や地位に基づいて在留資格が与えられたことである。一九八九年末の在留日系ブラジル人は一万五〇〇〇人弱だったが、九〇年末には五万五〇〇〇人を突破し、九一年末には一一万人を超えた。それに伴い、旧植民地出身者の比率は激減する。一九九〇年末には、全外国人に占める在日韓国・朝鮮人は六四％にまで低下した。(2)

五〇年近く一貫して右肩上がりだった外国人の動向に変化が生じたのは、二〇〇八年のリーマンショックに端を発した世界同時不況と二〇一一年三月一一日の東日本大震災ならびに原発問題の発生以降である。二〇一二年末の速報値によれば、外国人の総数は二〇四万人弱であり、二〇〇九年末以来四年連続の減少である。

他方、出身国も五〇年前とは大きく異なり、二〇一一年末には、朝鮮半島出身者は二六・二％と首位を中国（三二・五％）に譲るまでになっている。朝鮮半島出身者が中国に抜かれたのは二〇〇七年であり、その後は年々両国出身者の差が開いている。これは日本も本格的なニューカマーの時代を迎えたことを意味する。

出身国の変化は、文部科学省の施策にも変化をもたらした。オールドカマーの子どもが多かった時代は、日本語指導の問題はほとんど起きなかった。また一九六五年の日韓条約以降、在日韓国・朝鮮人の子どもで日本の学校を希望する者は受け入れ、日本の子どもと区別しないで教育することとされた。

しかし、日系南米人の子どもの急増は、その多くが日本語を話せないという深刻な問題を突き付けた。日本の学校が、教室内の説明言語そのものを理解できない子どもを迎えるという、多くの移民の子どもを抱える欧米諸国と同様の問題に直面することになったのである。二〇一一年五月時点で公立の小・中・高校に在籍する外国人児童生徒数は七万三〇〇〇人であり、うち日本語指導を必要とする者は二〇一〇年九月時点で約二万九〇〇〇人で、二〇〇一年より一万人ほど増加している。なお母語別に見ると、二〇一〇年九月一日時点では日系南米人が多いが、近年は国際結婚の増加に伴い中国やフィリピン出身者など多様化し、日本国籍者も増えている。

日本語指導の必要な日本国籍児童生徒が増えているのは、国際結婚後連れ子として日本に招き寄せ、国籍を取得させたり、日本人配偶者と離婚し、子どもが在留している海外出身の親に引き取られ、家庭内で親の言葉で育つなどのケースが増加していることによる。こうした現実を前に、文部科学省の最近の課題は、学校教育法施行規則を改正し、何とか日本語指導を特別の教育課程に位置づけることである。これまでは地域的なばらつきが多いため、日本語指導は各地の教育委員会や学校任せとなっている。外国人の子どもの多い所ではそれでもいろいろな経験が蓄積されているが、地域によっては日本語指導も十分には行われず、教師の理解も乏しいままに受け入れられている例も少なくない。

2　「国籍」重視——オールドカマー排除の軌跡

日本語指導を中心とする外国人児童生徒の教育が教育課程に明瞭に位置づけられていないのはなぜであろう。ここには、地域に定住している外国籍の住民が「市民」として種々の権利の担い手として見られていないことが大きい。

外国人の子どもの不就学や不登校問題が顕在化したのは、日系南米人が居住するようになってからである（以前からオールドカマーの子どもにも同様の問題は存在していたが、ほとんど無視された）。日系人は、わざわざ入管法を改正までして引き寄せた人々である。そこには、日本人の血を引く人々なら、たとえ二世や三世でも日本の習慣に合わせてもらえるとの甘え・期待がひそんでいた。ところが、多くの不就学児童生徒の発生である。

日本では、入国の時点で永住や帰化を認めて受け入れる国を移民受け入れ国と呼び、自らはそのような施策を採用していない。そのため入国を認められる人は期限付きであり、更新は可能でも、基本的には帰国が前提とされる「お客さん」である。英語で言えばゲストワーカーであり、ドイツ語のガストアルバイターである。

他方、日系人もまた、当初は「経済大国」日本で短い時間に集中的に働き、早く貯蓄して目標達成後は帰国することを夢みていた。そのため子どもが日本の学校にどうしてもなじめないときには、短期間なら学校にやらずとも帰国後何とかなると考える者も出た。

特に親が日本国内で移動を繰り返す子どもは、学校や地域の教育委員会との接点がなくなることが多い。二〇一二年七月以前は、外国人には住民基本台帳制度がなく、転出前に役所に届け出る必要がなかったため、親が移動先の住所を届け出なかったり、移動先で子どもの入学手続きをとらないと、居所不明になり、就学案内を含む情報連絡がつかなくなったからである。

これらのことは、日系南米人の子どもの不就学には日本側にも責任があることを意味する。一九九〇年の改正入管法施行とともに政府は外国人の労働力には目を向けたものの、その子どもの教育にはほとんど関心を示さなかった。日本は移民受け入れ国ではないと言いながら、日本人としての身分や地位で入国できる日系南米人が、西欧社会の移民労働者に似た形で入国する事実を見逃してきたのである。

さらに問題なのは、外国人の子どもの人権に関わる学ぶ権利や、自らの文化や言語を尊重する市民権に関わる法的制度ができていないことである。端的に言って、外国人の親には、滞在中、子どもを日本の学校にやる義務がない。日本の親なら義務を果たさなければ学校教育法第一四四条「保護者の就学義務不履行」により一〇万円以下の罰金すら課されるのに、外国人の子どもの学ぶ権利は、国内法ではなく対外的に結ばれた国際法に依拠している。

この原因をたどると、その根は、（外国人を含む）市民や人間よりも国民が重視される憲法と教育基本法にたどり着く。

現憲法が、戦後間もなくGHQによって草案が示されたことは旧知に属する。この草案で日本が特にこだわったもののひとつにpeopleという語がある。こんにち、すべて「国民」とされている言葉である。多くの識者が指摘しているように、もともと草案にあったpeopleは、外国人も含む人民あるいは人々を意味していた。事実、当時の外務省の仮訳でもpeopleは人民と訳されており、この人民には、同じ草案の第一三条や一六条からもわかる通り、外国人も含まれていた。(3)

しかし日本側は、そうなると当時日本にいた数十万人に及ぶ朝鮮人にも適用されることを恐れた。(4)そのためこのpeopleをことごとく国民に置き換え、さらに「日本国民たる要件」は別に定めるとして、その別法たる国籍法で日本国民とは日本国籍取得者としたのである。(5)こうしてアメリカ側の草案時にあった人民の権利は、日本「国民」の権利に限定されるようになった。

日本がいかに国籍（国民）にこだわったかは、憲法の至るところで確認できる。一例のみあげれば、第一四条「法の下の平等、貴族制度の否認、栄典」である。そこでは「すべて国民は、法の下に平等であって、人種、信条、性別、社会的身分又は門地により、政治的、経済的又は社会的関係において、差別されない」とある。

当初、アメリカ側の草案は、「凡ての自然人はその日本国民たると否とを問わず法律の下に平等にして、人種、信条、性別、社会上の身分もしくは門閥または国籍により政治上、経済上または社会上の関係において差別せらるることとなし」であった。自然人とは、生物学的な意味での人一般をさす。しかし日本側は、外国人も対象になることを避けるため、上記の文言から「日本国民たると否とを問わず」と「国籍」を除去した。[6]

教育基本法もまた、こうした制約を免れない。教育基本法は戦前までの教育の反省にたち、新憲法に基づいて教育勅語に代わる理念を示そうとしたものである。憲法第二六条「教育を受ける権利、教育の義務」では、第一項に「すべて国民は、法律の定めるところにより、その能力に応じて、等しく教育を受ける権利を有する」、第二項に「すべて国民は、法律の定めるところにより、その保護する子女に普通教育を受けさせる義務を負う。義務教育は、これを無償とする」とある。

教育基本法の成立過程を検討した副田義也（敬称略、以下同）によると、教育基本法作成に大きな影響をあたえた当時の文部大臣田中耕太郎や文部省審議室は、委員たちの思想的混乱を避けるために「つくられたばかりの憲法改正案」に依拠したという。そのため教育基本法も、「人間より国民を基礎概念とする法律」になった。[7]

外国人も含むこれからのグローバルな教育を考える際、戦後日本の出発点となった憲法ならびに教育基本法にいう国民固有の権利なり国民教育が、まずは大きな壁になっている。ＥＵに相当する東アジア共同体がなくても、日本でも日増しに人の移動が盛んになり、定住外国人の権利をいかに保障しつつ共存・共生するかは、大きな課題である。少なくとも長期滞在外国人の家族をも含めた市民権、すなわちデニズンシップの問題は避けて通れない。

かつて国連の人種差別撤廃委員会から、多くの在日韓国・朝鮮人が居住している日本に対し、教育面での配慮の欠如が指摘されたことがある。そのときの政府側の回答は、日本の教育の目的は、将来、子どもたちを日本のコミュニティのメンバーにすることなので外国人の子どもに日本の義務教育を強制することはできない、というものであった。[8]この姿勢は、今も基本的に変わっていない。しかし、このような、国民のみを対象とした国民づくりの公教育では、近年のグローバル化に対応できないのである。

3 「市民」とは何か

近年のイギリスをはじめとするEU加盟国の大きな課題は、国民だけではなく外国人をも地域に居住する市民と捉え、異なる文化や宗教、価値を相互に理解し、民主主義の深化に向けて、ともに地域社会や政治を活性化させるための市民性を成熟させていくことにある。

しかし日本の現状をみると、国内の課題としてこのような文脈での市民性の成熟や市民権をめぐる議論はほとんど聞かれない。ここには、戦後の憲法で、論理上国民が人間や市民より上位に置かれたのとも異なる、別の問題もあるように思われる。ここでは社会学の古典に属する文献から市民の成立と特徴に関する一つの代表的な理解を紹介したい。

ウェーバー（Max Weber）は、市民の原型はヨーロッパ中世以降の都市に最も典型的なかたちで成立したことを強調した。[9] 中世の都市市民が自らの利益を守るため当時の王侯・貴族と対立しつつ自らの団体を組織し、独自の権益を守る集団形成に成功したという理解である。その際の都市市民の特徴は、世界の多くの地域で見られた氏族的結合やカースト的な身分的秩序を断ち切って、都市市民独自のプリュタネイオン（共同の儀式を行う聖域）や公会堂を作り、自分たちの共通の利益擁護を行ったことである。彼の都市論では、近代の都市市民とは、単に一定の領域に集合し生活している人々ではなく、自らの利益を守るため、ときに権力者たちとも渡り合いつつ歴史的に形成されたものであり、それだけに市民としての権利と義務を明確に自覚し、実践する人々である。

一方、日本で市民や自由な都市の概念に初めて注目したのは福沢諭吉である。彼は『文明論の概略』において、次のように述べている。

かくの如く、市民の群れをなして独立するものを、フリイ・シチと名け《ママ》、あるいは帝王の命を拒み、あるいは貴族の兵と戦い、争乱殆ど虚日あることなし。（フリイ・シチは自由なる市邑の義にて、その人民は即ち独立の市民なり。）紀元一千年の頃より、欧羅巴の諸国に自由の市都を立つもの多く、その有名なるものは伊太里のミラン、ロンバルヂ、日耳曼《ゼルマン》〔ドイツのこと——引用者注〕にてはハンセチック・クーリギュとて、千二百年代の初よりリュベッキ及びハンブルフ等の市民、相集て公会を結び、その勢力漸く盛にして、一時は八十五邑の連合を為して、王侯貴族もこれを制すること能わず、更に条約を結びてその自立を認め、各市邑に城郭を築き、兵備を置き、法律を設け、政令を行うことを許して、あたかも独立国の体裁を成すに至れり。(10)

やや長い引用になったが、ここには上記のウェーバーに通じる市民理解が表れている。市民が典型的には封建諸勢力から解放された自由な人々であり、自らの活動や組織を強固なものにするために、相互に誓約し、盟約を結び、ときには王侯・貴族とも渡り合うなど、独自の自治組織の担い手であることが摑みとられている。

しかし、日本におけるその後の市民をめぐる議論の展開を見ると、福沢以降、長期にわたってそれを詳細に検討する者が現れなかった。今日、市民という言葉が頻繁に使用されていることを思うと、これは不思議なことである。ここには日本の近代化、産業化の歴史が大きく関係している。

明治の日本は先進社会に追いつくのを急ぐあまり、それまで政治権力から遠ざけられていた天皇を「国民」創出のために神格化し、議会すら西欧の制度を模倣、直「輸入」した。議会とは、もとは君主の無制限の権力を制限するためのものであったが、その実質的な内容より形式の方が優先された。また市民層の自然な成長を待っていては列強に伍す国家づくりが間に合わないため、「市民」を飛び越え、いきなり「国民」づくりが目指されたのである。

このことは、市民以上に良き国家「公民」となることが求められることを意味した。公民は、『大辞林』によると、①「国家の政治に参加する権利をもつものとしての国民。市民」と、②「律令制下、天皇（国家）の直接支配する人民」という意味を持つ。①の意味でならアメリカの公民権運動にも近い概念になるが、日本には②の用例もある。これは天皇の忠実な臣下としての「皇民」に重なるものである。

維新以来、天皇に忠実な民づくりが目指されてきたが、やがて普通選挙法が導入されると、学校教育にも「立憲自治ノ国民トシテ必要ナル教養ヲ与フルコト」を目標に「公民科」が設置された[11]。また公民館が作られたのは戦後であるが、それには前史があり、すでに明治期に農民教育などのために公会堂の設立が求められている。国家に忠誠を誓うよき成人を育成するための社会教育の場を設立する動きである。

公民は英語で言うならば citizen であり市民と重なるが、日本の公民には明らかに天皇の臣下としての意味もある。遅れて近代化した日本では、上からの統制が強かった分、自由な個の対等性・平等性に基づく市民的観念の成熟が妨げられたと考えられる。

こうした明治維新から第二次世界大戦までの国づくりの特徴は、今なお、日本の市民性教育に影響を与えている。たとえば中学校や高等学校の教科・科目の名前は依然として公民であり、さもなければたんに現代社会である。中身は、政治、経済、社会をめぐる市民の権利や義務、生活に関するものであっても、人を国家の民と見る公民教育の色彩が濃厚である[12]。このような教育は、教科書の記述に典型的に表れている。

4　日本の教科書に見る市民性教育の問題

「はじめに」でも述べたが、イギリスの市民性教育で重視されるのは、子どもへの社会的・道徳的な責任の涵養、コミュニティへの積極的な関与、政治への不断の関心と参加である。日本の学校でこれらの内容に関する教科は、公民や現代社会はもとより、倫理、地理、歴史、道徳や総合的学習と多岐に及ぶ。すべてを取り上げるのは不可能なので、ここではコミュニティとの関わりや政治参加との関係上、公民と現代社会を主に検討したい。

調査したのは、中学校の公民教科書七冊と高等学校の現代社会の教科書八冊であり、すべて文部科学省の検定を通過している(13)。

中学校、高等学校双方の教科書を通読して初めに気づくのは、市民も市民権も教科書にほとんど登場しないことである。検討したなかの一冊にのみ地球市民という言葉が出てくるが、これは別の文脈で語られている。いわゆる国内の日常生活から福祉、資源・エネルギー、民主主義と政治、憲法、国際社会など、国民のみならず外国人も含む市民にとって不可欠な項目を扱いながらも、市民という概念は、欧米で起きた市民革命や市民契約の解説以外、どの教科書にも登場しない。当然、市民としての権利と義務に関する市民性も市民権もそこには見られない。これは日本では、市民が地域社会や政治の担い手・主体として見られていないということを象徴している。

近年、政府の方針もあり、日本の地域社会に住む外国人は「生活者としての外国人」と位置づけられ、以前の、もっぱら働くだけの顔の見えない「労働者としての外国人」からの前進も見られる。しかし「生活者」とは曖昧な表現である。「市民としての外国人」の方が世界的に見てより一般的と思われるが、敢えてそう言わないのは、その言葉にまつわる政治性、すなわち外国人を諸権利（と義務）の担い手と見ることを回避しようとする意図によるのか、単に市民概念が日本に根付いていないためなのか。

いずれにしても日本では、地域社会でも教育界でも市民概念はいまだに定着しておらず、したがって外国人をコミュニティの積極的なメンバーとして認め、市民としての社会性と道徳性の涵養を問う教科書は少ないのである(14)。

加えて宗教をめぐる記述も、日本の教科書は特徴的である。

イギリスのシティズンシップ教育を検討すると、宗教をめぐる問題が大きな比重を占めている。イギリスには日本にない問題として、イングランド、ウェールズ、スコットランド、北アイルランドでそれぞれ市民性教育の課題を異にするという特徴がある。しかしどの地域にあっても市民性教育の共通理解としては、異なる文化の理解を通して市民としての寛容性を高めること、さらに人一般がもつ権利（人権）には差のないことを認め、多様な人々と交流し、積極的に政治に参画し民主主義を維持することが挙げられている(15)。

たしかにイギリスに限らずドイツなどでも、近年、多文化を認めることが必ずしも人々の交流を促進することにはならず、むしろ社会の分解を促すのではないかとの危惧が生じている。多文化主義ならぬ「多分化（separateness）」社会なり、「並行社会（Parallelgesellschaft）」の出現である。そのような反省から、ＥＵレベルでもインターカルチュラル政策が重視されている。多文化を認めるとは、異なる人々や集団が相互に交流し、そこから共通の価値を構築していくことである。

こうした異文化交流のなかでとくに重要なのは、異なる宗教の理解・承認である。わけてもグローバル化のなかにあって、容易に西欧化し難い宗教集団として、イスラームとの共存は、今後のイギリスやヨーロッパ諸社会の大きな課題である。単に国際社会の一角に存在するイスラーム諸国・勢力との共存という意味ではなく、日ごとに増大しつつあるイスラーム系「国民」との共存という意味においてでもある。彼らとの共存のためには、いかに異質性に富んでいてもその権利と義務を認め、人としての権利が等しいことを承認しつつ市民として尊重することが不可避である。

一方、日本の地域社会も今日では多文化化、多民族化が進行している。しかし、イギリスとは異なり、生徒たちに宗教の壁を越えた交流の重要性を説く教科書は少ない。例えばある現代社会の教科書は、以前はイスラームへの記述がなく、二〇一二年版でもごくわずかな説明で済ませている。

現実には日本でもインドネシアやマレーシア等からの来日者にはムスリムが多いが、日本ではイスラーム文化への配慮に欠けると言われる。観光客の誘致においても、何かと緊張関係の続く中国から、東南アジアにシフト変える動きが見られるが、従業員などにはイスラームの人々への対応に戸惑いもみられる。学校で学んでいないのである。

他方、イエスや仏陀については、政教分離の方針を踏まえた価値中立的な叙述ではなく、常に人間にとって価値ある愛や生きとし生きる万物との共存を説いた、ある種の理想に関わる価値肯定的な記述がなされている。日本の教科書における宗教の扱いを検討した藤原聖子は、もともと宗教教育は宗派教育、宗教的情操教育、宗教知識教育に分けられるが、日本の教科書の記述は、政教分離を踏まえた宗教の客観的な宗教知識教育ではなく、特定の宗教をかなり理想化した宗派教育になっていることを指摘している。しかもその根は深く、教科書を教える際の手引きとなる学習指導要領解説が、例えばイエスや仏陀を取り上げる際も、先哲に学ぶという大前提のもとに、客観的な理解を求めるよりも意味あるものとしての教授を課しているという(16)。

これは日本人にはなかなか気がつかない点であったが、重要な指摘であろう。多文化化、多民族化が進行している日本では、宗教も単にそれぞれの始祖に学ぶというかたちではなく、各宗教の客観的な理解の深化と地域で隣人としてそのような人々と共存するには、どのような知恵や心構えが必要かという現実的な問いの方が重要である。

おわりに

これまで述べたことからも予想されたことではあるが、市民ならびに市民権という用語は学習指導要領にも一切登場しない。欧米と同一概念が使われなくても、同じ内容が問われているのなら構わないが、そうでもない。

たしかに近年のグローバル化への対応は、学習指導要領も苦慮している点である。グローバル化は国際社会の在り方も変えるが、国内問題の性格も変える。そのひとつが、地域社会にトランスナショナルなかたちで広がる国際化である。しかし、学習指導要領と教科書が注目するのは、インターナショナルな国際化の方である。

日本では、宗教も国際人としての日本人の在り方も、かなり理想化されたかたちで叙述され、結果としてこれからの多文化共生社会を生き抜く教育にはなっていない[17]。これは日本が、いまだに多文化化や多民族化を自国内部の問題としてではなく、外国ないし国際社会の問題として受け止めているからだろう。

こうした問題は学習指導要領に縛られた教科書にのみ見られるわけではない。東京都では、独自の都立高等学校地理歴史科用教材として『江戸から東京へ』(東京都教育委員会発行、平成二三年版)を配布しているが、この教材にも市民や市民権の話は一切出てこない。また外国人やエスニシティ、民族、宗教の話もない。したがって多文化共生に関する問いかけも見られない。その代わりに多く紹介されているのは伝統的な日本や東京、江戸の話である。

徳川時代の日本の中心都市江戸から、今や世界都市東京にまでなっている東京の歴史に関する教材なのに、現代の話題はほとんどない。かろうじてあるのは「五〇年後の東京に向けて」という箇所だが、内容は「失われた緑」に関する環境問題だけである。五〇年後の東京は、ますます世界都市化し、多文化、多民族化がさらに進み、共生問題はもとより、外国人市民ならびに市民権をめぐる問題がさらに重要性を増しているだろう。そのような問題を扱う教育が想定だにされていないところに日本の課題も隠されている。

現実には、すでに都内にある日本を代表する国立・私立の大学に学ぶ大学院生の半数近くを中国、韓国出身者が占めている。日本の代表的な企業のトップを外国人が占めるケースも着実に増えている。世界のグローバル化の動きに合わせ、日本も確実に多文化、多民族化しつつある。

このような社会状況のなかで次代を担う子どもの教育には、多文化、異文化に寛容となり、人一般のもつ権利はすべて等しいことを自覚して、人権において対等な人々と共生しつつ一人ひとりを大事にする民主主義を構築すること、つまり市民性の涵養と市民としての権利の尊重が問われている。

そのためには、学習指導要領にも外国人市民や市民権に関する記述を求めていくこと、多文化ないし多民族化する日本社会を現実として考える記述を課していくことが必要であり、その上で日本の学校教育の目標も、子どもたちを日本人にするための「国民教育」だけではなく、広く外国人を含む地域に生きる市民として社会に貢献できる人材づくりのためのグローバルな教育へと転換することが求められている。

都内のある高校では、近年の日本社会の多文化化、多民族化をにらみ、学校独自の設定科目を活用し、多文化理解と市民科を設けている。経済産業省が「シティズンシップ教育と経済社会での人々の活躍についての研究会」を立ち上げ、英米のシティズンシップ教育と並んで、品川区の公立小やお茶ノ水女子大学付属小・中学校、立教中学・高校で行われている市民科などに注目しているのも、こうした例の一つである。[18]

手元にイギリスで市民性教育が導入された初期の頃の中等教育のテキストがある。その最初のところではトピックが三つに分けられ、①学校、仕事、地域コミュニティ、②ナショナルおよびヨーロッパ・シティズンシップ、③グローバル・シティズンシップとあり、同書のねらいが身近な地域から入ってイギリス市民、ヨーロッパ市民、そしてグローバルな市民性教育にあることが説かれている。[19] 一国家の市民としてばかりではなく、ヨーロッパ市民としての自覚が地につけば、より広域の世界市民や地球市民としての意識もあながち夢物語とは言えなくなる。

一方、偏狭なナショナリズムからも脱却できない日本では、アジア市民はもちろん世界市民や地球市民もただの夢物語であり続けよう。人々を国民にだけする教育ではなく、よりグローバルな市民を育てる教育が求められている。

あとがき

ヨーロッパはＥＵに象徴される所謂ヨーロッパ空間と、各国、そして各地域から構成されるが、この三つの次元を貫く視点の一つに教育がある。統合が進む近年のヨーロッパについては社会学分野に多くの研究の蓄積があり、本書の執筆者数名もこれまで部分的にそれらの研究に参加してきたが、不思議なことに教育学の分野にはヨーロッパ統合を正面から捉える著作がこれまで存在しなかった。

正確に言えば、ＥＵの教育プログラムに焦点をあてた研究は決して少なくない。しかし、ヨーロッパ統合は統合機関の内側で進行しているのではなく、その教育も必ずしもそうしたプログラムに基づいて進んでいるわけではない。加盟国の教育政策はＥＵの方針を見据えつつも、各国・各地域の独自の判断で策定・実行されている。したがって三つの次元を総体として、しかも多様な国家と地域をその多様性において把握することなしに、統合ヨーロッパの教育を論じることはできないのである。

本書は、教育の中でも特に市民性教育に焦点をあてることにより、その三つの次元を捉えることを試みたが、それは、そこに統合が持つ最も特徴的な側面が認められると考えてのことである。すなわち民主的であることはもちろん、平和で豊かな社会を追求する過程でヨーロッパはＥＵという国家よりも上位の主体を創出したが、そのことは国家の役割ないし性格に変容をもたらさずにはいない。ヨーロッパと国家と地域社会の構成員に対して「望ましい資質」の形成を求める市民性教育という活動は、国家と教育の関係の変容を反映せずにはすまされない。

本書の目論見がどの程度成功したかについては読者に判断を委ねるしかないが、マジョリティの言語と文化を中心に国民国家の安定を最優先する諸国が未だに見られる一方で、移民まで含む形でアクティブ・シティズンシップの教育を熱心に進める諸国が少なからず存在していることは明らかになったと思われる。両者のあいだには、国家理解に関する一種の時差が認められよう。このことはEUや欧州評議会のようなヨーロッパ機関が、交渉と相互理解の場であると同時に、新規加盟国にとっての学習の場として機能していることを示唆する。

このように、本書の各章は今日のヨーロッパ社会研究としての側面を持つ一方で、市民性教育についてのケーススタディという性格も併せ持っている。日本でも同様の教育活動が注目を集めるいま、世界で最も先端的な政治経済的環境の下で進められてきた西欧や中欧の試みは、それらをどう評価するにせよ、少なくとも参照する価値は大きいと思われる。一般に、ある国の試みを他の国に移植するには困難が伴うものの、ヨーロッパの市民性教育が示す三つの形（序章一四頁以降参照）は、私たちが身近な場所で見聞きする様々な提案を分析的に理解し、評価する上で助けとなるはずである。本書で展開されている思索が、日本における市民性教育論議に一石を投じることができれば、これ以上の喜びはない。

最後に、執筆者の多くが比較教育学を専門としていることから、その研究方法論上の位置について述べることで結びとしたい。

本書の元となる共同研究を進める過程で議論になったのは、取り上げる諸国について共通の視点を設定するかどうかであった。実際に各国の関係機関を訪問する際には、一定の共通質問を用意してインタビューを行うことも試みた。しかし結果的に、そうして得られたデータは参考にとどめることとした。それらのデータは各国の市民性教育の特徴を捉えるだけの信憑性を持たないと判断したためである。インタビューを補完する大規模なアンケート調査を行うのは困難であり、反対に中途半端なアンケートは歪んだ結論を導くことが懸念された。

こうしてたどりついたのが、古典的とも言える執筆者一人ひとりの学問的経験を頼りとする方法である。これが意味するのは、各国に存在する市民性教育についての語りに注目するということである。市民性教育という言葉をめぐっては、それぞれの国にいくつかの代表的な語りがすでに存在しており、それは、その国の教育を追いかけてきた研究者には比較的容易に把握できる。専門家は、その国における市民性教育はどうであるかという漠然とした問いに対して、現地社会における様々な語りについての一定の共通理解を踏まえつつ有意義な回答を導くのである。

もちろん、こうした研究手法には難点がある。それは研究チームの中で共通言語が形成され難いことである。そのため本研究は、原則として、それぞれが専門とするフィールドにおいて、他国を研究する者を含む複数のメンバーが参加して調査を行う形で進められた。それは比較教育学の共同研究で一般的な、いわゆる担当国・地域を決めて個別に現地でフィールドワークを行い、帰国後、それらを持ち寄って一冊の本にまとめるというスタイルを超えようとする挑戦であった。

以上の試みから明らかになったのは、同じ日本人研究者でも、たとえばドイツとフランスの専門家のあいだには、対象へのアプローチの仕方、観察の視点、インタビューの進め方等において想像以上の違いが見られるということである。調査対象の学校文化、教員文化、教育行政のあり方等における差異は、個々の研究者の調査の仕方にまで大きな影響を及ぼしている。本書はヨーロッパとの対話の成果を記しただけでなく、普段は別の学問世界で活動している研究者のあいだで交わされた密な議論をまとめた結果としての側面も併せ持っている。

そして本書の完成までには、さらに多くの方々のお力添えがあった。基礎となった研究は二〇〇五〜〇七年度の科学研究費補助金「EU加盟国における統合政策と教育改革の政治力学に関する比較研究」（基盤研究(B) 17330178）ならびに二〇〇八〜一一年度の「EUにおける能動型シティズンシップに関する比較研究」（基盤研究(B) 20330171）の支援を得て進められ、また、その過程で児玉昌己氏、渡邊あや氏、石倉瑞恵氏、志摩園子氏、小森宏美氏、佐原哲也氏よりいただいたレクチャーは大きな刺激となった。出版に際しては日本学術振興会の平成二五年度科学研究費補助金研究成果公開促進費（学術図書）の支援を受けている。

そのほか現地調査では、欧州委員会のヒンゲル氏（Anders Hingel）、欧州評議会のペレルワ氏（Yulia Pererva）とキーティング・チェトウィンド氏（Sarah Keating-Chetwynd）、ハンブルク大学のグラメス氏（Prof. Dr. Tilman Grammes）、ルドルフ＝ロス校のブッス氏（Heike Buß）、コペルニクス校のハイナーマン氏（Klaus Heinermann）、スロヴェニア共和国日本大使ダルノウシェク・ゾルコ氏（Helena Drnovšek Zorko）、スロヴェニア教育省のシュトラウス氏（Bronka Strauss）、スロヴェニア近代史研究所のヴォドピヴェッツ氏（Prof. Dr. Peter Vodopivec）、東京大学名誉教授の柴宜弘氏、ギーセン大学／ウィーン大学のザンダー氏（Prof. Dr. Wolfgang Sander）、ラトヴィア大学のカングロ氏（Prof. Dr. Andris Kangro）、元ラトヴィア教育相のドルヴィエテ氏（Prof. Dr. Ina Druviete）、ラトヴィア議会アドバイザーのゲイジャーンス氏（Andis Geižāns）、FOLACのエーン氏（Mats Ehn）とレヨン氏（Britta Lejon）、イブン・ルーシュドのニールゴード氏（Martin Nihlgard）をはじめとする大勢の方のご助力を得た。私たちのために貴重な時間を割いていただき、ご意見をうかがう機会を持てたことが本書をまとめることを可能にしたと言って過言ではない。

また刊行に際しては名古屋大学出版会の橘宗吾氏、三原大地氏のお手を煩わせた。お世話になったすべてのみなさまに心からお礼を申し上げる。

二〇一三年七月一日

近藤孝弘・柿内真紀・久野弘幸・園山大祐

《編者略歴》

近藤《こんどう》 孝弘《たかひろ》

早稲田大学教育・総合科学学術院教授。博士（教育学）。1963年生まれ。専門は政治・歴史教育の比較研究。ドイツならびにオーストリアを主なフィールドとして，民族と国家を超える社会の形成を目指す教育政策の可能性について研究している。主著に『ドイツ現代史と国際教科書改善——ポスト国民国家の歴史意識』（名古屋大学出版会，1993年），『国際歴史教科書対話——ヨーロッパにおける「過去」の再編』（中公新書，1998年），『自国史の行方——オーストリアの歴史政策』（名古屋大学出版会，2001年），『ドイツの政治教育——成熟した民主社会への課題』（岩波書店，2005年）など。

統合ヨーロッパの市民性教育

2013年 10月10日 初版第1刷発行
2015年 8月30日 初版第2刷発行

定価はカバーに
表示しています

編 者 近 藤 孝 弘

発行者 石 井 三 記

発行所 一般財団法人 名古屋大学出版会

〒464-0814 名古屋市千種区不老町1名古屋大学構内
電話(052)781-5027/FAX(052)781-0697

Printed in Japan

印刷・製本 ㈱太洋社

ISBN978-4-8158-0740-5

執筆者紹介（執筆順）

近藤《こんどう》 孝弘《たかひろ》
奥付の編者略歴を参照。

坂本《さかもと》 昭《あきら》
福岡大学名誉教授。博士（教育学）。1943 年生まれ。専門は教育政策・制度論。主著に『ヨーロッパ連合の教育・訓練政策——EC 市民育成の展開』（中川書店，2004 年），『教育制度の歴史と現状』（中川書店，2008 年），『進路指導・キャリア教育論——政策・理論・実践』（中川書店，2010 年）など。

園山《そのやま》 大祐《だいすけ》
大阪大学大学院人間科学研究科准教授。1971 年生まれ。専門は比較教育社会学。フランスならびに EU における移民の社会統合および学力問題を研究している。主著に共編著『日仏比較　変容する社会と教育』（明石書店，2009 年），監訳『比較教育』（文教大学出版事業部，2011 年），編著『学校選択のパラドックス』（勁草書房，2012 年）など。

澤野《さわの》 由紀子《ゆきこ》
聖心女子大学文学部教育学科教授。1960 年生まれ。専門は比較教育学，生涯学習論，教育政策学。主著に「スウェーデンにおける子ども・青少年行政の統合」（『日本教育政策学会年報』第 19 号，2012 年），『中央アジアの教育とグローバリズム』（共著，東信堂，2011 年），『揺れる世界の学力マップ』（共編著，明石書店，2009 年）など。

久野《くの》 弘幸《ひろゆき》
名古屋大学大学院教育発達科学研究科准教授。博士（教育学）。1967 年生まれ。専門はヨーロッパ・ドイツ教育，生活科・総合的学習論。授業研究論。ドイツを中心にヨーロッパ教育の研究を重ねると同時に，近年はアジアにおける授業研究と教員研修システムについて研究している。主著に『ヨーロッパ教育——歴史と展望』（玉川大学出版部，2002 年）など。

北山《きたやま》 夕華《ゆうか》
ブスクルド・ヴェストフォールド大学人文教育学部研究員。博士（人間科学）。専門は教育社会学，比較教育学。主な論文に「シティズンシップ教育における排除性——イングランドを事例として」（『公民教育研究』第 20 号，2012 年），「シティズンシップ教育における包摂的ナショナル・アイデンティティの検討」（『国際理解教育』第 17 号，2011 年）など。

鈴木《すずき》 規子《のりこ》
東洋大学社会学部准教授。博士（法学）。専門は政治社会学。主著に『EU 市民権と市民意識の動態』（慶應義塾大学出版会，2007 年），『ヨーロッパの学校における市民的社会性教育の発展』（共著，東信堂，2007 年），「フランスにおける市民性教育の現状と課題」（『日仏教育学会年報』第 12 号，2006 年）など。

J・ユスティン（Janez Justin）
スロヴェニア教育研究所応用認識論部門長。Ph. D. リュブリャナとパリで文学，哲学，言語学を学ぶ。専門はコミュニケーション学研究と市民性教育研究。関連する著書多数。PISA，TIMSS，PIRLS，ISSC 等の国際学力調査においてスロヴェニアの代表をつとめる。2013 年没。

M・Č・ヴォグリンチッチ（Mitja Čepič Vogrinčič）
スロヴェニア教育研究所応用認識論部門研究員。リュブリャナ大学でジャーナリズム学を専攻。専門は教科書研究で，特に社会科教科書を分析している。市民性教育の教科書の著者でもある。

E・クレメンチッチ（Eva Klemenčič）
スロヴェニア教育研究所応用認識論部門研究員。Ph. D. リュブリャナ大学で政治学を学ぶ。専門は知識理論とカリキュラム研究。大規模な国際学力調査に参画しているほか，市民性教育の教員養成も行っている。

柿内《かきうち》 真紀《まき》
鳥取大学大学教育支援機構准教授。専門は比較教育・教育政策。主な論文・訳書に「EU の教育政策の方向性」（『生涯教育総合センター研究紀要』第 3 号，鳥取大学，2006 年），「EU 新規加盟国ラトヴィアにおける教育政策の課題」（『教育研究論集』第 1 号，鳥取大学，2011 年），『教育改革の社会学』（ジェフ・ウィッティー著，共訳，東京大学出版会，2004 年）など。

見原《みはら》 礼子《れいこ》
長崎大学多文化社会学部准教授。博士（社会学）。1978 年生まれ。専門は比較教育社会学。主著に『オランダとベルギーのイスラーム教育——公教育における宗教の多元性と対話』（明石書店，2009 年），『神の法 vs. 人の法——スカーフ論争からみる西欧とイスラームの断層』（共著，日本評論社，2007 年）など。

伊藤《いとう》 亜希子《あきこ》
福岡大学人文学部講師。博士（教育学）。1979 年生まれ。専門は異文化間教育学。主な論文に「ドイツにおける移民への教育支援に関する研究」（九州大学大学院人間環境学府博士学位論文，2011 年），「保育者と移民家庭との異文化間の関係づくりをめざす試み——ドイツの保育施設における事例から」（『異文化間教育』第 30 号，2009 年）など。

佐久間《さくま》 孝正《こうせい》
東京女子大学名誉教授。博士（教育学）。1943 年生まれ。専門は社会学理論・教育社会学。主著に『移民大国イギリスの実験——学校と地域にみる多文化の現実』（勁草書房，2007 年），『外国人の子どもの教育問題——政府内懇談会における提言』（勁草書房，2011 年），『在日コリアンと在英アイリッシュ——オールドカマーと市民としての権利』（東京大学出版会，2011 年）など。

索　引

ア 行

カ　行

サ　行

タ　行

ナ　行

ハ　行

マ　行

ヤ　行

ラ・ワ行

略号一覧

ABF	Arbetarnas Bildningsförbund　労働者教育協会
BISS	Baltic Institute of Social Sciences　バルト社会科学研究所
CAREP	Centre Académique de Ressources pour l'Education Prioritaire　大学区優先教育網センター
CASNAV	Centre Académique pour la Scolarisation des Nouveaux Arrivants et des Enfants de Voyage　ニューカマーと移動生活者の子どもの就学のための大学区センター
CEFISEM	Centre de Formation et d'Information pour la Scolarisation des Enfants de Migrants　移民の子どもの就学のための教員養成と情報センター
CERC	Conseil Emploi Revenus Cohésion sociale　雇用・収入・社会的結束委員会
CIPPAFLE-ALPHA	Cycles d'Insertion Pré-Professionnels spécialisés en Français Langue Etrangère et en Alphabétisation　準特殊職業編入教育課程における識字と外国語としてのフランス語教育
CIVED	Civic Education Study　公民教育調査
CLA	Classe d'Accueil　受入学級
CLIN	Classe d'Initiation　入門学級
CNDP-migrant	Centre National de Documentation Pédagogique-migrant　フランス国立移民教育研究所
COMETT	Community Programme in Education and Training for Technology　技術教育・訓練に関する共同体プログラム（コメット）
CPE	Conseiller Principal d'Education　生徒指導主任専門員
CRELL	Centre for Research on Lifelong Learning　生涯学習研究センター
CRI	Cours de Rattrapage Intégré　統合補習学級
CSCE	Conference on Security and Cooperation in Europe　全欧安全保障協力会議
cumi	culturele minderheden　文化的マイノリティ
DELF	Diplome d'Etude en Langue Française　フランス語能力検定
DEPP	Direction de l'Evaluation, de la Prospective et de la Performance　教育省評価・予測・成果局
EC	European Community　欧州共同体
EDC	Education for Democratic Citizenship　民主的市民性教育
EEA	European Economic Area　欧州経済領域
EEC	European Economic Community　欧州経済共同体
ELCO	Enseignement de Langue et de Culture d'Origine　出身言語と文化の教育
ERASMUS	European Region Action Scheme for the Mobility of University Students　学生の

	留学促進のための欧州地域行動計画（エラスムス）
EREA	Etablissement Régional d'Enseignement Adapté　地域圏適応教育施設
ESD	Education for Sustainable Development　持続発展教育
ET 2010	Education and Training 2010　教育・訓練 2010
ET 2020	Education and Training 2020　教育・訓練 2020
EU	European Union　欧州連合
Eurydice	European Information Network in the European Union　欧州連合教育情報ネットワーク（ユーリディス）
FLE	Français Langue Etrangère　外国語としてのフランス語
FLS	Français Langue Seconde　第二言語としてのフランス語
FOLAC	Folkbildning-Learning for Active Citizenship　民衆教育：アクティブ・シティズンシップ育成のための学習
GCSE	General Certificate of Secondary Education　中等教育修了資格
GHQ	General Headquaters　連合国最高司令官総司令部
GISTI	Groupe d'Information et de Soutien des Immigrés　移民への支援と情報提供団体
HALDE	Haute Autorité de Lutte contre les Discriminations et pour l'Egalité　差別禁止平等推進高等機関
HCI	Haut Conseil à l'Intégration　統合高等審議会
HRE	Human Rights Education　人権教育
ICCS	International Civics and Citizenship Education Study　国際公民・市民性教育調査
IEA	International Association for the Evaluation of Educational Achievement　国際教育到達度評価学会
IRA	Irish Republican Army　アイルランド共和軍
ISCED	International Standard Classification of Education　国際教育標準分類
JRC	Joint Research Centre　共同研究センター
KMK	Kultusministerkonferenz (die ständige Konferenz der Kultusminister der Länder in der Bundesrepublik Deutschland)　常設文部大臣会議
LLP	Lifelong Learning Programme　生涯学習プログラム
MGIEN	Mission Générale d'Insertion de l'Education Nationale　国民教育省教育・訓練編入担当総局
NA	National Agency　ナショナル・エージェンシー
NATO	North Atlantic Treaties Organisation　北大西洋条約機構
NBV	Nykterhetsrörelsens Bildningsverksamhet　禁酒運動教育協会
NRW	Nordrhein-Westfalen　ノルトライン・ヴェストファーレン
NT2	Nederlands als Tweede Taal　第二言語としてのオランダ語
OECD	Organisation for Economic Co-operation and Development　経済協力開発機構
OMC	Open Method of Coordination　裁量的政策調整
OSCE	Organisation for Security and Co-operation in Europe　欧州安全保障協力機構
PETRA	Programme for the Vocational Training of Young People and their Preparation for Adult and Working Life　青年のための職業教育・就職準備プログラム（ペトラ）

PISA	Programme for International Student Assessment　国際学習到達度評価
PVV	Partij voor de Vrijheid　自由党（オランダ）
RAA	Regionale Arbeitsstelle zur Förderung von Kindern und Jugendlichen aus Zuwandererfamilien　移民家庭出身の子どもと青少年の支援のための地域活動機関
RIO	Rörelsefolkhögskolornas Intresseorganisation　NGO 立フォークハイスクール協会
SEGPA	Section d'Enseignement Général et Professionnel Adapté　普通および職業適応教育学科
SIDA	Swedish International Development Cooperation Agency　スウェーデン国際開発協力庁
SKL	Sveriges Kommuner och Landstin　スウェーデン地方自治体・郡連合
UMP	Union pour un Mouvement Populaire　国民運動連合
UPI	Unité Pédagogique d'Intégration　統合教育学科
VISC	Valsts izglītības satura centrs　国立教育センター（ラトヴィア）
VVD	Volkspartij voor Vrijheid en Democratie　自由民主人民党（オランダ）
ZEP	Zone d'Education Prioritaire　優先教育地域
ZUS	Zone Urbaine Sensible　困難都市地域

注

序　章　揺れる国家と市民性教育

(1)　Sekretariat der ständigen Konferenz der Kultusminister der Länder in der Bundesrepublik Deutschland, Stärkung der Demokratieerziehung. Beschluss der Kultusministerkonferenz vom 06. 03. 2009, S. 2.

(2)　EU の市民コンピテンシーの考え方については，中山あおい「今，なぜシティズンシップ教育か」中山他『シティズンシップへの教育』新曜社，2010 年，20 頁を参照。

(3)　クリック・レポートについては本書第 4 章を参照。

(4)　ドイツ政治教育学会の考え方については，近藤孝弘『ドイツの政治教育——成熟した民主社会への課題』岩波書店，2005 年，85-89 頁を参照。

(5)　戦後ドイツの政治教育を推進した主要因は，反ナチズムと（東ドイツの）共産主義への対抗である。このうち前者が民族主義原理に基づく国民観を否定する方向に作用したのは自明だが，後者も同様の作用を及ぼしたと考えられる。この点では，東ドイツの政治教育教科の名称が Staatsbürgerkunde（直訳すると「国家市民科」）であったことが示唆的である。国家市民という表現はその由来をローマのキヴィタスに遡るが，同時に近代の国民国家の思想をよく反映している。それに対して西ドイツは，こうした東ドイツとは対照的にヨーロッパ統合の中に活路を見出していった。なお，その西ドイツで血統主義に基づく国籍法が続いたことについては，その近代史が作用した面を否定できないが，その他に旧社会主義国からの難民を積極的に受け入れるという政治的な意味もあったことを確認する必要がある。

(6)　西ヨーロッパでは国民国家の形成時期ないし工業化の開始時期は若干早まるが，それらが一段落したとみなされる時期については，大差はない。

(7)　J・ハーバーマス著，三島憲一他訳『ああ，ヨーロッパ』岩波書店，2010 年，92 頁。

(8)　こうした例の一つであるドイツ近代における社会教育運動としてのトゥルネン（Turnen，器械体操や集団体操のこと）が，本来「下・中層民」を意味したフォルク（Volk）から「国民」を創造しようと試みるものだったこと，そしてその実際のプロセスでは教養層が下・中層民との一体感を宣伝していったことが指摘されている。小原淳『フォルクと帝国創設——19 世紀ドイツにおけるトゥルネン運動の史的考察』彩流社，2011 年。

(9)　こうした市民性（教育）概念の曖昧さが，アジア諸国におけるその言葉の使用を可能にしてもいる。平田利文編著『市民性教育の研究——日本とタイの比較』東信堂，2007 年や嶺井明子編著『世界のシティズンシップ教育——グローバル化時代の国民/市民形成』東信堂，2007 年，あるいは日本社会科教育学会国際交流委員会編『東アジアにおけるシティズンシップ教育——新しい社会科像を求めて』明治図書，2008 年に収められた，東（南）アジア諸国における市民性教育の紹介を前

にした多くの読者は，そこに描かれた教育が目指しているものは果たして市民性と呼んでよいのかという素朴な疑問を抱くであろう。他方，高選圭「韓国のシティズンシップ教育・第1回～最終回」『Voters』No. 2–6，2011–12年を読む限り，韓国と日本の市民性教育論のあいだにはかなりの接点が見出されそうである。

（10）「民主主義の赤字」とは，従来，欧州議会の権限が弱く，EU官僚や各国の閣僚によって重要な政策が決定されたことから，統合が進展し，各国政府の権限が制限されるにともない，市民の意思が政治に反映されにくくなることを言う。こうした批判に基づき，欧州議会の権限が拡大されてきたが，それでも低投票率が問題の解決を難しくしている。

（11）Consolidated version of the Treaty on European Union, in : *Information and Notices*, Vol. 53, 2010, p. 17.

（12）厳密にはオーストリアは敗戦国ではないが，その国民はドイツ人として戦争を戦い，戦後は戦勝国により分割統治されている。

（13）西ドイツならびに統一ドイツの歴史教育が政治教育上の意図に基づいてナチズムを大きく扱ってきたことはよく知られているが，教育が届く範囲と程度は生徒の学力によって差があり，特にイスラーム系の移民を中心とする低学力層のあいだでホロコースト否定論が広まりつつあることも踏まえ，マンガによる単純化した物語形式で歴史を伝えようとする試みが近年進められている。近藤孝弘「ホロコーストをマンガで教える？——“Die Suche”が示すドイツの歴史教育の新展開」『名古屋大学大学院教育発達科学研究科紀要（教育科学）』第56巻第2号，2010年，41–53頁。

（14）上原良子「ヨーロッパ統合の生成1947–50年——冷戦・分断・統合」遠藤乾編『ヨーロッパ統合史』名古屋大学出版会，2009年，122頁。

第1章　ヨーロッパ教育の形成と発展過程

(1) 本章では第1節を坂本が，第2節を園山が担当した。

(2) ジョン・フィールドは，1957～1973年，1974～1985年，1986～1992年，1993年以降の4期に区分している。なお1976～1985年と1985～1993年の2期に区分するマクマホンのような見解もある。Field, John, *European Dimensions, Education, Training and the European Union*, Jessica Kingsley Publishers, 1998, pp. 25–26 ; McMahon, Joseph A., *Education and Culture in European Community Law*, The Athlone Press, 1995, p. 97.

(3) Rouche, N. and Goethals, E. *The Postgraduate Training of Scientists in the European Community*, Commission of the European Communities, EUR 4832, 1972.

(4) General Principles for Implementing a Common Vocational Training Policy, Decision of the Council, 63/266, 20 April 1963. この「一般原則」の経験と反省の上に1971年には「共同体レベルの職業訓練計画発展のための一般ガイドライン」が作成され，EC期にはこの両者が一つのリンクを形成し，職業訓練分野に実際的効力を発揮してきた。General Guidelines for the Development of the Programme for Vocational Training at Community Level, Accepted by the Council, 26 July 1971.

(5) 具体的には以下の通り。①一般原則の位置づけ，②共通訓練政策の基本方針，③共通政策実現化のための施策，④コミッションの任務，⑤加盟国間の情報・教材・文献の交換，⑥学習セミナー・視察などによる職業訓練の経験・実施，⑦教師・教授者の養成，⑧職業資格の調整化，⑨労働者の供給と需要バランスに対する加盟国間の協力，⑩資金の共同調達。

(6) Commission of the European Communities, *European Studies Teacher's Series, No. 17, Education and the New Europe*, 1973, pp. 2–3.

(7) Reguzzoni, Mario, Die Reform des Bildungswesens in der Europäischen Gemeinschaft, in : *International Review of Education*, Vol. 20, 1974, pp. 53–54 ; *European Community*, No. 154, March 1972, pp. 22–23.

(8) 大蔵省 EEC 研究会編『EEC の全貌』1962 年，568 頁。

(9) *Towards a European education policy*, Office for Official Publication of the European Communities, 1977, p. 4.

(10) *Toward a European education policy*, pp. 4–12 ; European Communities and European Parliament, Working Documents 1978–1979. Document 410/78, 31 October, 1978. Report drawn up on behalf of the Committee on Social Affairs Employment and Education on aspect of education in the European Community, pp. 8–10.

(11) Report of the Committee on a People's Europe, approved by the European Council in Milan on 28 and 29 June 1985.

(12) The Commission of the European Communities, *Completing the Internal Market*, 1990. 本田昭和監査法人国際部訳『EC 統合白書』日本経済新聞社，1991 年，90–107 頁。なお 1986 年 3 月には「EC 旗」と「EC の歌」の採択もあり，欧州委員会が EU 拡大にともない，ヨーロッパ市民としてのアイデンティティをいかに強調してきたかが理解される。

(13) European Documentation, European Unification, The origins and growth of the European Community, 2, 1987, p. 73.

(14) Commission of the European Communities, Education and Training, 1991, pp. 3–4.

(15) 安江則子『ヨーロッパ市民権の誕生——マーストリヒトからの出発』丸善ライブラリー，1992 年，156 頁。

(16) 村上直久編著『EU 情報事典』大修館書店，2009 年，304 頁。

(17) なお，この 126 条と職業訓練について定めた 127 条は，EU の東ヨーロッパへの拡大を視野に入れてまとめられたニース条約（2003 年 2 月発効）では，それぞれ 149 条と 150 条として継承されている。

(18) 坂本昭『ヨーロッパ連合の教育・訓練政策——EC 市民育成の展開』中川書店，2004 年，358–359 頁。

(19) Minc, Alain, *La Grande Illusion*, Grasset, 1989. アラン・マンク著，藤原豊司・小野田明広訳『英・仏・独の争いと EC 統合——1990 年の幻想』東洋経済新報社，1990 年，258 頁。

(20) 柿内真紀・園山大祐「EU の教育政策」『日本教育政策学会年報』第 12 号，八月書館，2005 年，93–101 頁。ちなみに 2009 年度予算では，10 億 8000 万ユーロのうち，コメニウスに 17％，エラスムスに 43％，レオナルドに 26％，グルントヴィに 6％，横断的プログラムに 5％が充てられている。

(21) https://webgate.ec.europa.eu/fpfis/mwikis/eurydice/（2010 年 6 月 10 日閲覧）

(22) Nóvoa, Antonio and William de Jong-Lambert, Educating Europe : An Analysis of EU Educational Policies, in : Phillips, David and Hubert Ertl (eds.), *Implementing European Union Education and Training Policy*, Kluwer, 2003 ; Commission européenne, *Histoire de la coopération européenne dans le domaine de l'éducation et de la formation*, 2006.

(23) Hingel, Anders, Education policies and European governance : Contribution to the

interservie groups on European governance, in : *European Journal for Education Law and Policy*, No. 5, 2001, pp. 7-16.

(24) 裁量的政策調整とは，最良の実践を普及し，主要な EU 共通目標に向けたより一層の一致団結を実現するための方法である（2003 年 5 月 EU 欧州理事会採択 8981/03)。

(25) Conclusions de la Présidence, Conseil Européen de Lisbonne, 23 et 24 mars 2000. http://ue.eu.int/ueDocs/cms_Data/docs/pressData/fr/ec/00100-r1.f0.htm

(26) 2002 年に 29 あった指標は 2007 年には 16 に縮小されている。

(27) ISCED は International Standard Classification of Education の略。以下同じ。

(28) 唯一，数学・科学・技術系の大卒生数（MST graduates）の数値目標は 2003 年に達成されている。

(29) Conclusions du Conseil du 12 mai 2009 concernant un cadre stratégique pour la coopération européenne dans le domaine de l'éducation et de la formation (« Education et formation 2020 ») (2009/C 119/02, JO, 28/5/2009). 4 つの戦略目標は，第 2 章の表 2-2 を参照。なお ET 2020 のベンチマークのうち，(3)早期離学者 10 % 未満と(4)高等教育修了者 40 % 以上は，リスボン戦略に代わる「戦略ヨーロッパ 2020」が示す持続可能な経済成長のための 8 項目にも掲げられている。

(30) Conclusions du Conseil concernant le relèvement du niveau des compétences de base dans le cadre de la coopération européenne pour l'école du XXIe siècle (2010/C 323/04, JO, 30/11/2010).

(31) Recommandation du Parlement Européen et du Conseil du 18 décembre 2006 sur les compétences clés pour l'éducation et de la formation tout au long de la vie (2006/962/CE, JO, 30/12/2006).

(32) SEC (2011) 526 Commission Staff Working Document : *Progress Towards the Common European Objectives in Education and Training Indicators and Benchmarks 2010/2011*, Commission of the European Communities, pp. 86-87.

(33) *Ibid.,* p. 118.

(34) 吉谷武志「ヨーロッパにおける新しい市民教育」佐藤郡衛・吉谷武志編『ひとを分けるもの　つなぐもの——異文化間教育からの挑戦』ナカニシヤ出版，2005 年，91-112 頁。

第 2 章　アクティブ・シティズンシップとヨーロッパ

(1) 生涯学習のキー・コンピテンスについては第 1 章 2 節（2）を参照のこと。

(2) The Council of the European Union, *Council Resolution of 27 June 2002 on lifelong learning* (2002/C163/01).

(3) European Commission, *White Paper on Education and Training : Teaching and Learning Towards the Learning Society*, Luxembourg, 1995, p. 27.

(4) European Commission, *Study Group on Education and Training Report : Accomplishing Europe Through Education and Training*, Brussels, 1997, p. 12.

(5) *Ibid.,* p. 12, p. 16.

(6) *Ibid.,* p. 17.

(7) *Ibid.*

(8) *Ibid.,* pp. 17-18.

(9)　*Ibid.*, pp. 18–19.

(10)　European Commission, DG Education and Culture, *The Amsterdam Treaty : A comprehensive guide*, Luxembourg, 1999.

(11)　1997年に欧州委員会が提出。1999年までに約20の法令を定めて事業完了。

(12)　European Commission, *Towards a Europe of knowledge, Communication from the Commission*, COM (97) 563 final, 1997, p. 3.

(13)　European Commission, *Education and Active Citizenship in the European Union*, Luxembourg, 1998, p. 12.

(14)　*Ibid.*

(15)　European Parliament, *Lisbon European Council 23 and 24 March 2000 Presidency Conclusions*, 2000. http://www.europarl.europa.eu/summits/lis1_en.htm#ann（2011年5月25日閲覧）

(16)　*Ibid.*

(17)　European Parliament, *Recommendation of the European Parliament and of the Council of 18 December 2006, on key competences for lifelong learning*, Official Journal L394 of 30.12.2006.

(18)　Commission of the European Communities, *Commission Staff Working Paper : A Memorandum on Lifelong Learning*, Brussels, 30.10.2000, SEC (2000) 1832. このなかでアクティブ・シティズンシップに関わるコンピテンスは「社会・市民コンピテンス」と表現されるようになった。

(19)　Hoskins, Bryony, Joachim Jesinghaus, Massimiliano Mascherini, Guisepe Munda, Michela-Nardo, Michaela Saisana, Daniel Van Nijlen, Daniela Vidoni, and Ernesto Villalba, *Measuring Active Citizenship in Europe*, Luxembourg : Official Publications of the European Communities, 2006, p. 10.

(20)　DG Education and Culture. 2007, *Study on Active Citizenship Education* (*Final Report submitted by GHK*).

(21)　「市民のためのヨーロッパ」は，姉妹都市協定の促進など，市民による交流事業への助成を行う「ヨーロッパのためのアクティブ・シティズン」(Action 1)，ヨーロッパのシンクタンクやNGOなどへの支援を行う「ヨーロッパのアクティブ市民団体」(Action 2)，市民活動に関する調査研究などへの助成を行う「共にヨーロッパのために」(Action 3)，ならびにホロコーストやスターリニズムなどに関する市民の手による歴史アーカイブ作成を支援する「アクティブなヨーロッパの記憶」(Action 4) の4部門からなる。

第3章　学校におけるヨーロッパ市民の育成

(1)　連邦国家であるドイツにおいては，教育や文化政策の最終決定権は各連邦州に属する。ドイツ文部大臣会議は，各州の文部大臣によって構成され，連邦州に共通する事項について審議し，各州に対して勧告を与える機関である。その決定に拘束力はないが，ドイツ諸州の共通意思として，各州における政策立案の際に尊重されている。

(2)　1978年の「授業のヨーロッパ」勧告については，久野弘幸『ヨーロッパ教育——歴史と展開』玉川大学出版部，2004年，138–142頁を参照。

(3)　ドイツ基本法は，旧東欧・旧ソ連となっている旧ドイツ領に居住する旧ドイツ系住

民を「ドイツ人」とみなしている。ドイツ統一後，数多くの人々がドイツに「帰還」し，帰還者（Aussiedler）と呼ばれている。帰還者の内，特に若い世代はドイツ語を解さない者も多く，ドイツ社会への適合に困難を抱える者も多い。木戸裕「ドイツの外国人問題——教育の視点から」，国立国会図書館調査及び立法考査局『レファレンス』2006 年 11 月号，68–69 頁を参照。

（4） Decision No 1720/2006/EC of the European Parliament and of the Council of 15 November 2006, establishing an action programme in the field of lifelong learning, Office Journal of the European Union, L 327/45–68, 24.11.2006.

（5） mobility とは，「修学や労働経験，その他の学習や教授活動，また行政に関わる活動などに従事するために一定期間他の加盟国に滞在することを意味し，滞在国の言語や活動上必要な言語によってその準備や研修が適切に支援されるものをいう」とされている（前注文書の第 2 章「定義」第 15 項より）。

（6） Lifelong Learning Programme Activity report 2009–2010, 2010.（http://ec. europa. eu/education/lifelong-learning-programme/doc/activity0910_en. pdf. 2012 年 5 月 5 日取得）

（7） LLP で最大の予算を受けているのは高等教育のエラスムス・プログラムであり，おおむね 43〜46 % を占めている。エラスムスに続いて，職業教育分野のレオナルド・ダ・ヴィンチが約 26 % となっている。

（8） EU 予算執行の変更については，現地調査のヒヤリングにより情報を得た。この点は，EU 官報に掲載されたコメニウスに関わる文書によっても確認できる。ソクラテス II においては，「学校間パートナーシップ」「教員研修」「教員および学校のネットワーク」の 3 項目が活動分野とされ，生徒の人的交流は助成対象外とされた。これに対し，LLP では，6 項目の目標の第 1 項目として「生徒と教員の直接交流（mobility）の機会を増やし」と記され，生徒が新たに直接の助成対象として追加されている。Decision No 253/2000/EC of the European Parliament and of the Coucil of 24 January 2000, establishing the second phase of the Community action programme in the field of education ‘socrates’, Office Journal of the European Union, L 28/1–15, 3.2.2000. および注 2 に示した LLP に関わる EU 決議の文書による。

（9） Landesinstitut für Lehrerbildung und Schulentwicklung, “Schul-Außenpolitik entwickeln !”, In : „Stadtteilkooperation - Kooperation von Schulen im Stadtteil -“, Behörde für Bildung und Sport, Hamburg, 2007, S. 7.

（10） ヨーロッパ学校の起こりは，1953 年に EU（当時はヨーロッパ石炭鉄鋼共同体 ECSC）に勤務する職員の子弟に対して教育を行う学校としてルクセンブルクに設立された European School が起源となる。1974 年の「ヨーロッパ共同体における教育」報告において，ヨーロッパ学校の経験を一般の学校に普及させることが検討された後，1990 年代に入って公立のヨーロッパ学校が設立されている。多くの場合は，新たに学校を設立するのではなく，すでにある公立学校の教育課程をヨーロッパの視点を生かしたものに再編成し，特色ある学校づくりとしてヨーロッパ学校を標榜する場合が多い。ヨーロッパ学校の成立過程と普及については，久野（2004）第 5 章第 3 節に記した。

（11） ブッス氏の学校紹介資料による。

（12） ヨーロッパ・コンクールとは，1953 年に始まったヨーロッパに関わる青年の意識啓発を目的とした作文や絵画などのコンクールである。毎年テーマや課題が提示さ

れ，各国の政府や民間団体などが主催して行われている。

(13) 5 月 9 日のヨーロッパ・デーは，欧州石炭鉄鋼共同体設立のきっかけとなったシューマン宣言の採択の日（1950 年 5 月 9 日）を記念して，ヨーロッパの平和と統合を祝う日として定められた。

(14) こうしたことはコメニウス・プログラムへの国別の申請件数と採択件数からも確認できる。たとえば 2011 年の助成金申請件総数は 248。そのうち採択は 50 件だったが，国別に申請数を見ると，イタリア 51 件，英国 32 件，ドイツとスペイン 23 件を筆頭に計 28 カ国（トルコ，ノルウェー，スイスなど EU 非加盟国を含む。以下同じ）におよんでいる。また国別採択数は，イタリア 11 件，ベルギー，ドイツ，スペイン，英国が各 5 件となっており，計 17 カ国に分散している。さらに各プロジェクトのパートナーとしては 29 カ国から 377 校が参加しており，このことは EU の教育政策が，程度の差はあれ，ヨーロッパ全域で幅広く実現していることを示している。（http: //eacea. ec. europa. eu/llp/funding/2011/selection/selection_lifelong_learning_sub_programme_2011_en.php，2013 年 4 月 21 日閲覧）

第 4 章　イングランドの市民性教育

(1) 蓮見二郎「英国のシティズンシップ教育——経緯・現状・課題」『政治研究』第 55 号，2008 年，63-92 頁。

(2) Kiwan, Dina, *Education for Inclusive Citizenship*, Routledge, 2008, pp. 18-19.

(3) Heater, Derek, *A History of Education for Citizenship*, Routledge, 2004, pp. 94-95.

(4) 女性に関しては，地方行政当局に選挙登録しているか，登録者の妻であるという条件があった。

(5) Davies, Ian, "What has happened in the teaching of politics in schools in England in the last three decades, and why ?", *Oxford Review of Education*, Vol. 25, No. 1&2, 1999, pp. 127-128.

(6) *Ibid.,* p. 128 ; Heater, Derek, "The History of Citizenship Education in England", *The Curriculum Journal*, Vol. 12, No. 1, 2001, p. 109.

(7) 橋崎頼子『多元的シティズンシップを育成するカリキュラム構成原理——イギリスとヨーロッパ評議会のシティズンシップ教育を手がかりに』神戸大学大学院総合人間科学研究科，博士論文，2008 年，37-38 頁。

(8) Davies, *op. cit.,* pp. 129-130 ; Lister, Ian, "Educating Beyond the Nation", *International Review of Education*, Vol. 41, No. 1-2, 1995, pp. 114-115.

(9) Scruton, Roger, *World Studies : Education or Indoctrination ?*, Institute for European Defense and Strategies Studies, 1985 など。

(10) Weller, Susie, *Teenager's Citizenship : Experiences and Education*, Routledge, 2007, pp. 28-29.

(11) 清田夏代『現代イギリスの教育行政改革』勁草書房，2005 年，271 頁。

(12) Heater, *op. cit.,* pp. 103-123.

(13) QCA, *Education for Citizenship and the Teaching of Democracy in Schools*, QCA, 1998.

(14) Weller, *op. cit.,* p. 1.

(15) Gifford, Christpher, "National and post-national dimensions of citizenship education in the UK", *Citizenship Studies*, Vol. 8, No. 2, 2004, pp. 145-158.

(16) Kiwan, *op. cit.,* pp. 88-89.

（17） Crick, Bernerd, Introduction to the New Curriculum, in : D. Lawton, J. Cairns and R. Gardner eds., *Education for Citizenship*, Continuum, 2000, pp. 3–8.
（18） Ajegbo, Keith, Dina Kiwan and Seema Sharma, *Diversity and Citizenship : Curriculum Review*, DfES, 2007.
（19） Kiwan, *op. cit.*, pp. 14–15 ; Osler, Audrey, "Citizenship Education and the Ajegbo Report : Re-imagining a Cosmopolitan Nation", *London Review of Education*, Vol. 6, No. 1, 2008, pp. 11–25.
（20） 杉田かおり「イングランドのシティズンシップ教育政策における『ナショナル』・アイデンティティの語りの変容——カリキュラム改訂過程の議論に注目して」日本比較教育学会第46回大会，2010年6月26日。
（21） 蓮見二郎「英国公民教育の市民像としての活動的公民格——教育目標としての『アクティブ・シティズンシップ』の政治哲学的分析」『公民教育研究』Vol. 12, 2004年，49頁。

第5章　フランス共和制と市民の教育

(1) この内容は実は第二共和政期に公教育大臣カルノー（Hippolyte Carnot）によって議会に提出された「初等教育法案」の中にすでに記されている。法案は，革命期のコンドルセ（Nicolas de Condorcet）が主張した「教育の自由」を踏まえて，男女両性の子どもに対する初等教育の義務就学と無償性を規定するとともに，教育内容に「公民道徳（morale civique)」を新設，また小学校の管理機関から宗教関係者を排除し，市町村の推薦に基づいて公教育大臣が教員を任命するなど世俗化推進をうたっているが，日の目を見なかった。原田種雄他編『現代フランスの教育——現状と改革動向』早稲田大学出版部，1988年，48–62頁。
(2) 1882年教育法第1条より。マリエル・シュヴァリエ／ギヨーム・ブレル監修，福井憲彦監訳『フランスの歴史（近現代史)』明石書店，2011年，150頁，資料1より抜粋（／は原文では改行を示す)。
(3) 有田英也『ふたつのナショナリズム——ユダヤ系フランス人の「近代」』みすず書房，2000年，185頁。
(4) だからといって民主主義や普通選挙を否定したのではなく，「普通選挙がなければ民主主義を理解することができず，普通選挙がなければ共和政を理解することができない」(1873年2月28日に下院で行われたガンベッタの演説）として，むしろ共和政の将来にとって必要だと考えていた（シュヴァリエ／ブレル（2011），125頁)。
(5) ジャン・ボベロ著，三浦信孝・伊達聖伸訳『フランスにおける脱宗教性の歴史』白水社，2009年，71頁。
(6) 樋口陽一『個人と国家——今なぜ立憲主義か』集英社新書，2000年。
(7) ドレフュス（Alfred Dreyfus）も，フランス国家の枢要を担う人材を育成するエコール・ポリテクニークを卒業したエリートの「同化ユダヤ人」であった（有田(2000)，127頁)。ドレフュス事件で彼を支持した社会学者のデュルケーム（Émile Durkheim）も，父親がユダヤ教のラビであったが，彼自身は世俗的な生き方をしていた。このように宗教的マイノリティのあいだにフランスへの同化が進んでいたにもかかわらず，この事件は宗教的差別と国民分裂の危機を招いた。その中で出された政教分離法は，信仰の自由を保障することにより宗教的マイノリティの立場を

擁護するものでもあった。それゆえ彼らが政教分離法を支持し，世俗的な共和国への共感を強めたことは想像に難くない。

(8) 1903年の急進党大会での演説はシュヴァリエ／ブレル（2011），147頁，資料2より抜粋。共和主義的な考え方には，公教育の充実を通じて平等化と知識の普及を目指し，そして宗教勢力から切り離された公教育によって人民の自律を可能にするというコンドルセの影響が見られる。

(9) Gancel, Hippolyte, *Il y a un siècle...L'école*, Rennes : Editions Ouest-France, 2003, pp. 14-16.

(10) *Ibid.*

(11) INSEE, *Recensement de la population*, 1962-1999.

(12) Audigier, François, *L'éducation à la citoyenneté*, 1999, INRP, p. 133.

(13) 『諸外国の教育課程(2)——教育課程の基準及び各教科等の目標・内容構成等』国立教育政策研究所，2007年3月，フランスの項を参照されたい。

(14) 2003年11月27日見学。

(15) 2003年11月28日見学。この学級では2週続けて公民を行っていた。隔週1時間と定められているものの，運用は各学級担任に任されている。

(16) 2003年3月6日見学。

(17) 鈴木規子「健康と市民性の教育のための協議会（CESC）の活動」武藤孝典・新井浅浩編『ヨーロッパの学校における市民的社会性教育の発展——フランス・ドイツ・イギリス』東信堂，2007年，104-118頁。

(18) 小野田正利「生徒の権利・参加の拡大政策の意義と課題」小林順子編『21世紀を展望するフランス教育改革——1989年教育基本法の論理と展開』東信堂，1997年，221-233頁。

(19) ピエール・ジュルダン著，小野田正利他訳『フランスの中学生～学校参加と市民性の育成～（生徒参加ハンドブック）』大阪大学人間科学研究科，2002年。なお，高校生向けの生徒自治ハンドブック（“Délégué flash”）はすでに高校の生徒自治開始からジュルダンによって発行されている。

(20) Audigier, *op. cit.*, pp. 75-76, p. 85.

(21) Audigier, François, Project “Education for Democratic Citizenship”, Basic Concepts and core competencies for education for democratic citizenship, Council of Europe, Strasbourg, 26 June 2000, pp. 8-9.

(22) MEN-DEPP, *Les dossiers*, « Image de la discipline et pratiques d'enseignement en histoire-géographie et éducation civique au collège », No. 183, mars 2007, Tableau II-8.

第6章　オーストリアにおける政治教育の導入

(1) “Politische Bildung in den Schulen. Grundsatzerlaß zum Unterrichtsprinzip” (GZ 33. 464/6-19a/78), Bundesministerium für Unterricht, Kunst und Kultur, 1978.

(2) politische Bildung と citizenship education という言葉の対応関係を厳密に論じることは非常に難しい。ドイツの政治教育学者のあいだには politische Bildung を英語に翻訳する際に civic education や education for democratic citizenship などの表記を使う者もいれば，反対に欧州評議会の education for democratic citizenship をドイツ語訳する際に politische Bildung ではなく Demokratie lernen という別の表現を使う者もいる。政治教育や市民性教育は，それが推進される社会とその歴史を前提に構成される以

上，各地でその内容に違いがあるのは当然であり，したがって詳細における差異を根拠に 2 つを別ものと論じることに意味はない。その一方で，たとえばオーストリアやドイツの政治教育とイギリスの市民性教育を比較すると，下図のような違いを見ることができよう。すなわち後者では，政治に関する知識の教育（政治教育）はその一部を占めるにすぎず，コミュニティの一員として生きることを学ぶ社会的学習や道徳教育が大きな比重を持つのに対し，ドイツの政治教育は，そうした狭義の政治教育以外の活動も含むとはいえ，現実の政治問題についての知識と政治への参加意識・能力の獲得を促す教育活動をその核としていると言える。

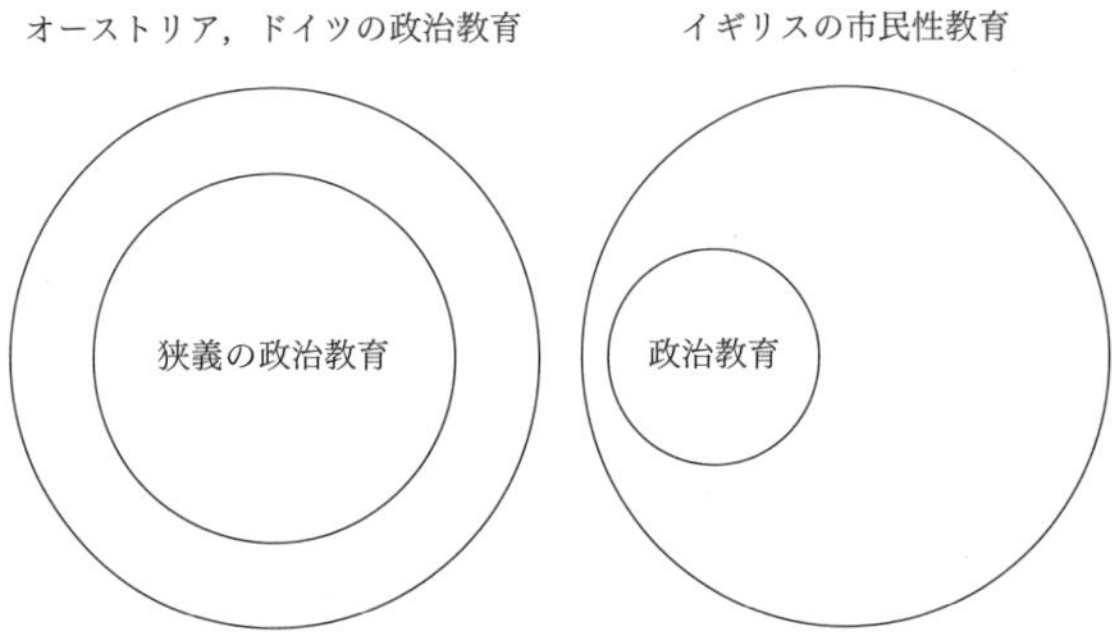

(3) Wolf, Andrea, *Der lange Anfang. 20 Jahre „Politische Bildung in den Schulen“*, Sonderzahl, 1998, S. 13.

(4) “Staatsbürgerliche Erziehung” (Z. 25. 575–1V112/49), in : *Verordnungsblatt für den Dienstbereich des Bundesministeriums für Unterricht*, 8. Stück, 1949, S. 149.

(5) ボイテルスバッハ・コンセンサスについては，近藤孝弘『ドイツの政治教育——成熟した民主社会への課題』岩波書店，2005 年，46 頁以降を参照。

(6) 政治教育課は 1974 年にギムナジウム最終学年で政治教育を必修化することを試みたが，政治的反対により失敗していた。政治教育の基本原則は，その失敗を受けて作成に着手されたのだった。Wolf, *op. cit.*, S. 29.

(7) Wolf, *op. cit.*, S. 56f.

(8) ドイツ統一の前後より旧東ドイツ地域を中心にヨーロッパ各地で右翼急進主義が勢いを増し，オーストリアもその例外ではなかったという共通点は認められる。

(9) この点については，近藤孝弘『自国史の行方——オーストリアの歴史政策』名古屋大学出版会，1998 年，70–73 頁を参照。

(10) 1943 年 11 月 1 日に英米ソ 3 国はモスクワ宣言を発表し，そこではオーストリアはヒトラーの侵略政策の最初の犠牲者であり，ドイツの支配から解放されるべきであるとの見解が示された。

(11) Perz, Bertrand, Die Rolle der KZ-Gedenkstätte Mauthausen in der österreichischen Gedächtnislandschaft seit 1945, in : *Historische Sozialkunde*, Nr. 4, 2003, S. 8.

(12) この時期にマウトハウゼン・メモリアルを管理する内務省が，その政治教育への積極的な利用を開始した背景には，たとえば 1986 年の，生徒をそこに引率する教員に対して右翼急進主義者から脅迫状が送られるといった事件や，翌 87 年に，マウトハウゼンにガス室はなかったとする偽書（ラホウト文書）が公表され，その施設

が右翼急進主義に利用される事態が生じていたことがある。

(13) Schmied, Claudia, Vorwort, in : *Nationalsozialismus und Holocaust : Gedächtnis und Gegenwart, Lehren und Lernen über Holocaust in Österreich 2000–2010*, bm:uk, 2010, S. 7.

(14) ウィーン市が 2005 年に設立したのがウィーン民主主義センター（Demokratiezentrum Wien）であり，政治教育教材の開発のほか，教員を対象としたワークショップの開催といった活動を続けている。その活動範囲は，「民主主義の発展」「民主主義における論争」「ジェンダー」「ヨーロッパ」「ウィーンの政治」「知識社会」「メディア社会」の 7 領域からなる。こうした構成は，「民主主義の発展」の内容が事実上現代史教育であることを踏まえるとき，上記の教育省による政治教育の枠組みとの共通性を示していると言ってよいだろう。

(15) *Demokratie Werkstatt Aktuell. Mitmachen-Mitbestimmen-Mitgestalten*, 20. Mai 2010.

(16) 4 つ以上のコースに参加した子どもは「プロ（Profi)」と呼ばれ，国民議会で議長から証明書とメダルを授与される。Was ist ein Demokratiewerkstatt-Profi und wie kannst du das auch werden ?（http://www.demokratiewerkstatt.at/demokratiewerkstatt/werkstattprofis，2013 年 3 月 31 日閲覧）

(17) 欧州評議会による民主的市民性教育プロジェクトは 1997 年に開始され，2000 年にパイロット・プロジェクトの報告書が完成。そのドイツ語版は 2001 年に刊行された。オーストリアでは 2004 年から教育省により配布されている。Dürr, Karlheinz, Isabel Ferreira Martins und Vedrana Spajic-Vrkas, *Demokratie-Lernen in Europa*, Council for Cultural Co-operation, Strasbourg, 2001. さらに欧州評議会による欧州市民性教育年（European Year of Citizenship through Education 2005，ドイツ語では das Europäische Jahr der Politischen Bildung 2005）も 1 つの契機となったのは間違いない。

(18) 2014 年より 10 番目の州としてバーデン・ヴュルテンベルク州でも自治体レベルで 16 歳選挙が実施されることが決まっている。

(19) Die Jugendlichen verstehen die Spielregeln nicht, in : *Das Parlament*, Nr. 44, 2005.（http://webarchiv.bundestag.de/cgi/show.php?fileToLoad=1717&id=1149，2011 年 11 月 17 日閲覧）ただし，この『パーラメント』紙のインタヴューの中で，フレルマンは，現実には 12 歳の子どもが政治に関心があるわけではないとも述べている。

(20) Dachs, Herbert, Wahlen mit 16—Die Bundesländer als „Probierfeld“, in : Krammer, R., Chr. Kühberger und F. Schausberger（Hg.）, *Der forschende Blick : Beiträge zur Geschichte Österreichs im 20. Jahrhundert. Festschrift für Ernst Hanisch zum 70. Geburtstag*, Böhlau Verlag, 2010, S. 14–16. オーストリアの決定を受けて，ドイツでも選挙年齢の引き下げが可能かどうかの調査が行われたが，16 歳では基礎的な語彙や知識が欠けているとの結果が出ている。しかし研究グループは，引き下げは不可能と結論してはいない。彼らによれば，現状はまさに知識の不足を示しており，学校の政治教育を早期に開始することで引き下げは可能としている。Trenkamp, Oliver, 16-Jährige sind schlecht aufs Wählen vorbereitet, in : *Spiegel Online*, 07.12.2008.（http://www.spiegel.de/schulspiegel/wissen/0,1518,594514,00.html，2008 年 12 月 8 日閲覧）

(21) 2012 年 5 月から 6 月にかけて 16 歳から 29 歳のオーストリア市民を対象に，「今度の日曜日に選挙があった場合にどの政党に投票するか」を尋ねたところ，17.4％の支持で自由党が第 1 党となった。第 2 党に比較的高学歴者の支持を集めた緑の党（13％），第 3 党に当時のドイツで若者の最も多い支持を集めていた海賊党（12％）と続き，2 大政党（社会民主党と国民党）はどちらも 9％にとどまった。FPO bei

Jungwählern auf Platz eins, in : *Der Standard*, 12. Juni 2012.（http: //derstandard.at/1338559343468/Jugendstudie-FPOe-bei-Jungwaehlern-auf-Platz-eins-Piraten-liegen-vor-OeVP-und-SPOe，2012年7月31日閲覧）

(22) ヨーロッパから日本に目を移しても，同じ問題を見ることができる。従来，日本の市民性教育論では，戦勝国の社会状況とそれに基づく議論を無意識のうちに評価基準としがちであり，オーストリアのような小国が取り上げられることはなかった。そもそもオーストリアが参考にしているドイツについても関心は乏しい。こうした視界の偏りは，ヨーロッパについての理解に障害をもたらしているだけでなく，市民性教育において最も重視すべきは何かという実践的な問いに対する判断を誤らせてきた可能性があろう。

第7章　スロヴェニアの市民性教育

(1) 漸進主義とは，1990年代のスロヴェニアにおける，国有企業や公共サービスの迅速な民営化ではなく，社会主義経済から資本主義経済への漸進的な変化を指す言葉である。

(2) スロヴェニア語でdružbeno-moralna vzgoja。なおスロヴェニア語では，教育はvzgoja in izobraževanjeと2語で表記される〔inは英語のandの意——訳者注〕。この言葉は教育全般を指すときに使用され，たとえば教育制度はsistem vzgoje in izobraževanjaとなる。このうちizobraževanjaは知識の伝達と再生産のほか，倫理的・道徳的価値や社会的な行動のルールの伝達を意味する。他方vzgojaは，基本的に後者の意味しか持たない。ここから，スロヴェニアにおいては価値の伝達が知識の伝達よりも優位に立っていることが想像されよう。また重要なのは，vzgojaが上記のように市民性教育の教科名称に使われているということである。美術教育（likovna vzgoja），音楽教育（glasbena vzgoja），体育教育（telesna vzgoja）を除くと，他教科の名称にvzgojaという言葉は使用されていない。この言葉の使用は，それらの教科が知識を超えるものを伝えようとしていることを示唆している。

(3) これは社会主義者に共通するパラノイアを表していたと言えよう。

(4) Zupančič, Maja, *Razvoj mladostnikove vrednostne orientacije v vzgojno-izobraževalnem procesu pri predmetu DMV*, Pedagoški inštitut, Ljubljana, 1987, pp. 116–133.

(5) 特定のテーマが社会・道徳教育で教えられずにいたのには，政治的な理由もある。1980年代初頭には社会主義体制が動揺し始め，80年代の終わりには完全に崩壊した。そうしたなかで教員は「流行遅れで，そもそも現実でもなかった」内容を教えることをやめたのである。Zupančič, Maja, *Razvoj socialne kognicije in moralnega presojanja v vzgojno-izobraževalnem procesu pri predmetu DMV*, Pedagoški inštitut, Ljubljana, 1990, p. 55.

(6) この学年の移行については後述する。

(7) たとえば地理には社会科学と自然科学の両方の内容がみられる。もう1つの重要な分野は言語と文学の教育であり，それは文法と文学理論の両方を扱う。

(8) Devjak, Tatjana, *Primerjava pogledov učiteljev in učencev na pouk etike in družbe (državljanske vzgoje in etike) v osnovni šoli*, V : Sodobna pedagogika, Vol. 54, No. 5, 2003, p. 14.

(9) ここでは市民性教育に関係するイデオロギー闘争に焦点を絞ることとする。本章では触れないが，スロヴェニアの教育制度をめぐる最も深刻な対立は，教育の提供者

としての公的機関と私的機関の関係の問題にある。

(10) この問題は，学問の世界だけでなく，マスメディアでも大きな議論を呼んだ。論争については，Kodelja, Zdenko, Verouk, ta (ne) zaželeni šolski predmet, V : Kodelja, Zdenko, Slavko Gaber (eds.), *Verouk v šole*, Krt & Zamorc, Ljubljana, 1990, pp. 73-85 を参照。

(11) 1991年の国勢調査では人口の71.6％が自らをカトリックと申告したが，2002年にはその割合は57.8％にまで低下している。(http://www.stat.si/popis2002/si/rezultati/rezultati_red.asp?ter=SLO&st=8，2012年11月15日閲覧)

(12) Kodelja, *op. cit.,* p. 83.

(13) 特にドイツとフランスを指す。なお独立したスロヴェニアの立法はドイツ法学を基礎としている。

(14) Zgaga, Pavel, Religija, etika, vednost : med vzgojo in izobraževanjem, V : Kodelja, Zdenko, Slavko Gaber, 1990, p. 29.

(15) 議論がピークを迎えたのは，スロヴェニア共和国と教皇庁のあいだで合意が模索された1990年代後半のことである（批准は2004年)。当時のリュブリャナの大司教フランツ・ロデは，この合意を，幼稚園から大学までのすべての段階で宗教教育を実施することを可能にする第一歩と考えた。それに対して反対派は，その合意が，教会法がスロヴェニアの法に優越する場合がありうるという解釈を可能にする点に最大の問題を見ていた。

(16) ここでは注意が必要である。確かに到達目標に向けた教育というのが，今日のスロヴェニアの教育原則の核にある。しかし，カリキュラム関係文書（つまり教科教育課程）を分析すると，実際にはカリキュラム・プランニングの過程では未だに内容指向が強いことがわかる。それは到達目標に多くの授業テーマ例がつけられていることに表れている。それらは「義務ではない」と明記されているものの，公式のカリキュラムの一部であることに変わりはない。教員がこれらの「公式」の内容以外を扱うことは稀なのである。

(17) Krek, Janez (ed.), *Bela knjiga o vzgoji in izobraževanju v Republiki Sloveniji*, Ministrstvo za šolstvo in šport, Ljubljana, 1995, pp. 30-31.

(18) 成績が良好な児童だけが3教科を履修するよう奨励される。

(19) 1999年の教育課程は，それぞれのテーマに割り当てられる時間数を規定していない。ここに示した割合は全体の単元数をもとにしている。必修の項目のほかに選択制の項目もあるが，必修部分と違い，そこでは表題のみが記され，内容の詳細についての記述はない。それゆえ政治の中心的な知識を扱う時間は教科全体の20％以下と推定した。

(20) Civic Education Study の略。IEA が実施している。

(21) Kerr, David et al., *ICCS 2009 European Report. Civic knowledge, attitudes, and engagement among lower secondary students in 24 European countries*, IEA, Amsterdam, 2010. なお ICCS は International Civic and Citizenship Education Study の略で，同じく IEA が実施している。

(22) Zajc, Sonja et al., *Analiza izvajanja izbirnih predmetov in predlogi za pripravo koncepta izbirnih predmetov*, Zavod za šolstvo Republike Slovenije, Ljubljana, 2007.

(23) 左右対立というのは，スロヴェニアの日常の政治的議論の中で使われている言葉である。それは必ずしも経済・社会政策における争点をすべて説明するものではない。

(24) Klemenčič, Eva, The reform of patriotic and citizenship education in the Slovene school system, in : Neophytou, Lefkios (ed.), *Proceedings from the International Conference Citizenship Multiculturalism Cosmopolitanism*, University of Cyprus, Nicosia, 3-4 November 2007, 2009, Vol. 2, p. 429.

(25) Torney-Purta, Judith, *Državljanstvo in izobraževanje v osemindvajsetih državah : državljanska vednost in angažiranost pri štirinajstih letih*, Liberalna akademija, Pedagoška fakulteta, Ljubljana, 2003, p. 98.

第8章　ラトヴィアの言語政策と市民性教育

(1) ラトヴィアは，おそらく日本ではあまり知られていない国であるが，1940年にソ連に編入されるまで，リーガには日本公使館が置かれており，ロシア語のトレーニングを含め，戦前の外交の舞台の1つでもあった。ラトヴィアを含めたバルト三国の歴史については，志摩園子『物語　バルト三国の歴史――エストニア・ラトヴィア・リトアニア』中公新書，2004年を参照。

(2) いずれも統計数値はラトヴィア政府統計 Central Statistical Bureau of Latvia による。http://www.csb.gov.lv/（2012年5月5日閲覧）

(3) 小森宏美・橋本伸也『バルト諸国の歴史と現在』ユーラシア・ブックレット，No. 37，東洋書店，2002年，15頁。

(4) 例として次の3著作がある。小森宏美「移民か，ナショナル・マイノリティか――言語政策からみるバルト三国のマイノリティ」竹沢尚一郎編著『移民のヨーロッパ』明石書店，2011年，198-215頁。トベ・リンデン「シティズンシップのための言語の学習か」不破和彦編訳『自由への変革と市民教育』青木書店，2011年，141-159頁。橋本伸也「38章　体制転換と教育改革」小森宏美編『エストニアを知るための59章』明石書店，2012年，222-225頁。

(5) ラトヴィアの憲法および言語法（国家語法）で，「国家語（valsts valoda）」はラトヴィア語であることが規定されている。ただし，政府の英語訳は「公用語（official language)」となっているため，ここでは特に両者を区別しない。

(6) RTR のニュース番組（Вести）による。NHK BS1 海外ニュース番組 World Wave 内で2012年2月20日放送。

(7) 梶田孝道「地域の統合と民族の分離」梶田孝道・小倉充夫編著『国際社会3　国民国家はどう変わるか』東京大学出版会，2002年，23-26頁。および Brubaker, Rogers, *Nationalism Reframed : Nationhood and the National Question in the New Europe*, Cambridge University Press, 1996, pp. 23-54.

(8) Kangro, Andris and David James, "Rapid Reform and Unfinished Business : the development of education in independent Latvia 1991-2007", in : *European Journal of Education*, Vol. 43, No. 4, 2008, pp. 547-561.

(9) この報告書はバルト三国の独立回復後の20年間の変遷をまとめたものである。Heidmets, Mati, Andris Kangro et. al., "Education", in : Eesti Koostöö Kogu, *Estonian Human Development Report 2010/2011, Baltic Way(s) of Human Development : Twenty Years On*, Eesti Koostöö Kogu (Estonian Cooperation Assembly), Tallinn, 2011, pp. 98-100.

(10) 小森（2011），201-203頁。

(11) ラトヴィア教育科学省（IZM）のウェブサイトを参照。http://izm.izm.gov.lv/nozares-

politika/izglitiba/vispareja-izglitiba/7933.html（2012年7月16日閲覧）

（12） Silova, Iveta, *From Sites of Occupation to Symbols of Multiculturalism : Re-Conceptualizing Minority Education in Post-Soviet Latvia*, Information Age Publishing, 2006, pp. 41-44.

（13） *Ibid.*, pp. 117f.

（14） Zepa, Brigita, "Education for Social Integration", in : Muižnieks, Nils（ed.）, *How Integrated is Latvian Society ? An Audit of Achievements, Failures and Challenges*, University of Latvia Press, 2010, pp. 189-221.

（15） BISS, *Language Report March-April 2008*, 2008. 1996年から毎年実施されている言語調査で，経年変化を比較した報告書となっている。対象は15〜74歳の住民からランダム抽出。2008年の本報告書によると，マイノリティ学校でのラトヴィア語による教授について，ロシア語を母語とする住民の57％，同じくラトヴィア語が母語の91％，全対象者の78％が支持する回答となっている。またラトヴィア語が母語ではない住民の43％が，自分の子どもはラトヴィア語を教授言語とする学校へ行かせたいと回答している。2004年の同調査では31％であった。また15〜34歳のラトヴィア語が母語ではない住民のラトヴィア語知識の自己評価が中級以上の割合は，1996年の49％から2008年の73％へと上昇している。

（16） Zepa, Brigita（ed.）, *Integration of Minority Youth in the Society of Latvia in the Context of the Education Reform*, Baltic Institute of Social Sciences, 2004.

（17） Clough, Nick, Ian Menter, and Jane Tarr, "Developing Citizenship Education Programmes in Latvia", in : Osler, Audrey, Hanns-Fred Rathenow, and Hugh Starkey（eds.）, *Teaching for Citizenship in Europe*, Trentham Books, 1995, pp. 117-131.

（18） 例として，リーガにあるIAC（Izglītības attīstības centrs，英語表記ではEDC : Education Development Centre）は市民性教育やグローバル教育などの教材パッケージを開発し，教員研修を行っている（2011年9月22日，IACにてインタビュー）。また，1990年代には，アメリカ系のNGOであるDAC（Democracy Advancement Center）によって教材や教員向けのプログラムが開発されていた。Catlaks, Guntars and Valts. Sarma, "Civic Education for Democracy in Latvia : The Program of the Democracy Advancement Center", ERIC Digest, 1996.

（19） リーガにある国立青少年イニシアティブセンター（Valsts Jaunatnes Iniciativu Centrs, VJIC）におけるレクチャー資料（Hobby education in Latvia）およびインタビュー（2009年9月23日）による。VJICは現在，国立教育センター（Valsts izglītības satura centrs, VISC）に統合されている。

（20） Schulz, Wolfram, John Ainley, Julian Fraillon, David Kerr, and Bruno Losito, *Initial Findings from the IEA International Civic and Citizenship Education Study*, IEA, 2010. および Kerr, David, Linda Sturman, Wolfram Schulz and Bethan Burge, *ICCS 2009 European Report Civic knowledge, attitudes, and engagement among lower-secondary students in 24 European countries*, IEA, 2010.

（21） Čekse, Ireta, Andrejs Geske, Andris Grīnfelds and Andris Kangro, *Skolēnu pilsoniskā izglītība Latvijā un pasaulē, Starptautiskā pētījuma IEA ICCS 2009 pirmie rezultāti*, Latvijas Universitāte, Pedagoăijas, psiholoăijas un mākslas fakultāte, Izglītības pētniecības institūts, 2010, pp. 36f.

（22） 2011年9月22日，ラトヴィア大学にてインタビュー。

（23） その根拠となる研究として次の例が示された。Johansone, Ieva, "Managing Primary

Education in Latvia to Assure Quality and Achievement Equity", Summary of the Promotion Paper, submitted for the Degree of Doctor in Management, University of Latvia, 2009. 他に次の論文もあげておく。Geske, Andrejs and Andris Kangro, "Differences in Achievement of Urban and Rural Students in Latvia in the Context of International Comparative Studies", in : *Humanities and Social Sciences Latvia*, University of Latvia, 2（42）, 2004, pp. 22–37.

（24） ソロス財団の Network of Education Policy Centers（ラトヴィアは Providus）による調査（'Divided Education, Divided Citizens ?'）。ボスニア・ヘルツェゴビナ，エストニア，カザフスタン，コソボ，ラトヴィア，ルーマニア，スロヴァキア，タジキスタンで実施。報告書は，Golubeva, Maria, Stephen Powell, Elmina Kazimzade and Anca Nedelcu, *Divided Education, Divided Citizens ?*, Network of Education Policy Centers, 2009.

（25） Curika, Linda, "Civic Attitudes in Separate Schools in Latvia", in : Golubeva, Maria, PROVIDUS（eds.）, *Inclusion Unaffordable ?*, Centre for Public Policy, PROVIDUS, 2010.

（26） ヘールト・マック著，長山さき訳『ヨーロッパの 100 年（下）——何が起き，何が起きなかったのか』徳間書店，2009 年，40–41 頁。

（27） ラトヴィア政府統計 Central Statistical Bureau of Latvia（http://www.csb.gov.lv/）の International long-term migration by country による（2011 年 6 月 23 日閲覧）。

第 9 章　フランスにおける移民教育の転換

（1） フランスでは，「教育義務」はあっても「就学義務」はないため，保護者に公立学校，私立学校，家庭教育の中から選択権が与えられている。このことから推測するに定期的に教育の義務について確認をする意味でも，国籍に関係ないことを伝える必要があった。つまり，通学の義務はなくても各家庭において学習環境を用意する義務があることを外国人に説明する必要があった。なお，初等教育を最初に義務化した 1882 年 3 月 28 日の法律の 4 条以来，「満 6 歳から 13 歳までの男女いずれの子どもについても義務である」とし，国籍に関係なく教育の機会が保障されている。外国人の子どもの教育義務に関する通達は 1935 年である。教育の自由に関しては，今野健一『教育における自由と国家』信山社，2006 年に詳しい。

（2） GISTI, *La scolarisation des enfants étrangers*（3 ed.）, GISTI, 2007.

（3） 1970 年通達（no. 70–37）。外国人の子どもの教育に関する主要通達については，池田賢市『フランスの移民と学校教育』明石書店，2001 年の付録 1 を参照いただきたい。

（4） Auger, Nathalie, *Elèves nouvellement arrivés en France*, éditions des archives contemporaines, 2010, p. 10.

（5） 1973 年通達（no. 1973–383）。

（6） 1978 年通達（no. 1978–238）。

（7） NEET（Not in Education, Employment or Training）とは，就学，就職，訓練のいずれの状態にもない人々を指す。

（8） 2002 年通達（no. 2002–100）。

（9） ヨーロッパ共同体，1977 年 7 月 25 日指令第 486 号。最初の法規としては，1968 年 10 月 15 日の規則第 1612 号の 12 条に見られる，外国籍労働者の子どもの普通および職業教育の機会の付与というものである。1977 年の指令は，特に出身言語・文

化の教育の保障を謳っている。加盟国への拘束力はないが，2009年に『緑書：移民と流動性』の中で結論が出されている（Conclusions du Conseil du 26 novembre 2009）。

（10） 1989年6月21日付の法令（JO）。

（11） 2002年通達（no. 2002-100）。

（12） 園山大祐「移民の子どもの教育と優先教育」フランス教育学会編『フランス教育の伝統と革新』大学教育出版，2009年，259-267頁。

（13） HCI（Haut Conseil à l'Intégration），*Les parcours d'intégration*, La documentation française, 2001, pp. 53-55.

（14） IGEN-IGAENR, La scolarisation des élèves nouvellement arrivés en France, dans *Le Rapport de l'Inspection général 2009*, La documentation française, 2010, pp. 93-94.

（15） Auger, *op. cit.* また欧州議会（2009年4月2日付決議）でも，こうした外国人の子どもの周縁化について議論がなされている。彼らを「ゲットー学校」や特殊学級に追いやることを避け，よりインクルーシブな教育を実施するよう促している（IGEN-IGAENR, *op. cit.,* p. 107）。

（16） Auger, *op. cit.,* p. 30.

（17） Caille Jean-Paul, Scolarisation à deux ans et réussite de la carrière scolaire au début de l'école élémentaire, *Education et formation*, no. 60, DEPP, 2001.

（18） 3歳児における就学率は1994年時点ですでに100％に達しているため，課題とされているのは，2歳児における就学にある。近年の出生率の増加に伴い，その就学率が1994年の35％から2010年の14％未満にまで減少している。

（19） 外国人の受入学級における障碍児の存在と，外国人に向けた教育と適応教育との混在については，すでに池田が指摘するように，フランス教育研究者の間でも認識されている（池田（2001），104-105頁）。

（20）「ゲットー」，「マージナルな存在」については，池田も指摘している（池田（2001），65頁）。フランスでは，都市の郊外に貧困，スラム，治安の悪化などが集中し，旧市街から交通，情報，人材面で隔離された状況を，ゲットー（ghetto）ないしゲットー化（ghettoïsation）と呼ぶ。こうした内部からの排除（les exclus de l'intérieur）は，さらに統一コレージュの問題としても近年争点となっている。

（21） 内部からの排除については，園山大祐編『学校選択のパラドックス』勁草書房，2012年に詳しい。

（22） Etiemble, Angélina, *Mineurs isolés étrangers à la rue*, Ed. Rue d'Ulm, 2010.

（23） HCI, *Les défis de l'intégration à l'école et Recommandations du Haut Conseil à l'intégration au Premier ministre relatives à l'expression religieuse dans les espaces publics de la République*, 2010, p. 18.

（24） Tribalat, Michèle, *Les yeux grands fermés,* Denoël, 2010.

（25） DARES, Habiter en ZUS et être immigré, un double risque sur le marché du travail, 2009（http://www.travail-emploi-sante.gouv.fr/IMG/pdf/2009-11-48-1.pdf，2011年3月1日閲覧）.

（26） 2009年通達（no. 2009-68）。

（27） HCI, 2010, p. 19.

（28） 2006年通達（no. 2006-51）。

（29） *Ibid.*

(30) CERC (Conseil Emploi Revenus Cohésion sociale), *Les enfants pauvres en France*, La documentation française, 2004. ここで述べる「貧困な子ども」とは，貧しい家庭に育つ子どものことである。具体的には，世帯主ないし，共働きの場合は合計の収入を家族構成員数の平方根で割ったときの 1 人あたりの金額が，フランスにおけるその中央値の半分以下となる子どもを指す。こうした「相対的貧困」の考え方が，今日のヨーロッパでは主流となっている。

(31) ユーロスタット（Eurostat）では，等価可処分所得の中央値の 60％未満，670 ユーロを最低基準としているため 200 万人（15.7％）の子どもが該当すると見積もっている。

(32) OCDE, *Regard sur l'Education 2006,* pp. 64–65；松本伊智朗「子ども：子どもの貧困と社会的公正」青木紀・杉村宏編『現代の貧困と不平等』明石書店，2007 年，49 頁。ちなみに 2012 年のユニセフの報告書では，先進 35 カ国中 27 位の日本は 14.9％（約 305 万人），フランスは 8.8％である。日本は OECD 加盟国 20 カ国中では，相対的貧困率の高い方から数えて 4 番目である。UNICEF Innocenti Research Centre, 'Measuring Child Poverty : New league tables of child poverty in the world's rich countries', *Innocenti Report Card 10*, UNICEF Innocenti Research Centre, Florence, 2012.

第 10 章　オランダにおけるムスリム移民と市民性教育

(1) 第一世代の場合，本人が外国出身であり，かつ両親の少なくともどちらかも外国出身者である者をさす。また第二世代の場合，本人はオランダで生まれたが，両親の少なくともどちらかが外国出身者である者をさす。以下本文では，こうした外国に起源を持つ者（Allochtonen）を総称して「移民」と明記する。

(2) FORUM-Instituut voor Multiculturele Vraagstukken, *De Positie van moslims in Nederland : Feiten en cijfers*, FORUM, 2010, p. 7.

(3) 川上（久保）幸恵「ムスリム移民の統合と柱状化」『日蘭学会会誌』第 23 巻，第 1 号，1998 年，113–114 頁。

(4) 具体的には以下の 5 つのうち，いずれかに該当する生徒のことをさしていた。①モルッカ系グループに属する者。②少なくともどちらかの親または保護者がギリシャ，イタリア，旧ユーゴ，カーボヴェルデ共和国，モロッコ，ポルトガル，スペイン，チュニジア，トルコの出身である者。③少なくともどちらかの親または保護者がスリナム，オランダ領アンティル諸島およびアルバ出身である者。④少なくともどちらかの親または保護者が在留外国人法第 15 条に基づいて難民と認可された者。⑤少なくともどちらかの親または保護者が，ヨーロッパ以外の非英語圏出身の者。ただしインドネシアと日本は例外とする。

(5) Driessen, Geert, "The Limits of Educational Policy and Practice ? The Case of Ethnic Minorities in The Netherlands", *Comparative Education*, Vol. 36, No. 1, 2000, p. 62.

(6) 小林早百合「『多文化社会オランダ』の異文化間教育」『異文化間教育』第 11 号，1997 年，111 頁.

(7) Fase, Willem et al., *Vorm geven aan Intercultureel Onderwijs*, Academisch Boekencentrum, 1990.

(8) Wetenschappelijke Raad voor het Regeringsbeleid, *Allochtonenbeleid*, Staatsuitgeverij, 1990, p. 81. なおこの報告書では，教育以外の分野の移民政策においても短期間での成果が期待されすぎており，政策の実施に関しては多くの点で不十分であったこ

とが指摘されていた。

(9) 例えば，2001年度の時点でオランダにおける全学校の8％を占める580校程度の「黒い学校」が存在していたとされる。なお，このデータは半数以上の「文化的マイノリティ生徒」の数を基準に算出されている。Agerbeek, Marjan, “Onderwijs / Zwarte scholen,” *Trouw*, 23 mei 2002.

(10) Landman, Nicolaas, *Van Mat tot Minaret : de institutionalisering van de islam in Nederland*, VU Uitgeverij, 1992, p. 260.

(11) 詳細は見原礼子『オランダとベルギーのイスラーム教育——公教育における宗教の多元性と対話』明石書店，2009年を参照。

(12) 例えばドリエッセンによる調査では，イスラーム学校における無断欠席やドロップアウトを引き起こす恐れのある生徒の割合がオランダ全体の学校の平均値と比較しても低いという結果が出ている。Driessen, Geert, “Islamic Primary Schools in the Netherlands : The Pupils’ Achievement Levels, Behavior and Attitudes and Their Parents’ Cultural Backgrounds”, *The Netherlands’ Journal of Social Sciences,* Vol. 33, No. 1, 1997, pp. 42–66.

(13) Binnenlandse Veiligheidsdienst, *De Democratische rechtsorde en islamitisch onderwijs : Buitenlandse inmenging en anti-integratieve tendensen*, Binnenlandse Veiligheidsdienst, 2002.

(14) Inspectie van Onderwijs, *Islamitische scholen en sociale cohesie*, Inspectie van Onderwijs, 2002.

(15) Groep Wilders, *Onafhankelijkheidsverklaring*, Groep Wilders, 2005, p. 2.

(16) Wilders, Geert, “Genoeg is genoeg : Verbied de Koran”, *De Volkskrant*, 8 august 2008.（http: //www. volkskrant. nl/vk/nl/2686/Binnenland/article/detail/870859/2007/08/08/Genoeg-is-genoeg-verbied-de-Koran.dhtml，2011年11月20日閲覧）

(17) Groep Wilders / Partijvoor de Vrijheid, *Onderwijsplan : Vrijheid door Onderwijs*, 14 november 2006.（http://www.geertwilders.nl/index.php/in-de-media-mainmenu74/nieuws-mainmenu-114/594，2012年3月26日閲覧）

(18) 例えば，アメリカ発祥のプログラムの影響を受けた「平和な学校（De Vreedzame School)」プログラムは1998年に開始されて以降，オランダ各地の学校に普及し，現在では350校以上の初等学校がプログラムを採用している。同プログラムの詳細なカリキュラム等については，同プログラムの公式ホームページ（http://www.de-vreedzameschool.net）ならびにリヒテルズ直子『オランダの共生教育——学校が〈公共心〉を育てる』平凡社，2010年を参照。

(19) Onderwijsraad, *Onderwijs en Burgerschap : Advies*, Onderwijsraad, 2003.

(20) ただし，1985年の時点では「多文化社会（multiculturele samenleving)」とされていたのが，この段階では「多元社会（pluriforme samenleving)」という表現に替わっている。

(21) Bronneman-Helmers, Ria, “Burgerschapsvorming in het onderwijs”, in Schnabel, Paul, Rob Bijl en Joep de Hart red., *Betrekkelijke betrokkenheid, Studies in sociale cohesie, Sociaal en Cultureel Rapport 2008,* SCP, 2008, p. 176.

(22) Inspectie van het Onderwijs, *De staat van het onderwijs : Onderwijsverslag 2008/2009,* 2010, pp. 274–275.

(23) 例えばオランダのカリキュラム開発専門機関であるSLO（Stichting Leerplanontwik-

keling）は，市民性教育に関する様々なカリキュラムを開発・作成している。

（24） 例えばライデン市に所在するイスラーム学校のスクールガイドを参照。Basisschool Er-Risèlèh, *Schoolgids schooljaar 2011-2012*, Leiden.（http://www.erriseleh.nl/school-informatie.html, 2011 年 11 月 25 日閲覧）

（25） なお，アムステルダム市やデン・ハーグ市に所在する数校のイスラーム学校は，注 18 で述べた「平和な学校」プログラムにも参加している。

（26） Groep Wilders, *op. cit.*, p. 11.

（27） Partij voor de Vrijheid, *De agenda van hoop en optimisme : Een tijd om te kiezen : PVV 2010-2015*, 2010, p. 33.（http://www.pvv.nl/images/stories/Webversie_VerkiezingsProgrammaPVV.pdf, 2012 年 3 月 23 日閲覧）

（28） OSCE/ODIHR, Council of Europe, UNESCO, *Guidelines for Educators on Countering Intolerance and Discrimination against Muslims : Addressing Islamophobia through Education*, OSCE Office for Democratic Institutions and Human Rights, 2011.

第 11 章　ドイツにおける参加を通じた移民の統合

（1） 移民としての背景を持つ者については，「1949 年以降に現在のドイツ連邦共和国の地域に移住した者，ドイツ生まれの外国人，少なくとも両親のいずれかが外国人としてドイツに生まれた者または移住者である場合のドイツ生まれのドイツ人」と定義されている。Statistisches Bundesamt, *Bevölkerung und Erwerbstätigkeit. Bevölkerung mit Migrationshintergrund.-Ergebnisse des Mikrozensus 2010-*, 2011, S. 6.

（2） Edelstein, Wolfgang und Peter Fauser, *Demokratie lernen und leben. Gutachten zum Programm*, BLK Heft 96, 2001, S. 18.

（3） こうした参加については，シュレーダー政権下で設置された連邦議会調査委員会「市民社会の将来」による 2002 年調査報告書（Die Enquete-Kommission „Zukunft des Bürgerschaftlichen Engagements“, in : *Bürgerschaftliches Engagement : auf dem Weg in eine zukunftsfähige Bürgergesellschaft*, Deutscher Bundestag 14. Wahlperiode. Durcksache14/8900, 2002），独立移民委員会の 2001 年報告書（Die Unabhängige Kommission „Zuwanderung“, in: *Zuwanderung gestalten, Integration fördern.* Bericht der Unabhängigen Kommission „Zuwanderung“, 2001）とそれを受けて提出された常設文部大臣会議の 2002 年，2006 年報告書（Sekretariat der Ständigen Konferenz der Kultusminister der Länder in der Bundesrepublik Deutschland, Bericht „Zuwanderung“.（Beschluss der Kultusministerkonferenz vom 24. 05. 2002, Beschluss der Kultusministerkonferenz vom 24. 05. 2002 i. d. F. vom 16. 11. 2006)）等で言及されている。

（4） Petry, Christian, Kulturelle Minderheiten und Community Education. Was hat das miteinander zu tun ?, in : RAA（Hrsg.）: *Gemeinsam. Ausländer und Deutsche in Schule, Nachbarschaft und Arbeitswelt*, Heft 14, 1989, S. 12-13.

（5） この機関は設立時に Regionale Arbeitsstelle zur Förderung ausländischer Kinder und Jugendlicher（外国人の子どもや青少年の促進のための地域活動機関）という名称だったため，それ以来 RAA と呼ばれてきた。1998 年から「移民家庭（Zuwanderefamilien)」という単語を用いた名称に変更されたが，略称は今日もそのまま使用されている。

（6） Gomolla, Mechtild, Elternbeteiligung in der Schule, in : Fürstenau, Sara und Mechtild Gomolla（Hrsg.）, *Migration und schulischer Wandel : Elternbeteiligung*, VS Verlag für

Sozialwissenschaften, 2009, S. 24-30.

（7） Karakaşoğlu, Yasemin und Angelika Kordfelder, Interkulturelle Erziehung als Grundprinzip elementarpädagogischer Arbeit, in : Karakaşoğlu, Yasemin und Julian Lüddecke (Hrsg.), *Migrationsforschung und Interkulturelle Pädagogik. Aktuelle Entwicklungen in Theorie, Empirie und Praxis*, Waxmann, 2004.

（8） Schlösser, Elke, *Zusammenarbeit mit Eltern-interkulturell*, Ökotopia Verlag, 2004.

（9） Huth, Susanne, Selbstorganisation und bürgerschaftliches Engagement, in : Fischer, Veronika und Monika Springer (Hrsg.), *Handbuch Migration und Familie*, Wochenschau Verlag, 2011, S. 208.

（10） Ebenda, S. 214.

（11） Sekretariat der Ständigen Konferenz der Kultusminister der Länder in der Bundesrepublik Deutschland, 2002, S. 17.

（12） Sekretariat der Ständigen Konferenz der Kultusminister der Länder in der Bundesrepublik Deutschland, 2006, S. 12-13.

（13） Sekretariat der Ständigen Konferenz der Kultusminister der Länder in der Bundesrepublik Deutschland, *Integration als Chance-gemeinsam für mehr Chancengerechtigkeit. Gemeinsame Erklärung der Kultusministerkonferenz und der Organisationen von Menschen mit Migrationshintergrund*, Beschluss der Kultusministerkonferenz vom 13. 12. 2007.

（14） Sekretariat der Ständigen Konferenz der Kultusminister der Länder in der Bundesrepublik Deutschland, 2007, S. 4-6.

（15） Ministerium für Gesundheit, Soziales, Frauen und Familie des Landes Nordrhein-Westfalen, *Zuwanderung und Integration in Nordrhein-Westfalen. 3. Bericht der Landesregierung*, 2004, S. 90, S. 99-101.

（16） Richtlinien über die Gewährung von Zuwendungen für Angebote zur Sprachförderung im Elementarbereich, RdErl. d. Ministeriums für Frauen, Jugend, Familie und Gesundheit u. d. Ministeriums für Schule, Wissenschaft und Forschung 17. 5. 2002.

（17） Ministerium für Generationen, Familien und Integration des Landes Nordrhein-Westfalen, *Nordrhein-Westfalen : Land der neuen Integrationschancen. 1. Integrationsbericht der Landesregierung*, 2008

（18） Stadt Essen RAA/Büro für interkulturelle Arbeit, *Stadtteilmütter-Projekt Interkulturelle Sprachförderung und Elternbildung im Elementarbereich, Teil I : Abschlussbericht,* S. 12-28.

（19） RAA Hauptstelle (Hrsg.), *RAA in NRW. 25 Jahre. Interkulturelle Kompetenz. Konzepte, Praxis, Perspektiven*, 2005, Rucksack, S. 1-5.

（20） Stadt Essen RAA/Büro für interkulturelle Arbeit, *Stadtteilmütter-Projekt Interkulturelle Sprachförderung und Elternbildung im Elementarbereich, Teil II : Evaluationsergebnisse der Modellphase,* S. 1-16.

（21） RAA ビーレフェルトの支援活動全般については，伊藤亜希子「ドイツにおける外国人の子どもや親に対する教育支援——地方都市ビーレフェルトの事例から」『九州教育学会研究紀要』第 33 巻，2006 年，213-220 頁を参照のこと。また RAA ビーレフェルトの連携に注目した研究として，中山あおい「ドイツの移民児童・生徒に対する支援団体のネットワークと連携」『異文化間教育』第 28 号，2008 年，21-31 頁が挙げられる。

(22) 以下，RAA Bielefeld, *Arbeitsbericht 2005*. および 2005 年から 2006 年にかけて継続的に行った調査で得られた資料や観察データを基にしている。

第 12 章　スウェーデン民衆教育における市民性教育

(1) Strand, T. and J. Huggler, Educating the global village, in : NERA, *Nordic Studies in Education*, 2/2011, p. 70.

(2) SCB (Statistics Sweden), http://www.ssd.scb.se/databaser/makro/produkt.asp?lang=2&produktid=BE0101 (2012 年 4 月 30 日閲覧)

(3) Skolverket, *Läroplan för grundskolan, förskoleklassen och fritidshemmet 2011*, 2011, p. 7. 2011 年 7 月 1 日から施行された教育法（Skollag 2010）にも同様の規定がある。

(4) EU においては，UNESCO の定義にしたがい，正規の学校教育を「フォーマル教育」，地域社会や職場などにおける組織化された非正規の教育を「ノンフォーマル教育」，家庭教育や自己学習など組織化されていない非正規の教育を「インフォーマル教育」としている。第 2 章でも述べたとおり，「生涯学習」はこれらすべての教育によって生じる学びを包含するものと考えられている。スウェーデンは 1970 年代から成人のリカレント教育を奨励する生涯学習政策を導入したことで注目されてきたが，90 年代後半からは EU の生涯学習政策と連動して，就学前から高齢期までの生涯にわたり，生活のなかに広がる幅広い学びを「生涯学習」として振興しており，その要ともなるノンフォーマル教育としての民衆教育の重要性が再認識されている。

(5) この合意文書は以後 5 年ごとに改訂していくこととなり，三者共同で実施状況のモニタリングを行うための事務局が設けられた。Överenskommelsen, *Agreement between the Swedish Government, national idea-based organizations in the social sphere and the Swedish Association of Local Authorities and Regions*, 2008. http://overenskommelsen.se/wp/wp-content/uploads/2011/04/overenskommelsen_engelskversion2.pdf（2012 年 4 月 30 日閲覧）

(6) Regeringskansliet, *A policy for civil society–FACT SHEET*, November 2010.

(7) スウェーデン語では förbund。会費，寄付金，助成金などを収入源とし，教育，文化，スポーツ，環境保護，政治などの活動に取り組む非営利団体や，障害者団体，職能団体，生活協同組合などが含まれる。会員がボランティア活動を行う場合もあるが，ボランティア活動を目的として組織されている団体はごく少数である。

(8) Regeringskansliet, *op. cit.*

(9) *Ibid.*

(10) European Commission, *Commission Staff Working Document : Progress Towards the Lisbon Objectives in Education and Training, Indicators and Benchmarks*, European Union, 2009, pp. 33–37.

(11) Folkbildningsrådet, *Facta om folkbildning*, 2012. http://www.folkbildning.se/Documents/E_Fakta_om_folkbildningen/fakta_folkbildning_2012.pdf（2012 年 7 月 23 日閲覧）

(12) *Ibid.*

(13) *Ibid.*

(14) イブン・ルーシュドの創設までの経緯については，次の論文で詳しく取り上げている。太田美幸「スウェーデン民衆教育における移民たちの政治的文化実践」『日本学習社会学会年報』第 2 号，2006 年，67–75 頁。

(15) ラーション（Staffan Larsson）によれば，パルメのこの言葉は首相に就任した1969年に社会民主党の大会で述べたものである。Larsson, Staffan, *Study Circles and Democracy in Sweden*, http://www.academia.edu/360012/Study_circles_and_Democracy_in_Sweden, cited on 1 May 2013.

(16) 政府による7重点領域は以下の通り。(1)すべての人々の平等の価値と男女平等という共通の基本的価値体系，(2)多文化社会の課題，(3)人口動態の課題，(4)生涯学習，(5)文化，(6)障害者の社会へのアクセスと機会，(7)公衆衛生，持続可能な発展とグローバルな正義。

(17) Folkbildningsrådet, *op. cit.*

(18) Salo, Petri, *On the future of popular adult education in the era of lifelong learning*, Paper presented at Nordic Conference on Adult Education, 13-14 May 2005.

(19) Folac, *Rapport over FOLACs arbete mars 2008-december 2010*. http://www.rio-org.se/rio_data/documents/Slutrapport% 20Folac.pdf（2012年4月30日閲覧）

(20) *Ibid.*

(21) 2010年3月23日ストックホルム市の民衆教育協会本部におけるレヨン（Britta Lejon）氏からの聞き取り。

(22) 清水謙によれば，スウェーデンの2006年総選挙における極右政党「スウェーデン民主党」への投票者の社会・経済的地位を数値化した結果，地方出身で低学歴，政治的知識も低い若年労働者層であることが明らかになったという（清水謙「スウェーデンの2006年議会選挙再考——スウェーデン民主党の躍進と2010年議会選挙分析への指標」『ヨーロッパ研究』第10号，2011年，18-20頁)。またラーションは，政治的関心の低い若年失業者など社会的に疎外された人々の学習サークルへの参加率はきわめて低いと指摘している（Larsson, *op. cit*)。

補　論　日本における外国人と市民性教育の課題

(1) イギリスで市民権教育が求められた背景に関しては，佐久間孝正『移民大国イギリスの実験——学校と地域にみる多文化の現実』勁草書房，2007年，266頁を参照。

(2) その後，日本の外国人総数は，1998年末で151万2116人となり，総人口の1.2%を占めるまでになった。さらに外国人人口は増え続け，05年末には200万人を突破した。

(3) 副田義也『教育基本法の社会史』有信堂，2012年，101頁。

(4) 呉圭祥は，1946年の帰国運動の一段落した時点で残留した者が80万人とみている。呉圭祥『ドキュメント在日本朝鮮人連盟1945-1949』岩波書店，2009年，109頁。

(5) 古関彰一『日本国憲法の誕生』岩波現代文庫，2009年，287頁。

(6) 同上，196頁。

(7) 副田（2012)，64，154頁。

(8) http://www.mofa.go.jp/mofaj/gaiko/jinshu/index.html，資料「人種差別の撤廃に関する委員会の最終見解（外務省仮訳)」2001年3月20日。

(9) Weber, Max, *Wirtschaft und Gesellschaft*, 5. Aufl., Winckelman, J., 1972（世良晃志郎訳『都市の類型学』創文社，1968年)。

(10) 福沢諭吉『文明論之概略』岩波文庫，1995年，198-199頁。

(11) 辻田力・田中二郎監修，教育法令研究会著『教育基本法の解説』国立書院，1947年，112頁。本書の所在に関しては副田前掲書に学んでいる。副田（2012)，167頁。

(12) これは日本のみならず，アジア社会（中国や韓国）にも広く共通する。例えば在日朝鮮人が，祖国からは政治的に海外公民とされているように。アジアでは国家権力とときに対立する市民より，いつも良き国家のメンバーシップたる公民の方が重要である。別言すればアジアでは，市民の力に比して依然として国家権力の方が強大である。

(13) 検討した教科書は，高校では『高校生の新現代社会——地球市民として生きる』帝国書院，2005 年，『現代社会』東京書籍，2005 年，『現代社会——21 世紀を生きる』数研出版，2005 年，『高校現代社会——現代を考える』一橋出版，2005 年，『東学版現代社会』山川出版社，2006 年，『新現代社会——地球社会に生きる』教育出版，2012 年，『最新現代社会』教育出版，2012 年，『高等学校新現代社会』第一学習社，2005 年。中学校の教科書は，『わたしたちの中学社会，公民的分野』日本書籍新社，2006 年，『新中学校公民——日本の社会と世界』清水書院，2012 年，『中学社会　新しい公民教科書』扶桑社，2006 年，『社会科中学生の公民』帝国書院，2006 年，『中学生の公民』および『中学校の公民的分野』日本文教出版，2006 年，『新しい社会——公民』東京書籍，2012 年である。

(14) 外国人のオンブズマン制度に関して言及している教科書はある。また外国人市民会議を紹介している教科書もある。外国人の参政権や種々の権利のなかには，もともと国民固有の権利が含まれているので，外国人が無権利的な状況に置かれているのを補完する観点から，市政への意見表明や参加の試みとして，外国人オンブズマン制度や外国人市民会議の例が紹介されている。しかし教科書ということもあるが，長期滞在外国人の市民権を積極的に捉え，新しい時代に生きる市民性の在り方としてではない。

(15) Rhys, Andrews and Andrew Mycock, “Citizenship Education in the UK : Divergence Within a Multi-National State”, in : *Citizenship Teaching and Learning*, Vol. 3, No. 1, April 2007, pp. 77–78.

(16) 藤原聖子『教科書の中の宗教——この奇妙な実態』岩波新書，2011 年，viii 頁，22–42 頁。

(17) イギリスの宗教教育に関しては，佐久間孝正『変貌する多民族国家イギリス——「多文化」と「多分化」にゆれる教育』明石書店，1995 年，520–540 頁および藤原(2011)，viii 頁。

(18) 厚生労働省のウェブサイトによる。

(19) Campbell, Joan and Sue Patrick, *GCSE Citizenship Studies for AQA*, Heinemann, 2002, p. 5.